DE L'ÉGALITÉ,

OU

PRINCIPES GÉNÉRAUX

SUR les Institutions civiles,
politiques et religieuses.

DE L'ÉGALITÉ,

ou

PRINCIPES

GÉNÉRAUX

Sur les Institutions civiles, politiques et religieuses.

PRÉCÉDÉ

De l'ÉLOGE DE J. J. ROUSSEAU;
en forme d'Introduction.

Pour servir de suite à la *Correspondance* d'un *habitant de Paris, &c. &c. sur les révolutions de France.*

Il ne reste aujourd'hui, pour fixer l'attention des hommes, que les révolutions frappantes. VOLT.

(par d'Écherny comte du S.t Empire).

TOME PREMIER.

Cet ouvrage a été annoncé en 1798 sous le titre de la Philosophie de la politique ou Principes généraux sur les institutions sociales. J. Barbier dilit

A PARIS.

1796.

Ⓒ

AVANT-PROPOS.

ON sait assez quel est le sort de tous les ouvrages de controverse, soit politique, soit religieuse. D'abord recherchés, lus avec avidité, ils finissent par être oubliés pour jamais. Pendant que les sectes s'abhorrent et se déchirent : tant que durent l'enthousiasme et le délire, rien ne plait que ce qui est extrême. Il ne faut à des cerveaux malades que des fantômes et des géants. Ce n'est qu'en s'écartant de la nature qu'on peut être applaudi et trouver des lecteurs. Accoutumés aux exagérations et aux sensations fortes, ils ne veulent que du Payne ou du Burke (1). La vérité leur

---

(1) L'un a effacé la France de l'Europe ; puis, empruntant le style de la charge et de la parodie, a travesti l'histoire de sa révolution, à peu près comme fit autrefois Scarron de Virgile.

L'autre n'a vu dans la *monarchie* qu'une *farce*; et

paroît froide, la modération insipide, l'impartialité mesquine; la raison les endort, et la justice les fait bâiller.

Ces considérations ne m'ont point

---

portant jusqu'aux nues le gouvernement populaire, il s'y est élevé et placé avec lui, en déclarant à l'univers qu'il étoit un *personnage plus important que tous les lords de la Grande-Bretagne, et supérieur, en littérature politique, à tous les hommes du monde.*

Si l'on retranche des *Droits de l'homme* les droits particuliers que l'auteur s'attribue, comme ceux de tirer et de vendre, au nombre de cinquante mille exemplaires, ses productions dans la seule Angleterre; d'exhaler sa haine contre le duc de Richemond; de se louer beaucoup et d'insulter les rois. Si l'on en retranche les principes dangereux, les germes parsemés d'insurrection et d'anarchie, il restera pourtant encore (car il faut être impartial et juste) des choses utiles à l'homme en général, quelques vues heureuses et des réflexions judicieuses sur les vices du gouvernement Anglois.

Quant à son antagoniste, quoique verbeux, diffus et redondant; plein de ces images et de ces comparaisons que les Anglois admirent et trouvent naturelles ou hardies; et que nous trouvons, nous, de très-mauvais goût; il est quelquefois profond, et brille de plusieurs traits originaux.

arrêté. J'ai vu sur la révolution de France deux ouvrages durables à produire. Le premier en est l'histoire même. Que de génie, que de talents divers pour celui qui voudra se placer à la hauteur de ce sujet ! Il ne peut être traité trop tard. Tout doit être calme, connu, fini; et nous sommes encore loin de ce moment. Le second peut paroître ou tôt ou tard : il est indépendant du tems. C'est le recueil des réflexions faites et des impressions reçues par le spectateur impartial et sans passions, qui, placé au parterre, écoute, suit et observe en silence la succession des scènes et des mouvements du plus grand drame qui se soit jamais développé aux regards des humains.

Ce recueil doit être fait sous l'inspiration même des évènements, et à mesure que les objets qui se succèdent frappent l'observateur, allument son imagination, et font bouillonner ses idées. Tel est le monument que j'ai tenté d'élever à la révolution Françoise, tant dans cet ouvrage que dans le précédent. Il n'est ni une histoire, ni un traité, ni un systême, ni des recherches, ni une théorie, ni l'application des principes aux événements, ni des résultats, ni des parallèles, ni des tableaux, ni des analyses, ni des observations critiques, ni des vues métaphysiques et politiques. Il participe à tous ces genres. Il est un peu de tout cela.

J'ai tâché que les deux volumes que je publie aujourd'hui (2), ne

---

(2) Je les ai finis avant la chûte de Robespierre ; et ils auroient paru il y a un an, si je n'avois été brusquement arraché à mon travail par des nerfs trop sensibles et mis à une trop rude épreuve par les calamités sans nombre, tant publiques que particulières.

Ces deux volumes étant la suite de la *Correspondance*, &c. et sur-tout le développement des Lettres neuvième et onzième, il seroit à propos de parcourir ces Lettres avant d'aller plus loin.

fussent pas inférieurs au premier, qui
a recu de Paris un favorable accueil,
autant du moins que peut le recevoir
un livre en France, qui n'est soutenu
par aucune cabale, et prôné par personne. L'Allemagne a bien voulu le
regarder comme un ouvrage classique
sur la révolution de France; et un
de ses meilleurs écrivains, philosophe,
capable de faire mieux que moi, a
traduit et enrichi de notes la *Corres-*
pondance d'un habitant de Paris, &c.
Je desirerois plus que je ne l'espère,
parce que j'y suis très-intéressé, qu'il fût
vrai, comme on l'a dit, que les étrangers jugent les productions de l'esprit
comme la postérité les jugera. Celui
qui, sur le plan que j'ai suivi, exécu-
tera le monument que la foiblesse de
mes forces ne m'a permis que d'é-
baucher; celui-là, j'ose le croire cependant, ne laissera point après lui
un nom privé de toute gloire.

Si j'ai pu établir quelques principes favorables à la paix publique et à l'harmonie sociale. Si j'ai pu convertir quelques athées, et ramener à Dieu des incrédules obstinés. Si je suis parvenu à dégager le christianisme de toute superstition, à en faire la religion du philosophe et du républicain. Si, sur-tout, j'ai pu éclairer d'un jour nouveau le dogme ravissant de l'immortalité de l'ame, lui donner un nouveau degré de certitude et d'évidence, je croirai avoir payé ma dette à la société, et n'avoir pas vécu tout-à-fait inutile.

Parmi les hommes qui pensent, les uns ont cru, et d'autres n'ont pas cru. Je crois qu'il faut avoir de l'indulgence, et pour ceux qui croient, et pour ceux qui ne croient pas.

Je ne dirai qu'un mot sur l'Éloge de J. J. Rousseau. Je l'ai écrit dans le même tems que la *Correspondance*, &c.

et de manière à pouvoir servir d'introduction aux deux volumes qui la suivent. Je l'ai écrit dans les mêmes principes, les mêmes dispositions d'esprit, et à travers la même succession d'idées. Je me suis écarté de la route battue des éloges, et de leurs insipides ritournelles. J'ai voulu faire autant un ouvrage sur Rousseau qu'un éloge de ce grand homme.

Les philosophes, peut-être, me jugeront dévot, et les dévots me trouveront impie. Les royalistes me regarderont comme un républicain, et les républicains comme un aristocrate. Les gens du monde diront que je suis trop abstrait, et les penseurs me reprocheront d'avoir eu trop en vue les gens du monde.

Puissé-je, fidèle à mes principes, avoir saisi ce juste milieu qui ne fait point de bruit; ce milieu désolant pour l'écrivain dont la vanité conduit la plume, et précieux pour celui qui ne veut qu'être utile ; ce milieu qui mécontente tous les partis, qui les éloigne de l'auteur pendant sa vie, pour ne les lui ramener peut-être qu'après sa mort ! J'ai osé faire le sacrifice de mon amour-propre, braver l'oubli de mes contemporains. Je n'ai eu que trois objets en vue : le bien public, la vérité et la postérité.

DE L'ÉGALITÉ;

ÉLOGE

DE J. J. ROUSSEAU,

OU

INTRODUCTION.

Le doute est le tourment des ames foibles,
et l'élément des ames fortes.
Sixième livre de l'Egalité.

QUEL est cet homme, né dans l'obscurité, pauvre, sans moyen d'instruction,
abandonné, pour acquérir quelque lumière,
au hasard et à lui-même; errant dans sa
jeunesse autour de sa cité, mendiant des
asyles dans les contrées voisines, incons-
tant dans sa foi, ses goûts, ses habitudes;
changeant d'état, de profession, de culte
et de demeure; timide, ignoré de lui-même
et des autres; voyant par-tout ses supérieurs, remplissant successivement des
emplois, ou subalternes, ou abjects et les
remplissant mal; relégué long-tems dans

a

des offices et parmi des valets , dont les
premiers essais en tout genre furent autant
de chûtes; humilié par des sots, trompé
par ses amis (*a*), dominé, dirigé pendant
près de quarante ans par une femme du
peuple qui eût eu peine à prendre quelqu'ascendant sur l'homme le plus ordinaire ;
vivant en apparence du travail de ses
mains , sans cesse protégé , méconnu,
avili ; marquant tous les pas de sa carrière
par des erreurs, des fautes ou des foiblesses; crédule et défiant, jouet du sort,
livré toute sa vie au doute , à l'inquiétude
et au soupçon; fuyant les hommes, se
tenant à l'écart et recherchant les solitu-
des ; pressé enfin de sortir de la vie par
le désordre de sa tête, l'indigence et le
chagrin, et réduit dans sa vieillesse à se
donner la mort? C'est *Jean-Jaques Rousseau.*

Quel est cet homme qui domina son
siècle, changea les opinions, ouvrit de nouvelles routes à la pensée, admirateur des
anciens, les élèvant au-dessus des modernes , et qui ne parut leur assurer la victoire par son suffrage , que pour la leur

(*a*) Voyez ses Confessions.

arracher par ses écrits ; à qui divers peuples de l'Europe rendirent le plus flatteur
des hommages en lui demandant des loix ;
qui en versant les richesses de son génie
sur la langue françoise, l'a fertilisée, et en
a tiré comme une langue nouvelle qui n'a
plus rien à envier à celles de la Grèce et
de Rome ; qui sut tour à tour, toucher,
attendrir, élever les courages, faire verser des larmes, inspirer l'énergie de la
vertu et dissiper les préjugés ; qui rappella
les hommes à la simplicité de la nature,
rendit les mères à leurs devoirs et les enfants à la liberté et au bonheur ; qui rap-
porta au genre - humain les titres perdus
de sa noble origine et de sa dignité, qu'on
vit du fond de ses retraites, armé de foudres et d'éclairs, terrasser le fanatisme,
tonner sur les tyrans et renverser le despotisme ; qui fut persécuté par les prêtres,
poursuivi par l'autorité, envié de ses rivaux
et adoré du reste des hommes ; dont chacun des ouvrages fit explosion, et paroissoit moins sortir d'une presse que s'échapper d'un volcan, qui, séchant les pleurs de
l'enfance, et découvrant les fondemens de

pacte social (1), devint ainsi le bienfai-
teur de la moitié du genre-humain et le
libérateur de l'autre ; qui fit révolution dans
les arts , dans les mœurs , dans l'éducation , dans la politique et remplit l'univers
de sa gloire et de son nom? C'est encore
Jean-Jaques Rousseau.

On a peine à se persuader que ces deux
aspects puissent appartenir au même individu. Séparez-les ; attribuez-les à deux
êtres distincts, le premier n'est plus qu'un
homme ordinaire, le second coupe le lien
qui l'attache à la terre, s'élève au-dessus
de tout rapport humain et se perd dans
la nue, nos yeux ne l'apperçoivent plus.

Mais rapprochez ces deux faces, et alors
la première qui a tant servi ses ennemis
et consolé l'envie, devient le complément

_____

(1) J'ai voulu louer Jean Jaques Rousseau. Je me
suis conformé ici à une opinion commune que je ne
partage pas. On trouvera peut-être des exagérations
dans cet éloge plutôt qu'un jugement sévère, impartial. Je ne m'en défends pas ; j'ai plus cherché
à le célebrer qu'à le juger. Je vois tous les jours
tant de petits auteurs érigés en grands hommes,
que je me plais à faire compensation, en passant la
limite pour un homme véritablement grand.

même de sa gloire. Il seroit bien moins grand,
s'il eût eu moins d'obstacle à vaincre. C'est
un fleuve large et profond, sans source,
sans origine, sans ruisseaux, sans rivières
qui aient contribué à le former. Cette première face le rapproche de nous; elle le
fait chérir, admirer et plaindre; elle répand
sur sa personne l'intérêt le plus vif et le
plus touchant. On aime à le voir homme:
on s'attendrit sur son sort: on pleure sur
ses infortunes. Hélas! c'est ainsi que la
nature, qui s'occupe de tous, venge les sots,
fait acheter la gloire, expier la supériorité.
C'est à ce prix qu'elle vend une grande
renommée; et les hommes de génie ne
sont souvent que des victimes couronnées
de fleurs, dévouées au salut du genre-
humain.

Chacun des points d'ailleurs par lesquels
il nous touche, nous fait en quelque sorte
participer à sa grandeur. Ces points de con-
tact sont comme un intermédiaire de
communication entre lui et nous; ils en
comblent l'intervalle; et les foiblesses de
Jean - Jaques sont l'échelle qu'il tend à
notre foiblesse pour l'atteindre et nous élever jusqu'à lui.

C'est de cet homme extraordinaire qu'on
propose aujourd'hui l'éloge. Quel est l'im-
prudent qui osera entrer en lice? Quel est
l'homme simple qui n'appercevra pas le
piège? Faire l'éloge de Rousseau, quand
à peine il a quitté la terre! Quand ses
ouvrages sont sus, lus et répandus par-
tout, qu'ils font les délices des gens du
monde, des femmes et des penseurs! Quand
tout s'échauffe, ou palpite, ou frémit, ou
soupire autour de ses écrits; qu'on s'y
abreuve à l'envi d'instruction, de plaisir ;
qu'on s'y enivre à la fois de volupté et de
vertu! On ne le loue pas, on fait plus, on
pleure, et des larmes brûlantes impriment
son éloge sur les mouchoirs de tout lec-
teur sensible. Son éloge? Quand des milliers de voix le célèbrent, le chantent et
l'invoquent ! quand les écrits de ce grand
homme servent de boussole aux augustes
représentans des François pour instituer ,
régénérer leur empire et leur créer une
patrie! quand ils puisent dans ses principes et dans leur cœur les germes de prospérité qu'ils versent sur la France avec
tant d'abondance ! Un éloge? Quand vingt-
quatre millions de François lui adressent

des hymnes d'amour et de reconnoissance!
Mais que dis-je? cet éloge est déja commencé. Il se lit avec la majesté et la lenteur des siècles. Du haut de leur tribune,
les législateurs de la France en prononcent
chaque jour une ligne: L'univers écoute
en silence, et toutes les nations se prépa-
rent à le répéter, comme à lui décerner
des palmes et des couronnes (2).

PREMIERE PARTIE.

Il est des hommes justement célèbres,
dont on peut entreprendre l'éloge. Ils auront
vécu dans des tems plus reculés de nous.
Leurs vies, leurs actions, leurs exploits,
leurs ouvrages n'auront été ni aussi connus, ni aussi bien appréciés que tout ce

(2) J'ai fait cet éloge en 1789, et dans le même
tems que j'écrivois la *Correspondance d'un habitant
de Paris, etc.;* c'est-à-dire dans les beaux tems
d'une révolution dont j'étois ivre comme bien d'autres. Je ne voyois pour elle en perspective que le
bonheur de la France et de l'espèce humaine. Qui
pouvoit en prévoir les épouvantables suites ?

qui a rapport à l'auteur de Julie et d'Emile.
En un mot tous ces grands hommes sont
morts : celui - ci vit et respire encore au
milieu de nous : il nous a mis, par ses
Confessions, dans sa plus intime confidence,
et son esprit nous guide, nous dirige, nous
anime. Nous le voyons dans nos enfans
sains, libres et contents. Nous l'entendons
à l'assemblée nationale de France. Nous
le respirons dans les vallons solitaires avec
le parfum des plantes et des fleurs, qu'il
se plaisoit à observer, et nous le suivons
dans l'influence des loix et de la liberté
sur le bonheur futur des campagnes et de
leurs utiles et nombreux habitants.

Rousseau fut un phénomène, en qui la
nature et le sort prirent plaisir à rassembler deux êtres agissant et pensant sous
l'apparence d'une seule personne. Pour le
louer et pour le peindre ; pour éviter les
écueils que présente ce projet, l'on n'apperçoit que des sentiers scabreux, des
moyens difficiles.

On pourroit donner à la composition et
au dessin, les traits singuliers et l'empreinte
originale du modèle ; ou bien défendre
celle de ses opinions qui ont été le plus

contredites, leur chercher de nouveaux appuis. Un bel éloge encore, seroit de lui faire hommage de quelques feuilles écrites sous les inspirations de son génie et de ses pensées. On pourroit aussi détourner sur ses écrits les contrastes que nous venons de remarquer dans sa personne, étendre à ses opinions les disparates de sa vie, asseoir son éloge sur ces disparates, et le composer des mêmes matériaux qui ont servi à ses adversaires pour le blâmer et faire sa critique. Par-là nous fortifierions sa gloire des attaques mêmes de ses ennemis, et de leurs efforts à la ruiner : nous mettrions son éloge dans leur propre bouche, et nous ferions voir que les contradictions, les paradoxes et les singularités qu'on lui a tant reprochés, sont à la fois, et le sceau du génie, et le principe le plus actif du bien que ses écrits ont fait aux hommes.

Oui, si j'admire Rousseau ; s'il est pour moi le plus précieux des philosophes ; si aucun plus que lui n'a fait bouillonner ma tête et mes idées, c'est par ses paradoxes et ses contradictions. Il a soulevé toutes les difficultés, et n'a donné la solution d'aucune. Il reste un grand livre de philosophie à faire sur les contradictions de J. J. Rousseau. On se contredit aux deux extrémités de la sottise et du génie. On se contredit, parce qu'on voit mal, qu'on manque de sens, d'instruction et de justesse, et aussi parce qu'on considère les objets d'un point de vue très-élevé, et qu'on réunit à la pénétration cette candeur et cette bonne-foi, qui ne dissimulent aucune objection ni à soi, ni aux autres.

Faisons-nous un procès aux vents, lorsqu'après avoir soufflé long-tems de l'est, ils s'avisent tout-à-coup de souffler de l'ouest? Les dispositions d'une tête pleine d'idées, et d'une ame ardente, agitée tour-à-tour par des sentimens divers et des sensations opposées, changent et varient comme les vents. Les paradoxes ne sont que des apperçus nouveaux; ils tendent à reculer les limites de l'esprit humain; et lorsqu'on crie au paradoxe, on ressemble à de malheureux Egyptiens campés au pied d'une des faces de la grande pyramide, et qui nieroient l'existence des autres faces, parce qu'ils n'en auroient jamais fait le tour. Rousseau a fait le tour de toutes les questions de morale et de politique, et de toutes les idées qui tiennent le plus intimément à la félicité des hommes. Mais faire le tour de ces questions, c'est les considérer sous leurs divers aspects, et par conséquent passer d'une face à la face opposée (3).

Il est toujours une de ces faces que l'habitude, les préjugés, un certain respect de tradition, nous font regarder comme la seule vraie. Nous sommes accoutumés à lui vouer un culte exclusif, et nous considérons la face opposée comme nos ancêtres regardoient les antipodes; nous la traitons de chimérique ou d'absurde. Il faut de la fierté et de l'audace dans le génie, pour fouler aux pieds ce respect superstitieux, et abjurer ce culte. Sans cette audace, Colomb n'eût pas découvert le nouveau monde. L'esprit systématique ferme les yeux sur les aspects qui le contrarient, et cherche à tout concilier : il est l'apanage de la médiocrité ou de la témérité. Les systêmes sont

(3) Nous rappellerons nos lecteurs à cette observation, si, dans le cours de l'ouvrage qui suit cette introduction, ils étoient tentés de nous accuser de quelques contradictions.

l'écueil du génie : Rousseau n'en a point fait.

Plus on s'élève, plus l'horizon s'étend. A mesure que le champ de l'observation s'agrandit et s'accroît, les liaisons se rompent, les idées se détachent et se désassemblent, et le système s'évanouit. L'unité de conception ne peut appartenir qu'à celui qui voit peu d'objets, ou à celui qui les voit tous; elle est le partage des vues foibles qui n'en distinguent qu'un petit nombre, ou de l'œil perçant sur lequel viennent se réfléchir tous les possibles, et qui embrasse l'immensité des êtres.

Sans doute, les contradictions et les paradoxes n'appartiennent pas tellement au génie, qu'on ne puisse pas avoir du génie sans contradictions et sans paradoxes. Il est plusieurs excellents écrivains qui n'en ont point avancés, parce que ne mesurant de l'esprit qu'une certaine étendue, ils n'ont point voulu s'élancer au-delà. Ils ont fait un triage entre toutes les idées qui se présentoient à eux; ils ont réuni les plus analogues; ils en ont fait un plan : ce plan, ils l'ont préféré à tout autre, et n'en sont point sortis. Prenons pour exemple la question de l'utilité des sciences et des arts. Le savant qui a passé sa vie à acquérir des connoissances, qui leur doit sa fortune et la considération dont il jouit : l'homme de lettres qui voit que les nations sont d'autant plus puissantes et respectées qu'elles cultivent mieux les sciences, et qu'elles honorent davantage ceux qui s'y distinguent ; que la gloire des Etats s'étend et s'accroît en même proportion du nombre des savants et des artistes qu'ils renferment dans leur sein : un tel homme, avec beaucoup d'esprit et de philosophie, prononce que les sciences et les arts sont très-utiles au genre humain ; qu'ils le tirent de la barbarie, adoucissent ses mœurs, le civilisent, annoblissent, perfectionnent ses facultés. Il vivroit, il écriroit, il philosopheroit pendant des siècles encore, qu'il ne lui viendra jamais le moindre doute à cet égard. Rousseau osa douter ; il médita long-tems avant d'élever la voix et de se faire entendre. Enfin il débuta par le plus superbe et le plus hardi des paradoxes. C'est ce fameux discours sur le rapport des sciences et des arts avec les mœurs. On le vit, à l'entrée de la carrière qui devoit lui

procurer un nom immortel, fouler aux
pieds les titres de sa gloire, renverser ces
trophées élevés aux lettres, consacrés par
l'admiration et la reconnoissance de tous
les âges, affermis par le tems, et respectés
des siècles.

Descartes, en employant à oublier, à
désapprendre, les mêmes efforts de tête
que d'autres mettent à devenir savants,
s'étoit créé une nouvelle ame, avoit refait
les sciences, et donné une nouvelle face à
la philosophie. Rousseau suivit à-peu-près
la même route; mais au lieu d'adopter
la marche timide du sceptique, qui, la
sonde à la main, examine, tâtonne et
assure chacun de ses pas, il en prit une
plus conforme à son caractère impétueux
et à la chaleur de son ame; il prit le vol
audacieux du dogme et de l'affirmation.
Il douta comme Descartes, mais il arma
son doute d'une forme décisive et tran-
chante. Il affirma que les sciences et les
arts étoient pernicieux aux mœurs, et incompatibles avec la vertu.

A cette époque la géométrie, les sciences
exactes, avoient fait de grands progrès;
mais les hommes, avec des lumières nou-

velles , conservoient toutes leurs vieilles
allures. L'esprit philosophique , cet esprit
qui s'applique à tout, qui éclaire tous les
objets d'un jour qui lui est propre , qui n'a
rien de commun que le nom avec la philosophie proprement dite , et enseignée dans
les écoles : cet esprit , dis-je , n'étoit encore
le partage que d'un petit nombre de penseurs ; il ne s'étendoit guères au-delà de
quelques sociétés choisies de Paris ou de
Londres. A cette époque règnoit une grande
circonspection ; on ne pensoit que pour ses
amis. Si on saisissoit quelque vérité , on se
souvenoit du mot de Fontenelle ; on se
gardoit bien de la laisser échapper de ses
mains. Elle exposoit à des dangers ; et la
censure, la chambre syndicale et la Bastille avoient fait dire qu'elle ne pouvoit
entrer dans Paris que par contrebande.
Quelques vers des tragédies de Voltaire ,
d'un sens détourné ou voilé , étoient regardés comme des prodiges de hardiesse.
Quelques gens de lettres critiquoient Montesquieu parce qu'ils ne l'entendoient pas ;
et les gens d'église le persécutoient parce
qu'ils l'entendoient.

Les Calvinistes, les Protestans n'étoient

pas des Chrétiens aux yeux du peuple ; il les confondoit avec les Payens. On ne voyageoit pas. L'ignorance des gens du monde sur la géographie, sur les intérêts, la politique, les mœurs, les institutions des peuples de l'Europe et.du globe, étoit extrême. L'univers, pour eux, ne s'étendoit pas au-delà de la France. On ne pouvoit, sans être impie, appliquer sa raison à sa foi : l'hérésie inspiroit plus d'horreur que l'athéisme.

Les Jésuites étendoient sourdement leur empire par la confession, le commerce et la flexibilité de leur morale et de leur foi. La bulle *Unigenitus* étoit le sujet des graves entretiens. Il falloit être Janséniste ou Moliniste pour être quelque chose. Il y avoit des opinions particulières, mais l'opinion publique étoit encore à naître.

Versailles renfermoit un Dieu inaccessible comme invisible pour tout autre que les prêtres de son culte, appellés *courtisans*. Toutes les femmes de l'Empire aspiroient à l'honneur de sa couche. Il y avoit peu de tems qu'un prince de l'église (*a*),

---

(*a*) Le cardinal de Fleury.

ministre

ministre du Très-Haut, gouvernoit sous
le Dieu théocratiquement. Ses sujets pros-
ternés le contemploient de loin avec un
respect superstitieux, toujours prêts à s'im-
moler à ses caprices, et à donner leur
vie pour un de ses regards. Un voile religieux étoit interposé entre le peuple et
lui. On n'auroit osé le soulever, car il étoit
tissu avec des feuilles de bénéfice et des
bulles de Rome.

On parloit sans cesse de la liberté des
manières françoises, de la liberté de Paris.
On profanoit ce nom devenu depuis si
auguste; et dans le sens frivole même qu'on
y attachoit, on n'en jouissoit pas. Le François croyoit être libre, et il n'étoit qu'un
automate monté sur quatre ressorts principaux qui déterminoient et règloient ses
mouvemens, *l'usage*, *l'étiquette*, *la mode* et le
bon ton. Tout annonçoit l'esclavage; tout res-
piroit la contrainte et la gêne, jusqu'aux
costumes et à la forme des vêtemens. Les
François d'alors en un mot courboient la
tête sous le triple joug des femmes, des
prêtres et des rois.

Qu'auroient-ils pensé si un de ces inspirés qui lisoient autrefois dans l'avenir et

prêchoient les peuples et les rois, étoit venu
leur dire: » Lorsque des hommes auront
« passé de l'île des Bretons sur la terre
« des Francs et traversé la mer qui les
« sépare par la route des airs: alors la
« France sans parlements et sans bastilles,
« verra les biens d'église rendus à la nation,
« les prêtres mariés rendus à la nature,
« les moines affranchis rendus au monde,
« et tous ensemble et tous les ordres con-
« fondus, devenus citoyens, rendus à la
« patrie. « Avant quarante ans révolus,
toutes ces choses arriveront. On peut croire
que l'annonce de tous ces évènements aussi
vraisemblables les uns que les autres, auroit
fait rire du prophète, et qu'il eût été considéré plutôt comme un mauvais plaisant
que comme un visionnaire dangereux.

Ce début de Rousseau, cette attaque
contre les sciences et les arts, contre ces
filles du ciel descendues sur la terre pour
la consolation des mortels; cette attaque
qui ressembloit à celle d'un Titan, fut
comme le signal de la révolution qui se
fit dans les esprits à cette époque. Ce discours les tira de l'engourdissement où ils
étoient plongés.

L'examen coûte à la paresse; Le doute est un état violent pour la plupart des hommes. Ils sont sujets à sommeiller des siècles sur ce qu'ils croient être la vérité. C'est-là une des causes de la lenteur des progrès de la raison; et c'est ainsi que les siècles voient renouveller les mêmes fautes; que les mêmes erreurs et leurs suites funestes se reproduisent d'âge en âge; et que des races d'enfants se succédent l'une à l'autre sans parvenir à l'état d'hommes. Aussi doit-on regarder les *douteurs* comme de précieuses sentinelles qui veillent à la sûreté et à la conservation du genre-humain;

La philosophie ne s'étoit montrée jusqu'alors que sous des formes sèches et scientifiques; ou sous les demi-jours de l'ironie, des mots fins et des sens détournés; Fontenelle et Montesquieu avoient parlé à l'esprit et à la raison, il falloit un homme qui parlât aux sens et à l'imagination. Ils avoient éclairé; il falloit subjuguer. La philosophie n'avoit été qu'une lumière douce et tranquille, elle avoit besoin qu'une main vigoureuse l'agitât et la convertît en flambeau. Il falloit un génie

extraordinaire qui produisît une vive secousse, imprimât de grands mouvements,
qui nous exagérât nos vices, nos travers
et nos égarements, qui nous en fît rougir,
qui sût donner à la raison et à la vérité
des formes pénétrantes. Cet homme fut
Jean-Jaques Rousseau.

Son paradoxe sur les sciences alarma
les gens de lettres, blessa l'amour-propre
des savants, irrita les docteurs, mit au
champ les universités, jetta le trouble et
la confusion dans les idées, et causa dans
toutes les têtes la plus grande effervescence.
Ce paradoxe étoit tissu avec tant d'art,
soutenu avec tant de chaleur, avec une
éloquence si imposante ; il y régnoit un
ton de persuasion si vrai ; la cause de l'i-
gnorance y étoit plaidée avec tant de savoir
et d'habileté, que chacun se demandoit
à soi-même : » Seroit-il possible ? Que reste-
« t-il donc de vrai ? Que faut-il croire ?
« De quoi ne doutera-t-on point ? Où est
« la certitude, si l'utilité des sciences qui
« n'a jamais été mise en question, se trouve
« non-seulement détruite, mais convertie
« en poison des mœurs « (4) ?

_____

(4) Il n'avança point cette opinion extraordinaire

Plus on discutoit la question, plus on
l'éclaircissoit, plus on examinoit toutes ses
faces, plus on la considéroit sous tous ses
rapports, et plus on devoit répondre aux
vues de l'auteur. Descartes avoit travaillé
seul ses doutes, seul il avoit démoli, seul
il avoit reconstruit un nouvel édifice, et il
en avoit été à la fois l'architecte et le
maçon. Rousseau plus habile ou plus heureux, associa à ses doutes toutes les têtes
pensantes, et soit hasard, soit intention,
fît concourir à son but les gens de lettres
qui, sans s'en douter, entrèrent dans son
plan et devinrent ses manœuvres; il fît
conspirer à ce grand dessein jusqu'à ses
plus ardents détracteurs. Mieux ses ennemis le réfutoient et mieux ils le servoient;
car du choc des idées naît la lumière, et
quelquefois la vérité quand elle se laisse
surprendre.

_____

pour étonner et déployer ses forces comme on le
lui a reproché. Ce n'étoit pas non plus en lui l'effet
de la conviction. Il flottoit, il balançoit, il entre-
voyoit des raisons de douter. Sa manière originale
de considérer les objets tenoit beaucoup en lui à
un génie fier, hardi, passionné pour l'indépendance
en tout genre.

Le monde moral est une grande énigme ;
tout s'y tient ; mais nous ignorons le mot
auquel tout se rallie. Les sciences, les
mœurs, le luxe, le commerce, les loix,
la liberté, le droit des peuples, on arrive
bien vîte aux principes des gouvernemens
et au fondement de la société civile : toutes ces questions s'enchaînent l'une à l'autre ; elles furent reprises, examinées de rechef : tout ce système informe de nos
connoissances morales se trouva comme
ébranlé : on fit de nouvelles recherches,
on parvînt à des résultats nouveaux ; l'esprit acquit plus de justesse ; on ne se paya
plus de mots, on les définit ; on leur subs-
titua des choses. L'esprit philosophique
date sur-tout de cette époque.

On appliqua aux sciences morales la
méthode des géomètres et l'analyse. Les
idées devinrent plus distinctes ; la nature
de l'homme fut mieux étudiée ; ses rapports mieux connus. Sa nature devint la
règle de ses actions ; ses rapports, la base
de sa félicité temporelle ; et la morale
assise sur ses vrais fondemens cessa d'être
problématique. Les limites qui séparent le
règne de la loi de celui de la foi furent

apperçues et posées. Une ligne fut tracée entre le tems et l'éternité. Les désordres nés de leur confusion furent réprimés. Les principes surnaturels qui avoient troublé le monde furent remplacés par le droit naturel ; et la religion rendue à sa véritable destination, reprit son vol vers le ciel, pour y préparer des couronnes aux justes et des récompenses à la vertu. Dégagé de l'alliage grossier des intérêts humains, et des choses terrestres, elle en devint plus auguste et plus sainte. Un esprit de tolérance et de concorde gagna de proche en proche. On frémit des excès commis au nom d'un Dieu de paix. On frappa d'anathême le tyran des consciences. L'impie fut celui qui outragea l'humanité, et les feux de l'enfer furent reversés sur les persécuteurs.

Un génie moins nerveux, moins bouillant, moins profond, mais plus étendu, plus flexible et plus riche, vint unir ses efforts à ceux du philosophe de Montmorenci (5). Celui-ci transformoit en odes

---

(5) C'est à Montmorenci que Rousseau a travaillé ses principaux ouvrages.

les maximes de la sagesse, et la théorie des mœurs en vérités de sentiments; l'autre sut allier le rire à la pensée, coudre à la gaieté la reflexion, et présenter à travers la gaze légère d'une plaisanterie fine, des vues profondes et de grands apperçus. L'un armé d'une massue étendoit à ses pieds les méchants. L'autre perça les ennemis de la raison des traits du ridicule.

Bientôt s'éleva le superbe édifice de l'Encyclopédie. Des philosophes estimables, amis, contemporains, ou disciples de ces deux grands hommes, se réunirent autour de ce monument, et de-là livrèrent la guerre aux préjugés, étendirent l'empire de la raison, et firent chaque jour quelque nouvelle conquête à la philosophie. Elle devint vulgaire, s'insinua peu à peu dans toutes les classes de la société; et malgré l'orgueil du rang qui la dédaigne ou qui la craint, elle pénétra même jusques chez les grands. Elle donna une nouvelle trempe aux ames, et refondit l'esprit des nations.

La première idée d'un homme de génie détermine souvent toutes les autres. Le discours sur l'influence des sciences et des arts renfermoit en germe celui de l'origine de l'inégalité parmi les hommes ; ou plutôt ce second discours étoit la conséquence immédiate du premier. Si l'ignorance est préférable à la science, l'homme brut et agreste est préférable à l'homme civilisé, et l'état de nature à l'état de société. Et comme les premiers Grecs et les premiers Romains paroissoient à Rousseau être restés plus près que nous de la nature, il nous les proposa sans cesse pour modèles. Il eut à la main, toute sa vie, une lunette qu'il balançoit alternativement sur les âges reculés et ses contemporains. Celui des verres qui grossissoit nos vices, il l'appliquoit sur les vertus antiques ; et celui qui réduisoit à rien nos avantages, il le dirigeoit sur les difformités des anciens peuples. Il n'est pas surprenant qu'il ne vît que des vertus où nous ne voyons que barbarie, et qu'il n'apperçût que crimes et que vices où nous admirons des qualités estimables, des progrès sensibles vers le bien.

Mais soit que cette manière de voir lui fût naturelle, soit, comme je l'ai déja dit, qu'elle ne renfermât qu'un doute ; dans tous les cas, le but qu'il se proposoit auroit été manqué, s'il n'eût paru persuadé.

Le doute de Descartes fit disparoître sans
peine et presque sans obstacles, les formes, les eutéléchies, les qualités occultes,
tous ces fantômes barbares de vérité qui
soutenoient une physique absurde et des
systêmes d'une métaphysique obscure et
contentieuse, restes mutilés et défigurés
par les Arabes, des conceptions d'un grand
homme (a). La justice du doute se fit
sentir à tous les bons esprits; et lorsqu'il atta-
quoit les prétendues sciences de son tems,
qu'il en révéloit l'inanité et le vide, l'Europe
éclairée applaudissoit à ces savantes démo-
litions. Mais, quand après avoir nettoyé
l'aire de l'entendement humain, il voulut
construire un nouvel édifice, il remplaça
des chimères par des chimères; et ce doute
fameux finit par enfanter la matière subtile
et le systême des tourbillons.

Au contraire, Rousseau n'attaqua pas
seulement le faux-savoir, mais la science
même. Il déplora ces longs et pénibles efforts
de l'esprit humain pour sortir de sa primitive et heureuse ignorance. Il renversa avec
fracas nos loix, nos arts, nos savantes po-

(a) D'Aristote.

lices, tous ces monuments de gloire, ces objets imposants de notre admiration ; et nous présenta le sauvage errant dans les forêts, comme *la parure du monde*, comme *une fleur brillante, éclose sur la terre dans la vigueur de sa jeunesse.*

Le doute de Rousseau parut injuste, et l'assertion qui le masquoit extravagante ; mais ce doute finit par féconder, sinon les meilleurs principes d'institution et d'économie particulière et générale, du moins par réunir sur ces matières un grand nombre d'idées et de vues nouvelles. On applaudit Descartes à l'entrée de sa carrière. Ses premiers pas furent encouragés et les derniers sifflés. Les huées, au contraire, signalèrent le début de Rousseau, et l'on finit par applaudir et par admirer. Tous deux mirent un grand prix à l'ignorance, l'un pour réussir à devenir savant, et l'autre pour parvenir à être homme de bien. Les premières vérités de Descartes le conduisirent à des erreurs ; et la première erreur de Rousseau, si c'en est une, l'a conduit à de précieuses vérités.

Examinons ce grand doute qui, au lieu de le jeter dans des spéculations auxquelles

l'esprit humain ne peut atteindre, l'a rapproché incessamment de lui-même et de
ses semblables. Peut-être, à l'aide de ce
doute, pourra-t-on découvrir un jour quelques nouveaux principes, refaire la philosophie morale, et perfectionner la science
de l'homme. Ce doute aura le grand mérite
d'en avoir préparé les voies.

Si nous considérons ce malheureux sauvage, accroupi au-devant de sa hutte,
sans idées, sans mémoire, ayant l'air de
rêver et ne pensant à rien ; traitant avec
la dernière barbarie son infortunée compagne, l'accablant de travaux et de coups ;
étranger à la pitié, aux douces affections
de l'amour, de l'amitié, et à toutes ces
sensations délicates et variées, que nous
devons aux arts et à la culture de l'esprit.
Si nous le suivons au sortir de sa stupide
veille, pressé par la vengeance ou par la
faim, pour aller en troupe surprendre ses
voisins endormis, les massacrer, faire en-
durer mille morts à ses prisonniers, se
rassasier de leur chair, devenir alternativement, selon le sort de la guerre, ou
bourreau ou patient ; barbouillant du sang
de ses victimes les statues informes de ses

Dieux. Si de-là nous reportons la vue sur
nos sublimes découvertes, sur nos grands
hommes, sur les chefs-d'œuvres de la
Grèce, sur nos observatoires, nos bibliothèques, sur nos forteresses tant immobiles
que flottantes, sur les palais qui décorent
nos villes, sur les prodiges de nos arts et
de notre industrie, sur la pompe et le faste
qui entourent nos rois, nous sommes tentés
de croire que pour défendre, comme
Rousseau l'a fait toute sa vie, un poste
aussi foible, et qui paroît insoutenable,
pour y tenir ferme, et ne s'y être jamais
laissé forcer, il falloit la force et la valeur
d'Hercule. Cependant, sans diminuer la
sagacité et les ressources prodigieuses de
l'esprit et de l'imagination de ce grand
défenseur de la nature inculte et sauvage,
je remarquerai d'abord que je l'ai placée
sous le jour le plus défavorable; que j'ai
réuni, dans un seul tableau, des turpitudes
qui ne sont qu'éparses parmi les différentes
peuplades errantes sur ce globe, sans faire
mention d'aucun des biens dont elles jouissent en compensation. Il en est un qui lui
seul en comprend une multitude d'autres.
La plupart des peuples policés sont escla-

ves, et le sauvage est libre. D'ailleurs, une infinité de hordes ont des mœurs plus douces ; et toute la simplicité de l'ignorance, sans en avoir la rudesse et la férocité. Qui sait encore ; même en établissant un parallèle d'après mes peintures hideuses, à qui, de l'habitant des forêts ou des villes , resteroit l'avantage ?

Je ne croirai point étranger à l'éloge de Rousseau un examen rapide de cette opinion célèbre et décriée. Lui trouver de nouveaux appuis , ou du moins fournir matière à de nouvelles réflexions, seroit peut-être une des fleurs les plus intéressantes à jeter sur son tombeau. Celui qui, en élevant à Descartes un monument, pourroit renverser à ses pieds et détruire les loix de la gravitation ; et, par de nouvelles observations , replacer sur leurs ruines celles de l'impulsion, ne loueroit pas mal ce grand restaurateur de la méthode et des sciences.

Interrogeons la nature elle-même. Nous ne connoissons pas l'ordre qu'elle a établi dans d'autres mondes et sur d'autres planètes. Nous ignorons les intentions qu'elle y a manifestées, mais nous pouvons les

appercevoir et les suivre sur celle que nous
habitons ; et par ce qu'elle y a toujours
fait, juger de ce qu'elle a voulu faire.

L'Afrique toute entière, dix fois plus grande
que la partie de l Europe policée. Tout le nord
de l'Asie. Tous les peuples de cette partie
du monde soumis à la domination Russe,
autant que des sauvages peuvent l'être. Les
Tartares et les Arabes errants dans des déserts ou dans de vastes plaines plus ou moins
incultes. Presque toutes les îles et les Archi-
pels de la partie orientale de notre hémisphère. Les terres antarctiques. Les îles et
continents découverts dans la mer du Sud,
contrées immenses. Enfin, l'hémisphère
occidental tout entier. Voilà la presque
totalité du globe plongée dans les ténèbres
de l'ignorance. Car les deux tiers de l'Europe, la Turquie, la Perse, les Indes orien-
tales, la Chine et le Japon, ne forment
pas la cinquantième partie de sa surface.
Ajoutez-y trois ou quatre millions d'Européens répandus dans le nouveau monde.
D'après cet apperçu il seroit difficile de
conclure que la nature appelle les hommes
à la science et aux lumières. Si depuis deux
mille ans plusieurs contrées de la terre se
sont civilisées, plusieurs autres sont ren-

trées dans la barbarie, ou à peu près ; ce qui fait compensation. Tel est l'état du globe depuis les premiers tems à nous connus.

Peut-être allons-nous repaître nos yeux du spectacle de toutes les vertus dans les nations éclairées. Peut-être allons-nous y voir la justice marcher à côté des lumières, et justifier ainsi un essor si contraire aux vues et aux vœux de la nature.

Après avoir divisé le globe en deux parties, l'une savante et l'autre ignorante incomparablement plus grande ; une division toute aussi naturelle se présente à la suite ; c'est celle des opprimés et des oppresseurs. Le rapport de ces deux divisions est affreux autant qu'il est frappant. Les oppresseurs sont précisément les savants, et les opprimés les ignorants. La science (terrible vérité !) ; la science fait donc le crime et les coupables, et l'ignorance les innocents et les victimes !

Je vois l'Europe savante, tenir sous son joug les trois autres parties du monde, leur imprimer tous ses mouvements, les agiter de toutes ses convulsions : une poignée d'Européens n'usent de leurs connoissances que pour fouler aux pieds, tyranniser

niser le reste de l'univers. Les Anglois pillent l'Asie. Les Espagnols expriment l'or de l'Amérique par les mains du malheureux Indien, que le méphitisme des mines dévore en peu d'années ; et tous ensemble fondent sur l'Afrique pour en réduire en servitude les infortunés habitants. Que dis-je? L'Europe elle-même n'a-t-elle pas ses ignorants? Le peuple en tout pays, n'est-il pas une espèce de sauvage, ou soumis, ou furieux, selon l'impulsion qu'il reçoit? Il souffre l'oppression, et sert à opprimer ; et les deux divisions observées sur le globe, viennent également en partager cette portion si distinguée par ses lumières. Nous y verrons toujours, en Europe, et ailleurs, et par-tout, un petit nombre d'hommes éclairés et adroits, entraîner sur ses pas la multitude ignorante et crédule ; l'environner d'illusions; la pousser au carnage pour satisfaire ses passions, son intérêt ou ses vengeances, voilés habilement des noms d'honneur, de gloire nationale, d'obéissance et de patrie.

Ici, la science de la navigation fondée sur la géométrie et l'astronomie, secondée par les arts mécaniques, va vomir, sur la moitié

du globe, la mort et l'esclavage, et convertir
le nouveau monde à peine découvert en
un vaste tombeau. Là, nos savantes balan-
ces de commerce nous ordonnent de faire
voile pour l'Afrique, d'y charger nos vaisseaux d'*engrais humains* pour fertiliser le sol
de l'Amérique. Ce n'est qu'à l'aide du désespoir et des douleurs du nègre, que circulent les sucs nourriciers de l'arbrisseau
qui porte le café ou l'indigo; et c'est de
la vie même de nos semblables que nous
animons la sève de nos cannes à sucre.

Je vois la religion qui ne respire que
paix, indulgence et support qui, dans sa
pureté primitive, réunit et embrasse tous
les hommes dans les liens de sa charité et
de son amour; aussitôt qu'elle est travaillée
par la science, je la vois lever une tête
audacieuse, substituer la violence à la
persuasion, allumer des bûchers, et devenir intolérante et sanguinaire.

Du milieu de cette religion une et sainte,
je vois les sciences humaines faire sortir
cent sectes ennemies; qui, non contentes
de se haïr, de s'égorger dans ce monde,
se damnent réciproquement dans l'autre,
et s'y frappent encore d'une mort éter-

nelle. Des distinctions métaphysiques entre la puissance spirituelle et temporelle, produire entre ces deux puissances des chocs furieux : l'autel ébranler tous les trônes ; et tantôt protégeant, tantôt persécutant les rois, faire servir également sa haine et sa faveur à la désolation du genre-humain : l'église seule savante alors, exciter des discordes, semer la rebellion, étendre son empire par des usurpations ; favoriser tour-à-tour le despotisme et l'anarchie ; tromper, égarer les nations, les soulever contre leurs légitimes conducteurs, ou enchaîner les peuples aux pieds de leurs tyrans. Guerres d'ambition, guerres de commerce, guerres de religion, conduites par quelques charlatans habiles, ensanglanter la terre, et entasser par millions des imbécilles et des dupes sur des champs de batailles.

Enfin la *science militaire*, née elle-même de la perfection de tous les arts et de toutes les sciences, s'élever au-dessus de la grossière brutalité du sauvage, qui ne sait assommer qu'un seul homme à la fois, apprendre à détruire des masses d'hommes et des cités entières. La terreur la précède. Des femmes éplorées et des enfants trem-

blants désertent leurs cabanes et fuient
devant elles, levant les mains, et tournant
vers le ciel des yeux baignés de larmes.
Elle s'avance au milieu des champs dé-
vastés, des chaumières et des villes fu-
mantes; elle est suivie de la famine et
des épidémies. Je la vois dirigeant un long
tube sur un polygone hérissé de tonnerres,
en estimer la résistance, le reporter de-là
sur la plaine couverte d'hommes étince-
lants de fer, rapprocher de ses yeux leurs
rangs serrés, opérer sur ces êtres sensibles
avec la toise et le compas, évaluer leur
profondeur et leur surface, calculer combien tel globe de compression fera de
veuves et d'orphelins, combien tel ouvrage
à corne coûtera de pieds cubes vivants;
suspendre une bombe et la mort au bout
d'une savante parabole, et compter les
milliers d'hommes destinés à périr pour
convertir une ville florissante en un mon-
ceau de pierres, et ensevelir sous ses ruines
ses habitants.

Tout fuit, tout plie devant elle. Les peuples les plus éloignés de l'Europe se reti-
rent dans l'intérieur des terres pour conserver leur liberté. Ils se cachent dans

l'épaisseur des bois, et sont forcés de mettre des déserts entre eux et nous. Ce n'est qu'ainsi qu'ils se dérobent à notre science vorace, qui engloutiroit le globe entier, si sa grandeur et son volume au-dessus de nos forces, et non de nos desirs, n'y mettoient un obstacle invincible.

Et, revenant à ces sauvages dont j'ai parlé d'abord, je dirai que si des actes de férocité souillent leur ignorance ; si quelquefois ils barbouillent leurs *Manitous* ou leurs Idoles du sang de leur ennemi, plusieurs nations civilisées ont offert à leurs Dieux des victimes humaines qui n'étoient pas leurs ennemis : que si le sauvage finit par donner à son prisonnier son estomac pour tombeau, dans l'Inde qu'ont éclairée les Brames et les Gymnosophistes, on brûle vives, sans profit pour personne, les épouses chéries sur le tombeau de leurs maris. (Une coutume aussi atroce ne pouvoit prendre naissance que dans la première patrie des sciences; car c'est de l'Inde que les Egyptiens ont emprunté la lumière, ils l'ont transmise aux Grecs, les Grecs aux Romains et les Romains à nous) : que les *auto-da-fés* doivent avoir la préséance sur

les feux qu'allume une peuplade pour rôtir
et manger son prisonnier de guerre : que
si des crânes dépouillés, des chevelures
ensanglantées, tapissent la hutte du sauvage
comme trophées de sa victoire, Rome
savante célébroit celle de ses généraux par
le meurtre et le carnage : que des milliers d'hommes étoient obligés de s'égorger
entr'eux, de se déchirer de leurs propres
mains sous les yeux des citoyens de Rome,
et même de tomber et mourir avec grace,
pour ajouter à leur plaisir : que ces jeux
sanglants s'accrurent avec la politesse et
les lumières : que de dix ou vingt paires
de gladiateurs dans l'origine, le nombre en
fut porté jusqu'à dix et vingt mille : que
ces spectacles de sang faisoient les délices
de Rome civilisée et florissante : que le
Peuple Romain éclairé, policé, étoit un
tigre qu'on ne flattoit, qu'on ne fléchissoit,
qu'on ne gagnoit qu'avec du sang : que les
magistratures ne s'achetoient de lui qu'avec
du sang : que toutes les chaises curules
étoient baignées de sang : que l'édile chéri
du peuple n'étoit que le bourreau qui avoit
frappé le plus de victimes, et que la grandeur des jours de fête à Rome se mesuroit

sur le nombre et la largeur des ruisseaux
de sang humain, qui de toutes parts s'écou-
loient des arènes et des amphithéâtres : que
pour comble d'horreur, la jeune noblesse
de Rome quittoit le matin la lecture de
Cicéron, de Virgile ou d'Horace, pour aller
en troupe voir les malheureux blessés, mutilés, échappés à la boucherie de la veille,
et les forcer à s'achever les uns les autres :
que c'étoit-là, pour ces jeunes hommes
amollis par les délices et accablés de leur
oisiveté, un des moyens imaginés à la fois
pour tuer le tems, en attendant l'heure du
repas, et pour exciter leur appétit, que
tout l'art des Apicius avoit peine à ré-
veiller. Ce passe-tems me paroît laisser
bien loin derrière lui les jeux cruels de
ces enfants de la nature, obéissant à des
idées bisarres de courage, d'honneur et
de constance ; et tellement asservis à des
usages conservés parmi eux, que leur prisonnier de guerre, selon les circonstances,
est ou disséqué, mutilé, tourmenté, ou
revêtu, dans un *carbet*, des droits d'ami et
d'époux et de père.

Si l'on m'objectoit que ce ne sont là que
les abus de la science, je renverrois à tous

les résultats de l'histoire : ils nous attestent que les hommes en ont toujours et partout abusé ; or, quand l'abus est certain, inévitable, inséparable de la chose, alors il n'est plus un abus, mais une propriété qui lui est inhérente.

Je pourrois ajouter une troisième division, c'est celle des pauvres et des riches. Nous y trouverons comme dans les deux premières, que pauvre coïncide toujours avec ignorant et opprimé, comme riche avec oppresseur et savant. C'est cette dernière portion du genre-humain, presque imperceptible en la comparant à l'autre, qui dispose de tout en Europe et sur toute la terre.

Si nous n'étions pas nés au milieu de cet ordre de choses, que nos yeux n'y fussent pas accoutumés, nous le trouverions monstrueux. Nous sentirions vivement combien l'état social est un état contre nature, un état forcé, une situation violente. Comment les hommes s'y sont-ils laissés engager ? La cause en est évidente. Le partage des terres et la propriété peuvent être regardés comme la première infraction des loix de la nature, et la première origine de tous les maux qui désolent l'espèce humaine.

La propriété entraîne à sa suite l'agriculture et les arts, qui produisent les loix et la société civile, l'inégalité des fortunes et des conditions : d'où naissent, par le loisir et la contemplation, les sciences, la culture de l'esprit, les arts de luxe, la cupidité, l'ambition, l'avarice, toutes ces passions terribles qui jettent l'homme hors de lui-même, l'irritent, le fascinent, l'enivrent et le poussent aux plus déplorables excès. A cette fatale propriété, vient s'attacher cette longue chaîne de calamités et d'injustices, qui embrasse à la fois les oppresseurs et les opprimés, et qui d'un pôle à l'autre, couvre la terre de deuils, de larmes et de crimes.

Cependant je ne contesterai point l'utilité des connoissances humaines, ni les prérogatives qui leur sont attachées. Si Rousseau eût porté le scepticisme jusqu'à les révoquer en doute, je lui dirois : « Demandez aux Anglois de quel droit ils « règnent au Bengale et s'approprient les « trésors du Mogol et de l'Inde ? ils vous « répondront, du droit du plus habile ;

« du droit que donne la supériorité des
« talents. Demandez à la cour de Rome,
« tout ce que lui ont valu, pour prix de
« ses lumières, la vente des dispenses,
« des graces, et le commerce de ses re-
« liques et de ses indulgences. Demandez
« aux Jésuites, à quoi ils devoient la domi-
« nation et l'empire qu'ils avoient acquis
« au Paraguay.

« Demandez à l'église, le fruit qu'elle a
« retiré de sa pénétration, lorsqu'au tems
« des croisades, elle excita ce pieux bouil-
« lonnement dans une partie de l'Europe,
« et qu'elle souleva et poussa l'occident sur
« l'orient. Demandez-lui, comment elle a su
« convertir les terreurs de l'autre vie en
« abondance et en délices dans celle-ci; tout
« ce qu'elle a obtenu des consciences alar-
« mées et craintives, en legs, fondations,
« donations, expiations; combien de terres
« reçues en échange du domaine céleste;
« par quel art profond et soutenu, elle
« a su extraire, d'une religion dont l'essence
« est le sacrifice perpétuel de l'amour-
« propre, l'abnégation de soi-même, et le
« renoncement aux vanités et aux gran-
« deurs humaines; honneurs, faste, di-

« gnilés, pompe et magnificence; d'une
« religion dont le royaume n'est pas de ce
« monde, le droit de s'approprier les royau-
« mes de la terre, de les confisquer ou de
« les distribuer à son gré; par quel pres-
« tige s'est opérée la transformation mer-
« veilleuse d'une religion fondée sur la
« simplicité, la pauvreté, l'humilité, en
« une monarchie universelle.

« Demandez aux gens de loi, aux pra-
« ticiens, et à cette foule de jongleurs dans
« tous lés genres et de tous les états, quelle
« source pour eux de richesses que leurs
« doctes cabinets, quelle mine féconde que
« ces savants commentaires, ces énormes
« compilations, et cet amas immense de
« volumes sur les loix, la médecine, l'al-
« chymie, et toute la valeur et l'étendue
« de l'impôt que lèvent tant d'habiles gens
« sur le citadin crédule et l'ignorant villa-
« geois : et vous ne pourrez nier que la
« science ne soit fort utile *à ceux qui la*
« *possèdent* «.

Nous ne pouvons méconnoître qu'il est
une grande loi qui régit l'univers; cette
loi est la force. Dans l'état de nature, la
force du corps donne tous les avantages,

et dans l'état de société, c'est la force de l'esprit qui les procure. Ainsi le droit naturel primitif et antérieur à tout autre, c'est le droit du plus fort. Les grands entendements dévorent les petits sur la partie solide de ce globe, comme le volume supérieur de l'habitant des eaux vit aux dépens du volume inférieur.

Mais, pourroit-on me dire, ce ne sont pas des savants qui ont renversé l'Empire Romain. Je ne répondrai point que les barbares firent justice de cet Empire, élevé par la violence sur les ruines du droit de toutes les nations. Je ne dirai pas que la fin que se proposa Rome étoit digne de son origine ; que fondée par des brigands, elle avoit presqu'à sa naissance formé le projet de piller l'univers connu et de se l'approprier, qu'elle l'exécuta : que l'esprit et la forme de son gouvernement ne fut pendant mille ans qu'un système raisonné, profond et suivi, d'oppression, de vol et de rapine : que les Romains n'ont été que d'illustres flibustiers qui ont exercé sur la terre et en grand le métier de pirates, et que les sauvages du nord ne firent que venger les nations et punir de grands crimes par un grand revers. Tout cela seroit étranger à mon sujet. Mais je dirai que cette objection, bien loin de nuire à ma cause, est toute en sa faveur.

Et d'abord, la plus vaste domination qui ait jamais existé, effacée de dessus la terre par des essaims de barbares, est un évènement unique dans l'histoire. Les Tartares conquérants de la Chine ne peuvent sous aucun rapport lui être comparés. Mais aussi de l'histoire, que connoissons-nous ? Trois ou quatre mille ans, si imparfaitement encore, que presque toute cette durée, à quelques siècles près, ne nous est parvenue que défigurée par des fables et des prodiges, ou altérée par l'ignorance, les passions et la mauvaise foi. Pour l'éphémère, un jour est la plus longue vie : pour l'homme quatre-vingt ou cent ans ; et pour l'espèce humaine, créée peut-être sur ce globe de toute éternité, des millions d'années peuvent n'être que des fractions infiniment petites de sa durée. Qu'est-ce donc que quatre ou six mille ans ? Nous touchons aux tems qui nous paroissent les plus reculés, et nous sommes presque contemporains de Sancho-niaton, d'Hérodote et d'Homère.

Il est une histoire des hommes, exempte
d'erreurs et de mensonges, une histoire
fidèle, conforme à la nature des choses et
à la vérité éternelle : c'est celle que le
philosophe peut en faire d'après des observations réfléchies sur ce qui se passe sous
ses yeux, sur ce qu'il voit dé cette histoire, et le peu qui lui en est connu par
les livres. Ce globe, sa contexture, la nature de l'homme ; voilà les données dont
il faut partir. Les mêmes éléments donnent
toujours les mêmes résultats : quelques
soient la variété et le nombre de leurs
combinaisons, ce nombre est circonscrit ;
et les mêmes intérêts, les mêmes passions
ramènent les mêmes évènements, comme
les générations qui se succèdent sont le
modèle des générations qui se succéderont
encore. Les hommes sont ce qu'ils ont été
et ce qu'ils seront toujours. L'histoire décrit
un grand cercle ; elle le recommencé quand
elle l'a fini, pour le finir encore et le re-
commencer. Les grands *cataclysmes*, et les
révolutions du globe, en accélèrent ou re-
tardent la marche. Nous ne connoissons
que quelques degrés d'un de ces cercles
immenses : l'un de ces fragments nous

apprend que Rome succomba sous des peuples grossiers et des Scytes farouches: mais les identités qu'amène nécessairement la révolution des siècles, nous conduisent à la certitude que de semblables évènemens sont arrivés une infinité de fois dans des tems antérieurs.

D'après la loi observée ci-dessus; le droit de la force physique, et le droit de la force morale, passent donc et repassent alternativement des savants aux ignorants, et des peuples barbares aux nations policées. Ces échanges s'exécutent à de très-longs intervalles, que la foible étendue du compas de notre histoire ne permet pas de mesurer. Il se fait comme un perpétuel balancement entre ces deux forces. L'effort de l'homme pour sortir de sa primitive et heureuse ignorance; cet effort contre nature est le principe qui détermine ces balancemens; il est le premier mobile de cette grande mécanique, et le centre de ses oscillations et de son activité.

Les sciences, ce produit des institutions sociales, commencent par ajouter une grande force aux forces naturelles de l'homme; à sa force morale par le déve-

loppement et la combinaison des idées ; et
à sa force physique par les arts mécaniques. L'usage qu'il fait de ces nouvelles
forces , nous l'avons vu , c'est de dominer ,
d'envahir , d'usurper ; mais le luxe et la
mollesse , enfants de la science , détruisent
à la longue les forces naturelles , base et
soutien des forces sociales. Le corps politique miné sourdement par la dépravation
des mœurs , conserve encore toutes les
apparences de la vigueur et de la santé.
C'est à cette époque que Rome produit des
chefs - d'œuvres en tout genre. Il semble
même que le génie des Catulle , des Ti-
bulles , des Horaces s'alimente des excès
de la corruption ; et les forfaits de Catilina
deviennent la principale gloire de Cicéron
comme orateur et comme magistrat.

Mais bientôt Suétone et Tacite vont sonder ce corps malade , pénétrer au-delà des
apparences , nous en révéler les turpitudes ,
la grandeur du ravage intérieur , et marquer les degrés de son déclin rapide. Les
tems d'atticisme et d'urbanité en sont toujours les avant-coureurs ; et un Empire
n'est jamais plus près de sa ruine que lorsqu'il jette le plus d'éclat. Alors des sauvages
sans

sans discipline, sans science, couverts de fer, armés de leur courage, s'avancent et le menacent; et le colosse vermoulu au-dedans, ruiné de toutes parts, s'écroule au premier choc.

La force physique arrache aux nations policées leur avantage : elle frappe et renverse la construction civile ; et les peuples énervés, amollis, fondus sous la science, n'opposent presqu'aucune résistance. Les agrestes conquérants parcourent ensuite tous les degrés de la civilisation, jusqu'à ce que vaincus par les mêmes causes, ils deviennent à leur tour la proie de nouveaux barbares. Ce qui est arrivé aux Romains arrivera aux Européens leurs vainqueurs. Nos places fortes et notre artillerie ne nous garantiront pas d'une catastrophe inévitable, qui a dû se répéter dans des tems antérieurs comme elle se répétera dans les siècles à venir.

- Les sciences sont donc funestes à l'humanité sous un double rapport ; elles ont le double inconvénient de donner d'abord à l'homme une énergie et des forces factices dont il abuse, et de le réduire ensuite à un état honteux de nullité, lorsqu'il s'agit

d'une légitime défense et de la protection
de ses propres foyers ; de le rendre fort
quand il devroit être foible, et foible quand
il devroit être fort : impuissantes pour la
vertu, les sciences n'ont d'activité et de
force que pour commettre des injustices
et des crimes.

Il résulte invinciblement de là, qu'on
doit les regarder, de même que l'état civil
qui leur a donné naissance, comme une
espèce de maladie endémique qui attaque
toujours un cinquantième environ de l'espèce humaine, et qui fait lentement le
tour du globe.

Si un sauvage se rend incommode à sa
tribu par une supériorité de talens, de force
ou de férocité, plusieurs se réunissent contre
lui, et on le fuit, on l'abandonne, ou on
le tue ; le ravage ne s'étend pas plus loin.
Mais si le hasard place sur le trône un
homme doué d'ambition et de génie, c'est
presque toujours une calamité dont le ciel
frappe la terre : car la gloire et la grandeur des princes, sont de commander des
armées, de livrer des batailles ; et sans faire
mention de la longue suite de ces fléaux
de l'espèce humaine appellés des héros,

je viendrai tout de suite au dernier qui couvrit l'Allemagne de deuil pour se frayer la route au temple de mémoire; Il avoit une brillante armée; il voulut l'employer; La tactique avoit pris sous son génie une nouvelle face, il voulut l'appliquer. Il fit la guerre pendant sept ans, la provoqua parce qu'il y excelloit; la soutint avec gloire contre toute l'Europe; Il acheta le nom de Fréderic le Grand des trésors et du sang de son peuple, et paya le privilège de vivre dans l'histoire par la mort d'un million de ses semblables;

S'il eût pu atteindre au même but en gouvernant paisiblement ses Etats, n'en doutons pas; il fût resté tranquille. Soif ardente de bruit que ne connoissent point les peuples simples et ignorants! Besoin de renommée excité par nos livres; nos vers qui en sont les véhicules et les distributeurs! Peuples policés, voilà vos attributs; vos avantages! Voyez ce qu'ils vous coûtent; et vantez-nous ensuite la source qui vous les procure et où vous les puisez! C'est ainsi qu'Alexandre ne pouvoit se dispenser d'aller massacrer les Perses, pour qu'A-thènes éclairée s'entretînt de sa gloire, et que ses poëtes, ses artistes et ses savants célébrassent ses exploits.

Cruelle nécessité de ne pouvoir obtenir une grande existence qu'en désolant la terre! C'est le cas des héros. Heureux au contraire les philosophes qui la consolent, qui ne peuvent s'illustrer et parvenir à la célébrité qu'en versant un baume salutaire sur les plaies faites à l'humanité par la science; qu'en suspendant l'activité de son poison, qu'en répandant par leurs écrits un esprit de paix, d'union et de concorde; et puisqu'il faut de la gloire aux hommes civilisés, en leur apprenant du moins à la placer sur des objets moins désastreux que les dévastations et les massacres!

O toi, grand homme, toi qui parmi ces bienfaiteurs des nations, tiens une place si distinguée et brilles au premier rang! Si je ne puis te louer dignement, si ton éloge est au-dessus de mes forces, accueille du moins l'hommage que je rends à ton idée première; à cette idée fondamentale qui t'a inspiré toutes les autres; et t'a conduit à tant de vérités et de vues utiles au genre-humain! Souris à mes efforts pour l'honorer, pour la défendre.

Cette idée première est peut-être une grande vérité, mais que nos yeux éblouis par l'éclat que jettent les monuments de l'ordre social, ne peuvent appercevoir ni reconnoître : peut-être aussi qu'elle porte sur des profondeurs qui n'ont point encore été assez éclairées ni sondées. Cette grande question reste donc indécise, et le doute subsiste dans toute sa force. Elle attend qu'un génie puissant la pénètre de nouvelles lumières ou la déclare insoluble.

Presque tous les grands hommes ont été obsédés, et en quelque façon, tourmentés par une grande et première idée qui les a toujours suivis ; qui a donné sa teinte ou sa couleur aux actions et aux pensées de leur vie entière, et dont elles n'ont été, en quelque sorte, que le développement. Qui sait si ce guide surnaturel connu sous les noms de démon, d'ange ou d'esprit familier, est autre chose que cette idée génératrice qui travaille les hommes de génie malgré eux et presqu'à leur insçu ? Rousseau ne pensa, ne sentit, ne fit rien comme personne. Faut-il s'en étonner ? Son idée dominante étoit anti-sociale ; elle explique ce phénomène. Si sa vie entière n'est

qu'un grand contraste, tous ses écrits ne
sont qu'un grand et même paradoxe (6).
Son idée première serpente dans tous ses
ouvrages, et la suite de toutes ses pensées
n'en est qu'une transformation continue et
successive. Nous retrouvons dans l'Emile
ce paradoxe, modifié sous le nom de nature. L'éducation d'Emile est celle d'un vrai
sauvage ; et si en effet nos institutions sociales dépravent la bonté originelle de
l'homme et ne tendent qu'à le rendre méchant et à le pervertir, alors ce traité
d'éducation est excellent.

(6) Il consiste dans l'opposition qu'il a cru remarquer entre la nature et toutes les institutions humaines.
La nature est pour lui la source de tout bien, et les
hommes ne sont si malheureux et si coupables que
pour avoir dédaigné de puiser à cette source. L'art est
funeste à l'homme, il n'y a que la nature qui lui soit
bonne. L'art a fait la science, et a bâti les villes : le
crime les habite ; et comme personne n'eut moins de
fausseté dans le caractère et plus de justesse d'esprit
que lui, on doit en conclure qu'il a cru et n'a pas cru,
c'est-à-dire qu'il a douté. Ses variations sur presque
tous les sujets qu'il a traités, prouvent que Rousseau
ne fut qu'un Pirrhonien décidé, mais déguisé, et qui
doutant de tout eut l'apparence toute sa vie de ne douter de rien.

Pour apprécier cet ouvrage immortel, il est essentiel de rechercher ce que c'est que la *nature*; ce qu'il a entendu par ce mot *nature*, sur lequel il ne s'est jamais expliqué. Ce mot a un sens mystérieux dans sa bouche, et ce n'est pas sans dessein, et sans beaucoup d'art et d'adresse, qu'il en a laissé l'idée cachée derrière une acception vague et incertaine. Peut-être qu'en y regardant de près, nous appercevrions, que son traité d'éducation n'est fondé sur aucun principe déterminé; semblable à ces masses imposantes, et à ces ceintres hardis de l'architecture arabesque, qui paroissent suspendus dans les airs, et ne porter sur rien ; que l'Emile est un superbe monument sans base ; et qu'une définition du mot de nature nous auroit privés d'un chef-d'œuvre.

L'homme ne s'est pas fait lui-même; il est jetté ici-bas; il y arrive, il en part sans être consulté : il naît, il meurt, sans que sa volonté entre pour rien dans ces deux actes importants, entre lesquels sa volonté et sa vie même se trouvent renfermées, comme entre deux limites, au-delà et en-deçà desquelles on ne conçoit ni volonté ni vie. L'homme est donc l'ouvrage de la nature. Il est impossible de le concevoir dans aucun instant de sa durée, dans aucun de ses états, dans aucune des circonstances par lesquelles il passe, que sous l'empire de la nature : il est incessamment sous sa main ; il ne peut lui échapper. Il y est errant dans les forêts comme au sein des villes policées ; et l'Hottentot couvert d'une graisse fétide, et le Sultan au milieu des parfums de l'orient, et le *Kamtchadale* mangeant la vermine qui le dévore, et Antoine et Cléopatre dévorant des provinces entières dans un de leurs repas, et le stupide Samoïéde, et le philosophe en méditation, sont également des êtres naturels. Qu'a donc entendu Rousseau par ce mot *nature* ?

Je conçois, par exemple, que si on trouvoit dans des grottes profondes des horloges toutes faites, comme on y trouve des *stalactites ;* en comparant une de ces horloges avec celles qui sortent de la main des hommes, on diroit avec raison que l'une est l'ouvrage de la nature, l'autre, celui de l'art. Je conçois qu'on peut appeller les énormes rochers qui environnent l'Helvétie, des

fortifications naturelles, pour les distinguer
de celles que les hommes élèvent autour
des places fortes. Mais je ne sais pas du
tout ce que c'est qu'un homme non naturel.

Tout est naturel dans l'homme, et lui
seul est la source de l'art ; et dans ce sens,
l'art appartient à la nature, mais non d'une
manière immédiate. Je ne saisis donc point
encore jusqu'à présent le fondement de cette
distinction. Si quelqu'un avoit dit à Rousseau : *qu'entendez-vous par la nature ? Donnez-
en une définition claire et précise ;* on peut croire
qu'il eût été fort embarrassé : il auroit peut-
être répondu avec ingénuité : *il y a trente
ans que je cherche la nature, je ne l'ai pas encore
rencontrée.* Si ce questionneur importun eût
été plus loin et l'eût pressé en lui disant :
« La formation des grandes sociétés poli-
« tiques, les inventions humaines dans les
« arts, les découvertes dans les sciences
« ne sont autre chose que le développement
« des facultés naturelles à l'homme. Selon
« votre opinion sur la nature, il arriveroit au
« contraire que l'homme, en développant
« ses facultés naturelles, s'éloigneroit de la
« nature. Expliquez-nous pourquoi ces pre-

« mières ébauches de l'état social qu'on
« apperçoit dans les hordes agrestes et sau-
« vages, sont plus naturelles que les orga-
« nisations politiques et savantes qui ont
« pris naissance dans ces ébauches, et par
« lesquelles les hommes n'ont fait qu'obéir
« à une loi de perfectibilité qui leur est
« propre.

« Expliquez-nous comment et pourquoi
« l'ignorance seroit plus naturelle que le
« savoir : pourquoi toute perfection ajoutée
« à la grossièreté primitive des hommes
« errants dans les forêts, est contraire à
« la nature. Est-ce que le tems, l'expérience
« et l'observation ne seroient pas des choses
« naturelles ? Et les connoissances acquises
« par ces moyens dans le grand livre de
« la nature, et les progrès en tout genre
« qui leur sont dus, seroient-ils contraires
« à la nature ? La nature seroit-elle en op-
« position avec elle-même ? Dire, comme
« vous le faites, que l'homme qui cède à
« l'impulsion de la nature en marchant de
« progrès en progrès, s'éloigne de la nature
« et se détériore, n'est-ce pas dire en d'au-
« tres termes que l'homme en se perfec-
« tionnant *se déperfectionne*, et par conséquent

« proférer de toutes les absurdités la plus
« choquante ? »

Ne nous hâtons pas de prononcer. Ecoutons
Rousseau lui-même : « Il y a plus d'erreurs
« dans l'académie des sciences que dans
« tout un peuple de Hurons : plus les hom-
« mes savent, plus ils se trompent : le seul
« moyen d'éviter l'erreur est l'ignorance ;
« c'est la leçon de la nature aussi bien que
« de la raison » (a). D'où nous pouvons
argumenter ainsi. L'intelligence du sauvage,
tout stupide soit-il, est encore un peu supérieure à celle de la brute. Il peut errer en
raison de cet excédent d'intelligence. Pour
éviter l'erreur, renforçons donc l'ignorance.
Un castor se trompera moins qu'un Huron.
Ainsi, faisant la substitution de castor à
Huron, nous aurons *une société de castors
fort supérieure à une société d'académiciens*, et la
nature et la *raison* viendront elles - mêmes
sanctionner cette supériorité. Mais comme
le castor vivant en société est souvent poursuivi, inquiété par les hommes; qu'il est
sujet à voir sa petite république dispersée
et détruite; et qu'il peut en ressentir de la

(a) Livre III d'Emile.

douleur, et de-là tomber dans des erreurs
proportionnées à son excédent d'intelligence
sur celle de l'huître ; substituons encore
huître à *castor*, et nous aurons par une
conséquence très-légitimément déduite, ce
résultat. *La condition de l'huître est supérieure
et préférable à celle de Montesquieu où de d'A-
lembert.*

Si l'on vouloit une nouvelle preuve de
la légitimité de ces substitutions, ouvrons
le discours sur l'origine de l'inégalité des
conditions. Rousseau répond à l'objection
qu'on lui fait, que rien n'est si misérable
que l'homme dans cet état d'ignorance,
objet de ses regrets et de ses préférences
et il dit. » Si j'entends bien ce terme de
« misérable; c'est un mot qui n'a aucun
« sens, ou qui ne signifie qu'une privation
« douloureuse, et la souffrance du corps
« ou de l'ame. Or je voudrois bien qu'on
« m'expliquât quel peut être le genre de
« misère d'un *être libre* dont le cœur est en
« paix et le corps en santé. Je demande
« laquelle de la vie civile ou naturelle est
« la plus sujette à devenir insupportable
« à ceux qui en jouissent ? Nous ne voyons
« presqu'autour de nous que des gens qui

« se plaignent de leur existence ; plusieurs
« même qui s'en privent autant qu'il est en
« eux ; et la réunion des loix divines et hu-
« maines suffit à peine pour arrêter ce dé-
« sordre. Je demande si jamais on a oui
« dire qu'un sauvage en liberté ait seule-
« ment songé à se plaindre de la vie et à
« se donner la mort? Qu'on juge donc avec
« moins d'orgueil de quel côté est la vraie
« misère «.

Substituons encore ici huître à *sauvage* ou
être *libre*, et nous verrons que le même
raisonnement subsiste et devient même plus
pressant et plus solide. L'huître est un *être
libre*, maître de choisir le rocher auquel il
veut bien s'attacher. Là son *cœur est en paix* et
son *corps en santé. Sa vie naturelle ne lui devient
jamais insupportable.* Jamais on entendit l'huître *se plaindre de son existence.* Jamais on a
oui dire qu'une huître *se soit donnée la mort ;*
lorsque Brutus et Caton victimes des institutions sociales portèrent sur eux-mêmes
des mains furieuses, et ne se délivrèrent
de la vie, que parce que l'horrible tourmente des passions qu'ils ne devoient qu'à
leurs lumières, la leur avoit rendue insupportable. De quel côté de l'huître ou de
Caton est la misère?

Ici, nous touchons à un abîme que Rousseau a le premier découvert, mais qu'il n'a pas sondé. Il s'élèvera peut-être un jour un génie puissant qui le sondera, et donnera une solution naturelle de cette terrible difficulté. Alors la gloire de Rousseau sera plus grande encore s'il est possible : car c'est à lui que sera due cette solution, comme à celui de tous les philosophes qui a fourni le plus de matériaux à l'activité de la pensée. Ce grand homme sera à ce génie ce que Kepler et Galillée ont été à Newton.

C'est donc encore ici une des singularités de cet homme extraordinaire, que le plus remarquable de ses ouvrages, l'Emile, soit précisément celui qui ne porte sur rien, ou du moins sur une idée fugitive qui échappe lorsqu'on veut la saisir. De toutes les productions de Rousseau, l'Emile est la plus étonnante : elle doit y tenir le premier rang ; c'est celle où il est le plus véritablement lui-même ; elle porte la vive empreinte de son génie. L'Emile est l'ouvrage le plus philosophique, le plus léger, le plus utile, le plus déraisonnable, le plus décousu, le plus profond, le plus

dangereux et le plus éloquent qui soit jamais sorti d'aucune tête humaine. Il étincelle de beautés, de défauts, de contradictions, d'écarts et de génie. Il s'y est
fondu tout entier, lui et toutes ses pensées. Sa manière de les rendre est aussi
neuve et aussi originale que ses idées
mêmes. Il sait donner un caractère de
nouveauté aux idées mêmes les plus communes, soit en les environnant d'un acces-
soire inattendu, soit en les liant à des rapports fins et habilement saisis. Son expression est toujours fidèle, elle peint sa pensée; elle est précise, vive et rapide. Sa
manière de voir n'est qu'à lui. Il n'attaque pas une idée qu'il ne la retourne dans
tous les sens, et ne la fasse considérer sous
quelque jour nouveau.

Tous les genres de beautés répandus dans
ses divers ouvrages, se trouvent réunis
dans l'Emile. Il y a dirigé cet objectif qui
lui est propre sur presque tous les sujets
qui ont occupé sa pensée. L'Emile est un
tout composé de parties hétérogènes. On
y trouve des éléments de psychologie; les
principes du droit naturel et politique, les
mêmes que ceux du Contrat Social; des

tableaux charmants pleins de fraîcheur et
de volupté ; tout ce qui a été écrit de mieux
raisonné, de plus profond et de plus éloquent sur la révélation et le théisme, et
enfin par un de ces traits qui caractérisent l'auteur ; l'éducation dont cet ouvrage
est un traité, en est la plus foible et la
moindre partie.

Il étoit de tous les hommes le moins
propre à y réussir. Un pareil ouvrage
exige une tête froide, et il l'avoit ardente ;
une timide circonspection, et il brise et
renverse tout ce qui s'oppose à son passage. Le cours de ses pensées est une lave
brûlante qui consume tout ce qu'elle rencontre sur son chemin : jusqu'aux plus pru-
dentes maximes d'éducation du sage Locke
qu'elle n'épargne pas. Toujours outré, portant tout à l'extrême, franchissant toute
limite. Telle fut la magie de son style et de
son éloquence qu'il n'eût jamais un appré-
ciateur tranquille ; déchiré ou adoré, la destinée de cet homme célèbre fut de ne créer
autour de lui que des enthousiastes ou
d'ardents détracteurs (7). Au nombre de

_____

(7) Pour porter un jugement de cet homme unique, il ne faudroit l'avoir vu, ni de trop près, ni

ses

ses enthousiastes, on compte sur-tout la foule des esprits foibles, que tout ce qui est extraordinaire entraîne, subjugue, et qui sont plus sujets que les autres hommes à se passionner, à s'enivrer d'une admiration absolue, exclusive (8).

Le champ des opinions purement spéculatives est vaste. On peut s'y égarer sans inconvéniens. Il n'en est pas de même lorsqu'il s'agit d'appliquer des principes à un sujet aussi important que l'éducation. L'art

---

de trop loin. Ceux qui ont vécu avec lui n'inspirent aucune confiance. Ce sont, je l'ai dit, des détracteurs ou des enthousiastes, ou des hommes sans tact. Comme une femme seroit bien jugée, si on ne tenoit son portrait que de ses rivales ou de la main de son amant ! Lui-même et ses mémoires sont un guide fautif ; il est trop près de lui pour se juger. Quoique j'aie beaucoup vécu avec lui, j'ai cherché à me placer dans ce juste milieu dont je viens de parler.

(8) Combien dans ce nombre, de pères de famille, à qui ce traité d'éducation a fait manquer l'éducation de leurs enfants et coûté le repos de leur vie ! Ils ne s'en sont jamais pris à la méthode, mais à ce que la méthode n'avoit pas été bien suivie. Si Rousseau a épargné des larmes aux enfants, il en a fait verser beaucoup aux mères.

de former des hommes est le premier des arts. Il est le fondement de l'ordre so d, qui ne subsiste que par lui, et ne repose que sur lui. Les erreurs en ce genre peuvent avoir les suites les plus déplorables. La méthode de Rousseau est aussi dangereuse à quelques égards qu'elle est admirable à d'autres. Elle demande une grande supériorité de talent pour en extraire ce qu'elle a de bon, et pour en faire usage. Semblable à ces substances qui sont à la fois et poisons et remèdes, et qui ne doivent être administrées que par un médecin sage et expérimenté.

Rousseau est parti d'un modèle bien simple en apparence ; *la nature ;* mais il le poursuit à-travers tant d'exagérations ; ce modèle se complique et s'étend à tel point, en passant par cette tête féconde et merveilleuse, qu'il se trouve à la fin que la formation de son agreste et ignorant élève, est d'une exécution plus difficile que celle des hommes qui ont éclairé et policé le monde (9).

_____

(9) Comment d'ailleurs, ennemi de la société civile, eût-il réussi à tracer un plan d'institution

Mais que fais-je ici ? Je relève des fautes ; je révèle des taches. Et où est le mérite ? Qui ne les apperçoit pas ? Tout est
saillant, tout est grand dans les ouvrages
des grands hommes, et les beautés et les
défauts. La médiocrité seule sait compas-
ser artistement ses œuvres ; tout y est vrai,
tout y est juste. Les taches y sont imper-
ceptibles. Loin de moi ces productions par-
faites. Leurs auteurs excellent à enchaîner
entr'elles des vérités communes et incontestables. Ce sont des gens qui me promènent
dans l'intérieur de ma propre maison. Q

---

convenable à un membre de la société civile ? Et de
plus, en choisissant, comme il le conseille, la nature
pour instituteur ; n'est-ce pas risquer de voir l'élève
en cheveux gris n'être encore qu'aux éléments ? Dans
une apparition aussi courte que celle de l'homme sur
la terre, il n'a point de tems à perdre pour s'instruire. La nature est l'instituteur de l'espèce, et les
livres le sont de l'individu. C'est dans les livres que
vont se concentrer les lentes leçons de la nature,
les observations des âges précédents, et l'expérience
des siècles écoulés. Les livres sont à la culture de
l'esprit, ce que sont les serres chaudes à l'éducation
des plantes : ils hâtent les développements, ils accélèrent les progrès.

combien j'aime mieux m'égarer et me perdre avec celui qui me fait voir de nouveaux
cieux et de nouvelles terres! Aigle audacieux, il plane, il s'élève, il descend, il
tombe, il se relève!

L'idée génératrice de Rousseau qui,
comme je l'ai dit, se retrouve dans toutes
ses productions, a encore ceci d'extraordinaire, c'est qu'elle est travaillée, étendue et tissue avec des paradoxes particuliers. C'est un tout composé d'éléments
similaires. Rousseau a exécuté avec des
paradoxes de détail, des paradoxes d'expressions et de style, le grand paradoxe
dont il a enveloppé toutes ses œuvres. Je
vais pour mieux me faire entendre en donner quelques exemples tirés de l'Emile, ils
le seront en même-tems du faire original de
l'auteur, de ses expressions de génie, et de
sa manière inimitable.

» La plus grande, la plus importante,
« la plus utile règle de toute l'éducation,
« ce n'est pas de gagner du tems, c'est
« d'en perdre «.

Pour détourner un enfant de la colère,
et l'empêcher de s'y livrer, dites-lui, lorsque le hasard le rendra témoin d'un em-

portement. » Ce pauvre homme est malade,
à il est dans un accès de fièvre «. Remarquons ici qu'il s'agit d'un enfant, et que
la colère n'est une maladie que pour le
philosophe qui médite sur les passions, sur
leurs causes et leurs effets. Qu'arrivera-t-
il ? Les enfants sont beaucoup plus sujets
à la colère que les hommes faits, en raison de leur foiblesse. Notre petit élève ne
connoît pas la crainte. Soulagé par l'expli-
cation du maître, il portera des coups
dangereux; il blessera un jour sa sœur,
se jettera dans un mouvement de colère
sur son frère, un coûteau à la main, et
ensuite avec sa petite logique, aidée de la
leçon dont il a conservé la mémoire, il
ira droit à son instituteur, et lui dira : *Maître,
je crois que j'ai tué mon frère dans un accès de
fièvre. Oh je suis bien malade! Plaignez-moi.*

» Celui qui veut battre étant jeune vou-
« dra tuer étant grand «. Il n'est pas impossible que cela n'arrive ainsi, si l'enfant
s'est accoutumé à rejetter ses petites colè-
res sur des accès de fièvre.

» Rien de plus fin qu'un sauvage,... plus
« son corps s'exerce, plus son esprit s'é-
« claire. Sa force et sa raison croissent à

« la fois et s'étendent l'une par l'autre «. La finesse d'un sauvage que le plus stupide des européens trompe , dupe et mène comme un enfant ! La raison et l'esprit d'un sauvage qui vend le matin son hamac sans prévoir qu'il en aura besoin le soir !

» Jeune instituteur , je vous prêche un « art difficile , c'est de gouverner sans pré-« ceptes , et de tout faire en ne faisant « rien (10). J'enseigne à mon élève un art « très-long , très-pénible , c'est celui d'être « ignorant.

« Les leçons que les écoliers prennent en-« tr'eux dans la cour du collège , leur sont « cent fois plus utiles que tout ce qu'on « leur dira jamais dans la classe.

« Loin que l'amour vienne de la nature , « il est la règle et le frein de ses penchants,

---

(10) Combien d'instituteurs mercenaires ont abusé de ce passage, et en général de l'esprit de cette méthode, pour négliger entièrement leurs élèves ! Ils les abandonnent à la nature, sous prétexte de res-pecter les paroles du maître, et trouvent commode de toucher de gros appointemens, et de pouvoir ne s'occuper que de leurs plaisirs et de leurs affaires particulières,

« Le seul qui fait sa volonté est celui
« qui n'a pas besoin pour la faire de met-
« tre les bras d'un autre au bout des siens.

« Que de marchands il suffit de toucher
« aux Indes pour les faire crier à Paris !

« J'aime mieux qu'Emile ait des yeux au
« bout de ses doigts que dans la boutique
« d'un chandelier.

« Nous n'avons pas besoin d'esclaves de
« Perse pour faire nos lits ; en labourant
« la terre nous remuons nos matelas (a).

Le maître dit à Emile amoureux et non
encore époux : » Avant de goûter les plai-
« sirs de la vie ; vous en avez épuisé le
« bonheur «.

Et l'amour - propre fait plus de libertins que
l'amour.

En faisant sentir à Emile quel charme
ajoute à l'attrait des sens, l'union des cœurs,
» je le dégoûterai du libertinage, dit le
« maître, et je le rendrai sage, en le ren-
« dant amoureux «.

Je ne multiplierai pas davantage ces

───────────────

(a) *Pulmentaria quære sudando*, dit Horace.
C'est la même pensée que le latin rend avec bien
plus de précision.

● iv

exemples; ils suffiront pour me faire en=
tendre. C'est dans tous ses bons ouvrages
la même exécution. C'est par-tout ce cachet
inimitable. On voit dans tous cette touche
spirituelle, forte, brillante et originale. Le
méchanisme de style et de pensée qui caractérise ce grand écrivain, se laisse appercevoir distinctement dans le dernier
exemple. Les amants si foux, si extrava-
gants! *Amans, amens!* L'amour que suit
toujours la déraison et le délire, converti
tout-à-coup en principe de sagesse! Ces
chûtes inattendues sont du plus grand
effet; elles réveillent fortement l'attention;
mais il faut qu'elles soient amenées, et que
ces pensées finales soient disposées et con-
çues de manière qu'en renversant une opinion reçue, elles découvrent aussi-tôt dans
l'objet un nouveau côté auquel puisse s'appliquer l'opinion contraire avec autant de
fondement: il faut que la nouvelle assertion soit aussi légitime que l'ancienne: c'est
une perception rapide des rapports les plus
éloignés, ou des rapprochements piquants
à la fois et profonds, qui invitent à la
réflexion. Du choc de deux idées part l'étincelle qui va en éclairer une troisième placée
dans l'ombre et qu'on n'appercevoit pas.

Rousseau excelle dans ce méchanisme qui n'a rien de commun avec l'antithèse. C'est-là un des secrets de son art ; secret au reste qui, révélé, ne peut être utile qu'au génie qui n'en a pas besoin.

Le plus beau désordre règne dans ses ouvrages, c'est celui de la nature même, bien supérieur à nos petites notions de régularité et de méthode. Comme dans la nature, tout y semble jetté au hasard. Il paroît se livrer à toutes ses idées à mesure qu'elles se présentent à son esprit. C'est la nature dans les lieux où elle étale toute sa magnificence. On ne s'y fait jour qu'à travers des précipices, des ruines, des cascades. Une plaine riante se découvre au bout d'un sentier tortueux. Après des bois touffus paroissent des côteaux cultivés et fleuris ; d'épais ombrages en occupent la cime. A chaque pas ce sont de nouveaux sites. Ici, une verte prairie ; là, un gouffre profond. On y marche de surprise en surprise. Quelquefois une route escarpée sous des roches pendantes conduit et aboutit à un vallon délicieux : on s'en sépare à regret, on le quitte, on gravit les hauteurs qui l'entourent, et bientôt un horizon immense se développe aux yeux. Telle est l'image fidèle des sensations qu'on éprouve en parcourant les ouvrages de ce grand homme. Transitions brusques, conceptions neuves, vues profondes, douces rêveries, ravissements, transports, écarts sublimes ; dans sa marche hardie, il saute et franchît les intermédiaires; ses incohérences ne sont que des aspects divers ou opposés des mêmes objets. Guide lumineux, lors même qu'il s'égare, ses défauts sont utiles; les beautés naissent de ses écarts, et il seroit bien moins parfait s'il avoit moins d'imperfections.

SECONDE PARTIE.

C'est d'un philosophe que nous faisons
l'éloge. Qui le croiroit? Cet homme qui
hâta le progrès des lumières, qui fit che-
miner en avant la raison, qui répandît
une foule d'idées saines en morale et en
économie civile et politique. Cet homme
qui affermit tous les grands principes de
la philosophie; eh bien! il fut l'ennemi
des philosophes, le détracteur de la philosophie! Mais tout est en lui disparate
et contraste. C'est ainsi qu'avec une ame
aimante, il se déclare l'ennemi de cette
tendre humanité qui embrasse dans son
amour l'universalité des hommes. C'est
ainsi que ce philosophe sensible et bien-
faisant, repousse toute bienveillance universelle, et consacre en principe l'intolérance, et la vertu farouche de ces anciennes républiques qui ne voyoient que des
ennemis au-delà de leurs murs; pour qui
tout étranger n'étoit pas même un homme,
et dont l'état violent de la guerre étoit l'état

habituel et constitutionnel. Il admire ce fanatisme de la patrie, source de haine, de division et d'injustice: ce fanatisme enfin qui porta les Romains à ravager la terre.

La tête de Rousseau pouvoit errer, son cœur fut toujours infaillible; la haine n'auroit point trouvé à s'y loger. Il ne haïssoit pas plus les philosophes, qu'il ne chérissoit les Spartiates : ses aversions, ses assertions, ses panégyriques et ses satyres, tout étoit simulé; il marchoit à son but, et je l'ai indiqué en partie. Achevons, s'il est possible, de déchirer en entier le voile dont il l'a enveloppé. Pénétrons dans les opérations secrettes de son ame ; essayons de lire dans son cerveau, et d'y suivre la formation et la génération de ses idées. On obtiendroit, en y réussissant, un nouvel aspect sous lequel ce grand homme n'a jamais été considéré ; et cet aspect seroit en même-tems le plus intéressant des spectacles, celui des merveilles de l'esprit humain.

Rousseau s'est tû pendant quarante ans; le premier mot qui sort de sa bouche est une plainte. Il ne voit autour de lui que corruption, erreurs et vices. Il en recherche les causes : il croit les trouver dans la culture de l'esprit et des sciences, produit de l'effort des hommes réunis en société. Que fait-il ? Il brise ce mécanisme social, et se jette entre les bras de la nature et de l'ignorance. Pouvoit-il se dissimuler toutes les difficultés d'un parti aussi désespéré ? Aussi le voit-on flottant entre les avantages de la vie naturelle, et les inconvéniens de la vie civile ; mais flottant à sa manière, c'est-à-dire, se décidant affirmativement tantôt pour l'une, tantôt pour l'autre. Voyez le Contrat Social, il le commence par l'éloge et le finit par la satyre des institutions sociales. Qu'est-ce donc que son grand paradoxe, sinon l'expression d'un doute universel ?

Un des mots qu'il a le plus répété en sa vie, de vive voix et par écrit, est celui-ci : *Il n'y a rien de beau que ce qui n'est pas.* Ce mot est perçant ; il exprime la situation de son ame ; il est le cri de la douleur. On le voit ne recevoir de tous les objets qui l'environnent, qu'impressions fâcheuses, sensations désagréables. Or, rien n'incline autant vers le scepticisme que cette disposition chagrine ; comme au contraire, le caractère d'être content de tout et de trouver tout

bien, est de ne douter de rien. S'il s'é-
toit contenté de faire l'énumération des
maux qui résultent de la vie civile et de
la culture des sciences, il n'auroit frappé
personne ; on seroit convenu froidement
qu'il avoit raison; il n'auroit fait qu'une
foible sensation. On auroit dit : Rousseau
est à l'effet de la science sur les mœurs, ce
que Tissot est à l'effet de l'étude sur l'économie animale : l'un est le médecin de
l'esprit, l'autre celui du corps (a). Il fait
mieux; il excite fortement l'attention; il
appelle la discussion sur tous les sujets qu'il
traite, en plaçant toujours la conviction
entre son doute et ses lecteurs.

Le seul de ses écrits où le scepticisme
paroît à découvert, est la profession de foi
du vicaire Savoyard. Après y avoir épuisé
tour-à-tour, en faveur du théisme et de la
révélation, tout ce que la dialectique a de
plus pressant, le raisonnement de plus profond, l'éloquence de plus riche et de plus
imposant, il esquive la solution et ne prononce point.

Remarquons ici deux sortes de scepti-

(a) Avis aux gens de lettres sur leur santé.

eisme ; l'un passif et stérile ; c'est celui de quelques philosophes contemplatifs, qui, cherchant froidement l'évidence dans cette variété infinie d'opinions qui se croisent, et ne la trouvant nulle part, restent indécis toute leur vie, et immobile entre des probabilités : le second est un scepticisme actif ; c'est celui de toutes les ames ardentes qui s'agitent, se tourmentent et se débattent sous le doute, c'est celui de Rousseau.

Avant de voir l'emploi qu'il en a fait, examinons comment il y a été conduit. Rousseau avoit passé une partie de sa vie à la campagne ; il y avoit goûté la liberté, l'indépendance. Il aimoit les champs, la solitude, comme tous les hommes sensibles, enclins à la rêverie, et qui ont reçu de la nature cette teinte de mélancolie, amie d'ordinaire à la pénétration et au génie. Cette disposition favorable et funeste, est pour eux une source également féconde en ravissements, et en peines vives et profondes.

Lorsqu'on est né avec un tact exquis, une imagination ardente, une ame tendre, on est sujet à se créer des fantômes de perfection : on les cherche dans la société, on ne les trouve pas : alors les mécomptes dé-

goûtent, les défauts choquent, les vices
révoltent, les ridicules blessent. Pour réussir dans le monde et s'y plaire, il ne faut
que des formes flexibles et des moules
communs. Les hommes de génie ont peine
à s'y ordonner : ils y trouvent difficilement
place. Tel fut le cas de Rousseau : il étoit
un homme fait lorsqu'il vint à Paris : son
caractère étoit formé, ses habitudes prises ;
mais ses pensées étoient encore à naître.

Il n'y a rien de commun entre les affections
de l'ame et les opinions de l'esprit : celles-là
se contractent de bonne-heure ; celles-ci
ne naissent quelquefois jamais, ou changent
et varient pendant tout le cours de la vie.
Rousseau demeura plusieurs années à Paris,
sans se douter de ce qu'il écriroit et penseroit
un jour. Il y vivoit dans la meilleure com-
pagnie, et beaucoup avec les gens de lettres.
Il dut, comme bien d'autres, ses opinions
aux circonstances et au hasard. Ce qui lui
fut propre, c'est qu'elles furent presque
toutes le produit de ses sensations. L'habitude de l'indépendance lui en fit éprouver
une première fort incommode, dans les
formes gênantes du grand monde. Ses
mœurs pures et simples, rapprochées de la

corruption

corruption de Paris, lui en causèrent une seconde. La bonhomie des gens de la campagne qu'il avoit vue de près, vint faire opposition avec les rivalités, l'orgueil, les haines et la causticité des gens de lettres. Cette réunion qu'on ne trouve qu'à Paris, de tant d'esprit, tant de connoissances, tant de philosophie ; ce contraste de toutes les lumières avec tous les vices, firent sur lui une impression profonde.

S'il fût né dans une grande capitale, qu'il eût été élevé dans des collèges et des universités, il auroit vu de bonne-heure les monuments des arts, les découvertes du génie, *des chfs-l'œuvres en tout genre s'élever à côté de la perversité, de l'oubli des principes, et des trophées du vice :* il auroit pensé que c'étoit là le cours ordinaire des choses ; il se fût accoutumé à ce spectacle, et ses yeux n'en eussent point été frappés. Il n'auroit vu dans la corruption des mœurs, et la perfection des sciences, que deux phénomènes de l'état social marchant de front. Il n'eût point cherché à pénétrer au-delà de ces apparences, et il n'eût point écrit contre la philosophie, et le goût de l'étude et des lettres.

Qui est-ce qui a pu le conduire à considérer l'un de ces phénomènes comme cause,
et l'autre comme effet? Un regard jetté derrière lui; le souvenir des tems heureux de
sa jeunesse; de ces jours de délices, de
calme et d'innocence qu'il avoit passés aux
Charmettes; de ces jours de jouissance vive
et pure, vers lesquels les hommes sensibles,
au milieu du trouble des passions et des
agitations du monde, tournent incessamment les yeux en soupirant. Ce souvenir,
qui étoit pour lui la nature, convertit les
connoissances humaines en principes de dépravation. Ce souvenir vint s'unir à toutes
les impressions qu'il recevoit à Paris. De
cette union naquit son doute, et de son
doute son idée première, génératrice de
toutes les autres. C'est à ce souvenir, c'est
aux Charmettes, qu'il attacha l'idée confuse de nature. Les Charmettes devinrent
pour lui la nature. Il ne s'en est peut-être
jamais douté lui-même. Les Charmettes tra-
vailloient son génie à son insçu. Les grands
évènements par les petites causes sont l'histoire des trois quarts et demi du genre-
humain. S'il fût resté aux Charmettes, tranquille au sein d'une vie simple, naturelle

et champêtre, il n'eût point été à l'enquête de la nature ; il se seroit contenté d'en jouir. On ne s'occupe guères de ce qu'on possède. Nous ne courons qu'après ce qui nous manque. Il n'eût pas douté ; il n'eût point fait de paradoxe ; il n'eût peut-être pas écrit : ou du moins si, tourmenté par son génie, il eût été forcé de prendre la plume, la suite des pensées qu'elle auroit tracées n'auroit peut-être eu aucun rapport avec celle que nous présentent ses ouvrages existants. L'idée qu'il s'étoit formée de la nature repoussoit tous les objets dont il étoit environné à Paris ; et comme les réminiscences du passé sont à la fois douloureuses et douces, selon les dispositions de l'ame ; quand le souvenir étoit doux, il chantoit la nature ; quand le souvenir étoit amer, il tonnoit contre les travers et les vices de son siècle.

Selon la face sous laquelle il envisageoit les sciences et les établissements politiques, il se décidoit tantôt pour et tantôt contre ; il obéissoit alternativement aux considérations qui leur étoient favorables ou contraires. De-là toutes ses variations.

Si la science déprave l'homme, l'ignorance est amie des mœurs. Cependant,

comme la cause de l'ignorance seule et
isolée eût été plus difficile à défendre, il lui
associa habilement la nature pour lui servir de soutien : il enchâssa l'ignorance dans
la nature, et ces deux mots devinrent pour
lui des synonimes. Alors il fit découler tous
les biens, de l'ignorance et de la nature,
et tous les maux, de la science et de l'art.
Il rajeunit, sous des noms nouveaux, des
opinions religieuses de la plus haute antiquité, les deux principes du bien et du
mal de la doctrine de Zoroastre.

La Genèse fait aussi remonter l'origine
du mal sur la terre à la science. Aussitôt
que les discours artificieux du serpent eurent persuadé à Ève de se laisser instruire,
aussitôt qu'elle eut touché à la pomme de
science et de lumière, elle vit le mal, le
connut, le commit. Adam séduit par le
même artifice, initié par Ève dans la même
connoissance, devint sujet au péché et à
la mort, et a laissé ces deux funestes héri-
tages à toute sa postérité. On doit être surpris que Rousseau ne se soit pas appuyé
de cette autorité.

Rousseau prit souvent un vol très-élevé,
mais ce n'étoit que par accès; il ne s'y

soutenoit pas long-tems, et ne pouvoit se
maintenir si haut. Il ne sut jamais embrasser un grand nombre d'idées, les fixer par
son attention, les contempler à la fois, et
les saisir dans leur rapport le plus général.
Il avoit l'esprit des détails, et non celui des
ensembles. Toutes ses vues isolées sont les
éclairs du génie. Avec l'esprit très-philo-
sophique, il ne fut pas un philosophe profond. Il eut de grandes échappées de vue
plutôt que la vue étendue. Il étoit trop régi
par ses sens et son imagination, pour que
le jeu et la liberté de ses facultés intellectuelles ne se ressentissent pas de cette domination (11).

---

(11) Il fut un peu à la philosophie ce que les
troupes légères sont à la guerre; admirable pour aller
à la découverte, mais incapable de faire de ses idées
un corps de science et de soutenir un choc régulier.
Personne ne savoit mieux que lui escarmoucher, battre
en retraite. C'est ainsi que dans la guerre qu'il eut
à soutenir sur l'incompatibilité des sciences avec
la vertu, on le voit perpétuellement voltiger, se replier, tourner autour de la question et l'esquiver sans
la résoudre. Il ne répond aux objections que par des
plaisanteries, des sarcasmes, des équivoques et des
sophismes. Les lettres écrites de la montagne, vives,
pressantes, pleines de vigueur, d'un tissu serré de rai-

Rousseau étoit un être à sensation ; aussi ne fut-il vraiment profond qu'en sensibilité. Personne ne connut mieux que lui les femmes, que la nature a faites des êtres à sensation. C'est qu'il n'eut qu'à se replier sur lui-même pour les connoître. Un fond inépuisable de sensibilité le rapprochoit de ce sexe enchanteur. Il en eut même quelquefois les caprices, l'humeur, les petites foiblesses (*a*) et les petits soupçons (12).

---

sonnement et de dialectique, ne détruisent point mon observation : elles sont dirigées vers un sujet particulier et isolé : il s'agit dans ces lettres d'un poste à emporter, d'une cause à gagner : elles sont un plaidoyer admirable, un chef-d'œuvre dans le genre polémique.

(*a*) Voyez pour complément, pages 61 à 65 du Discours préliminaire des lacunes de la philosophie.

(12) S'il n'eût été jugé que par des hommes, il eût joui, sans doute, d'une grande réputation ; mais c'est par les femmes qu'il a fait révolution, et les foiblesses de Julie ont peut-être plus qu'on ne pense fortifié les principes du Contrat Social. L'influence des femmes en France est immémoriale ; elle tient au climat, au sol, au fond du caractère de ses habitants ; et toute forme de gouvernement, toute constitution qui n'aura pas en France les femmes pour appui, n'aura jamais qu'une existence passagère.

Voyons maintenant comment son génie a fécondé son scepticisme. Il soupire après la vérité et la vertu. Ne les appercevant nulle part dans ce qui l'environne, il est prêt à douter de leur existence. Par la plus étonnante des fictions, il va les chercher dans l'ignorance et dans l'instinct, c'est-à-dire, dans les deux états négatifs de la

---

Si jamais les femmes s'avisent de prendre un travers contre les clubs empruntés des Anglois, où les hommes vont s'isoler et se séparer d'elles, et de regretter les nobles preux et courtois chevaliers de l'ancien régime, leurs chapeaux à plumet, leurs belles livrées et leurs titres sonores ; c'en est fait de la constitution. Elles ont favorisé la révolution parce qu'on a crié *liberté*, et que cette voix les subjuguera toujours : mais lorsqu'on criera *décence, bonnes mœurs*, sans quoi point de liberté, de grands dangers menaceront la liberté et la révolution. Les peuples les plus jaloux de leur liberté n'ont jamais cru pouvoir la conserver sans en priver les femmes : elles étoient condamnées à Rome et dans la Grèce à une espèce de captivité ; ou du moins, sortant peu du sein de leurs familles, et renfermées dans leurs maisons, elles y vivoient très-retirées. Les Romains déployèrent même une sévérité presque barbare contre les foiblesses de leurs nobles matrones et contre leurs séducteurs. Horace dit, en parlant de ces derniers : *miserum est deprehendi*.

vérité et de la vertu. Car ignorance et vérité sont deux notions qui se repoussent et s'excluent, et le simple instinct est incompatible avec la vertu : les lumières sont nécessairement interposées entre l'un et l'autre; point de vertu sans connoissances et sans culture. Et cependant, par un artifice aussi neuf qu'admirable, l'ignorance et le simple instinct deviennent entre ses mains des instruments de découvertes.

Archimède ne demandoit qu'un point d'appui hors du globe, pour soulever le monde. Ce qu'Archimède desiroit et disoit, Rousseau l'a fait, il l'a exécuté. Il s'est élancé hors du monde moral. Il va saisir un état qui n'eut peut-être jamais aucune réalité, un état excentrique à tout ce qui existe; c'est l'*état de nature*; il y trouve un point d'appui. C'est de là que faisant mouvoir un levier métaphysique, il soulève et remue tout le système de nos connoissances morales, bouleverse toutes nos idées, les dédouble en quelque sorte, et par ce dédoublement leur découvre une multitude de faces nouvelles qui n'avoient point encore été apperçues.

Si nous considérons attentivement la contexture intime de tous ses ouvrages, nous verrons que Rousseau a fait révolution moins en élevant qu'en abattant, moins en construisant qu'en démolissant. Il fouille, il creuse, il abat, il renverse, mais chacun de ses renversements est une création. C'est cet art de produire en détruisant qui le caractérise, qui lui imprime le sceau d'un génie vraiment neuf, sans pair et sans modèle. On peut donc le regarder comme le fondateur d'une espèce de philosophie négative, bien autrement importante par ses conséquences et son utilité, que tous les systèmes de philosophie.

Qui admire plus que moi ce grand homme? Qui plus que moi est pénétré de toute sa valeur? Mais c'est en me plaçant dans un point de vue diamétralement opposé à celui d'où ses enthousiastes le considèrent. Ils le louent pour ce qu'il a fait; moi je l'admire pour ce qu'il a défait.

C'est de l'étude de l'homme sous ses rapports que dépendent essentiellement les progrès de la science qui s'occupe de sa félicité sociale. Avant de diriger vers un but commun toutes les pièces d'une machine, il faut bien les connoître, et s'assurer de

la valeur et de la force de tous les ressorts
qui doivent la mouvoir. Aussi la première,
la plus intéressante et la plus utile des étu-
des, est sans contredit celle de l'homme.
Parmi les philosophes qui s'y sont livrés,
chacun d'eux a choisi la route que lui in-
diquoit le caractère de son génie. Lock,
doué de ce sens intérieur qui sait se replier
sur lui-même, est descendu par la pensée
au fond de son ame pour en faire l'analyse. Il a par ce moyen fait réfléchir toutes
les ames humaines sur la sienne propre.
Mallebranche, guide plus hardi, mais
moins sûr, s'est au contraire élevé à la
source de tout entendement; et considérant
l'esprit humain comme une émanation de
cette source, c'est dans le sein de Dieu
même qu'il a placé son miroir de réflexion;
il a vu tout en Dieu. D'autres, comme
Tacite et Montesquieu, détournant l'attention de ces aspects métaphysiques de l'homme, ne l'ont fixé que sur son côté moral.
Tacite peint moins les mœurs d'un peuple
simple qu'il ne fait la satyre des Romains.
Les vices, les excès et les crimes de Rome
viennent se réfléchir sur l'innocence des
Germains. L'ame d'un Persan transporté à

Paris est la glace sur laquelle Montesquieu fait réfléchir de même tous les travers de la nation Françoise, ses ridicules et ses vices.

Ces deux manières de peindre et d'observer les hommes sont admirables. Tous les traits, par ce moyen ingénieux, ressortent et prennent du relief. C'est par un artifice à peu près semblable, mais exécuté en grand, que Rousseau fait réfléchir sur un être fictif, sur un modèle qu'il s'est créé, non telle ou telle nation, mais l'humanité entière. Les résultats qu'il en obtient sont dignes de la grandeur de l'idée, et y répondent. Rousseau, par son modèle idéal, a embrassé l'universalité des rapports de l'homme à la nature. C'est le point de vue le plus élevé où il soit possible de considérer l'espèce humaine.

Donnons un moment d'attention à la manière dont s'est formé ce modèle dans la tête de Rousseau. Il s'est dit : l'homme est naturellement bon ; pourquoi le vois-je si dépravé et si méchant autour de moi ? N'est-ce pas visiblement l'ouvrage de la cupidité, de l'orgueil, de toutes les passions que la société civile met en jeu, et de tous ces besoins factices auxquels elle donne naissance : donc la nature , qui ne fait rien que de bien , n'a point destiné l'homme à s'entasser, se vicier et se corrompre dans des villes. Ce raisonnement a fait naître l'*homme primitif* ou *naturel* dont tous les mouvements sont purs , toutes les inclinations droites et bonnes, parce qu'elles lui viennent de la nature. Point de lumières qui l'égarent, point de passions qui le tourmentent , point de desirs excessifs qui le poussent au crime. Il ne desire rien parce qu'il ignore tout : son instinct le guide plus sûrement qu'une raison cultivée et présomptueuse. Il pourvoit sans peine à ses besoins; il est calme; il est libre; il est heureux : l'ignorance du mal fait qu'il n'en peut commettre.

Cependant, comme Rousseau n'auroit persuadé personne de retourner dans les forêts, et que lui-même vivoit au milieu des institutions sociales, il s'agissoit de tirer parti de ce modèle, de l'employer, de l'appliquer. Alors, jettant un nouveau regard sur ces institutions, il les a soumises à un second examen, et fléchissant un peu de la rigueur de son premier jugement, il

a cru pouvoir y distinguer un ordre naturel et un ordre factice. C'est à l'aide de son
modèle primitif qu'il a fait cette distinction :
il le présente ; il le compare à tous les éléments du systême social ; et selon qu'ils se
rapprochent ou s'éloignent du modèle, il
prononce qu'ils sont contraires ou conformes à la nature.

Mais ce modèle transporté du milieu des
forêts au sein de la société, se ressent bientôt de sa transplantation : il y perd peu à
peu sa rudesse originelle ; et en passant par
l'état civil, il se perfectionne insensiblement ; il se polit, s'embellit. C'est donc par
une suite de suppositions et de transformations que l'*homme primitif*, cet être agreste
et brut, est devenu successivement le *modèle idéal*. Si on veut analyser ce modèle,
on verra qu'il se compose de tous les biens
de l'état social, de toutes les richesses acquises par la communication des hommes
et des lumières, en retenant de sa première
origine une teinte de simplicité précieuse,
et de cette heureuse ignorance des choses
inutiles à savoir : qu'il réunit à l'urbanité,
aux graces et au goût des siècles policés,
la fière indépendance, le noble orgueil, les

vertus et l'innocence des premiers âges ; et par conséquent qu'il réunit les avantages supposés de l'état de nature aux avantages réels de l'état civil, sans avoir aucun des inconvénients attachés à ces deux états. C'est ce *modèle idéal*, c'est cet être fictif auquel il a toujours donné le nom de *nature*.

Ce mot de *nature* a une latitude immense dans ses ouvrages, parce que partant de la supposition que rien que de bien, de bon, de parfait, ne peut sortir de la nature, il arrive que quels que soient les états divers par lesquels passe le modèle, quelles que soient les modifications qu'il reçoive depuis son origine jusqu'à son entier développement ; qu'il soit errant dans les forêts, ou qu'il habite au sein des villes ; comme il ne cesse jamais d'être naturel, il ne cesse point non plus d'être parfait. Ainsi le *modèle idéal* est toujours un modèle de perfection, et l'homme primitif est aussi parfait dans son genre qu'Emile dans le sien. Ils sont tous les deux des *hommes de la nature*.

C'est d'après ce modèle idéal qu'il instruit son Emile, et cherche à lui donner des connoissances sans lui ôter ses vertus et son innocence. C'est d'après ce modèle qu'il a dessiné Julie, femme ravissante et sublime. C'est d'après ce modèle qu'il a imaginé des règles d'éducation pour la première enfance, également neuves et utiles; qu'il a créé une institution naturelle, une économie domestique naturelle, des plaisirs simples et naturels qu'il sait faire naître de l'accomplissement de ses devoirs, et cet art tout nouveau de trouver le bonheur sans sortir de la nature. C'est d'après ce modèle que tous ses écrits respirent l'humanité, le goût de la vertu, et l'amour de l'égalité et de la liberté. C'est d'après ce modèle enfin qu'ont été conçus ses principes de droit naturel et politique, et cette volonté publiée par tous pour être exécutée par tous, ensorte que l'homme, n'obéissant qu'à lui-même, ne dépende que de ses propres loix.

Observons ici cependant que rien ne ressemble moins à la nature réelle, existant autour de nous, que la nature de Rousseau. Il ne faut pas s'étonner qu'il ait si souvent répété : *il n'y a rien de beau que ce qui n'est pas.* Cela vouloit dire, en d'autres termes : rien n'est beau que mes fictions; rien n'est beau que la nature que j'ai créée. Et en effet qui

ne desireroit pas l'éternité sur cette terre,
si on pouvoit la passer avec Julie, Claire,
Saint Preux et Wolmar; mais aussi avec
la plupart des hommes, tels qu'ils sont,
quel est l'insensé qui, terminant sa carrière,
peut en soupirant regarder en arrière, et
mêler des regrets à ses derniers moments?

Ce qui caractérise éminemment le génie
de Rousseau, c'est une propriété rare, celle
de retourner l'objet de sa pensée dans tous
les sens. Après avoir considéré cette fabri-
que immense des établissements humains
de toute espèce, il les enveloppa tous dans
le même arrêt de proscription. Il prit le
contrepied de toutes les idées reçues; et
comme elles sont un mélange de vérités et
d'erreurs, d'opinions raisonnables et ab-
surbes, il devoit avoir raison contre les unes
et tort contre les autres. Il est résulté de ces
renversements deux grands effets; l'un est
la découverte des maux qu'entraînent à leur
suite les meilleures institutions; l'autre celle
des avantages qui restent cachés derrière
les préjugés et les abus, et qu'on n'apperçoit
jamais mieux que lorsque ces derniers sont
détruits. Quand les ouvrages de Rousseau
n'auroient produit que ces deux effets, ils
sont inestimables.   C'est

C'est un grand pas de fait vers la félicité publique que la connoissance du mal que renferme le bien, et la connoissance du bien que renferme le mal. Point de pratique absurde, point de coutume ridicule, point d'usage impertinent qui ne recèlent un grand nombre d'utilités. Cette connoissance peut conduire à des considérations neuves sur la nécessité des mélanges et sur le danger des exagérations en tout genre. Peut-être faut-il unir le mal au bien pour donner à celui-ci plus de durée et de solidité. La raison pure et sans mélange de préjugés, n'a jamais été et ne sera peut-être jamais à l'usage de l'universalité des hommes, pas plus que l'or sans alliage ne peut être mis en œuvre et employé à l'usage des arts.

L'intérêt personnel est à l'affût du bien pour le détériorer. Les passions convertissent assez promptement les meilleures choses en abus déplorables. Mais les hommes se tiennent en garde contre les institutions vicieuses et les abus ; ils sont sans défiance à l'égard des bonnes ; le danger les tient éveillés ; la sécurité les endort ; et

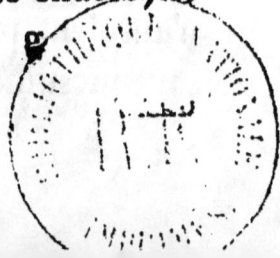

c'est ainsi que se perdent et se dissipent
les meilleurs et les plus sages établissements.
Les hommes tuent le bien ; ils savent ensuite le faire renaître et l'extraire du mal.
Le génie, la gloire, l'éloquence sont de
brillantes fleurs. Suivez leurs tiges, vous
les verrez le plus souvent plongées dans
l'amas dégoûtant des folies, des travers et
des turpitudes de l'espèce humaine, pom-
per leurs sucs nourriciers dans les immon-
dices et le fumier de toutes les dépravations
et de tous les crimes.

Transportez Voltaire et Rousseau dans
des contrées où on auroit fondé l'institution
politique sur les principes naturels, si la
chose étoit possible : que deviendroit cette
sublime indignation excitée par le spectacle
de la perversité, des erreurs, des vices de
leur siècle, et qui leur a dicté tous leurs
chefs-d'œuvres ? Plus d'intolérance, plus de
préjugés, plus de fanatisme, plus d'oppression, plus de maîtres que la loi, plus de
guides que la raison ; tous les cultes de
niveau, tous les hommes égaux ; un peuple
de frères et de sages ; une fusion universelle de tous les intérêts, de toutes les pas-

sions dans l'intérêt public et le bien général.
En voyant un ordre de choses si parfait,
la plume tomberoit de leurs mains, ils res-
teroient muets.

La plus grande et la plus importante vérité qui résulte de la méditation des ouvrages
de Rousseau, est précisément celle qu'il
n'a ni dite ni exprimée, et la voici sous
une image. La nature est un grand arbre;
deux tiges s'élèvent de son tronc; l'une
chargée de fruits salutaires et bienfaisants,
l'autre de fruits empoisonnés. Rousseau a
dit : la tige qui produit les fruits vénéneux
n'est pas naturelle; il n'y a que l'autre qui
le soit.

Les philosophes qui soutiennent que
l'homme est naturellement méchant, comme
ceux qui prétendent qu'il est naturellement
bon, ont également tort et raison. Chacun
d'eux ne veut voir dans le grand arbre de
la nature que celle des tiges qui favorise
son opinion. Mais ce qui n'avoit encore été
apperçu par aucun d'eux, et ce que Rousseau
a vu le premier sans le dire; c'est qu'on
ne peut arracher l'une des deux tiges sans
faire périr l'autre, et sans attaquer la vie

même de l'arbre; car elles sont implantées
sur le même pied. C'est à l'ombre de cet
arbre; c'est sur les feuilles de cet arbre qu'il
faut écrire l'histoire de l'espèce humaine.
La préface en est déja faite. L'homme
de génie qui la méditera, y trouvera de
grands secours pour ce livre tout neuf. Cette
préface est elle-même une des plus belles
productions de l'esprit humain : cette préface, ce sont les œuvres de Rousseau.

Le génie ne consiste pas seulement à
exceller dans une science ou dans un art.
Il n'est pas seulement dans l'invention des
choses ou dans la nouveauté des formes.
Le véritable génie a encore un autre caractère, c'est celui de l'aptitude universelle.
Rousseau, Voltaire étoient des hommes
propres à tout. Si Rousseau se fût livré
plutôt à la botanique, il fût devenu un
autre *Linnæus*. S'il eût été de bonne-heure
en Italie, et qu'il eût fait une étude plus
suivie de la musique, nous l'eussions vu
rivaliser avec *Sarti*.

Son Devin de Village eut un succès prodigieux. Il en puisa les chants et le sujet
dans cette même disposition do cœur qui

le ramenoit incessamment vers les objets
de la vie champêtre. La musique du Devin
n'est pas faite seulement avec l'oreille et
des sons, elle est faite avec l'ame et ses
accents. C'est la naïveté, la touchante simplicité de la nature. Et lorsqu'à des hommes
corrompus, excédés de jouissances et d'en-
nuis, dégoûtés des plaisirs si froids du luxe,
et des amusements compliqués et coûteux
de la magnificence, on présente les tableaux
de la nature, on est sûr de réussir. Tout ce
qui lui rappelloit l'innocence des premiers
âges avoit des charmes pour lui. De-là son
goût pour la *romance*; il en a composé plusieurs, paroles et musique. Il cherchoit à
leur conserver ce ton naïf du treizième
siècle, cet accent ingénu, tendre, et même
un peu mélancolique. Le style de ses écrits
est pourtant bien loin d'être simple et naturel, pris dans ce sens *romantique*; et il s'en
faut de beaucoup que l'Héloïse, quoiqu'un
ouvrage de sentiment, soit un ouvrage simple. Le style en est souvent ambitieux. On
y sent que l'auteur étoit nourri de la lecture
des poëtes Italiens, et sur-tout du *Guarini*.
On oseroit presque y appercevoir de la re-

cherche et même des *Concetti*, si le goût
exquis de l'écrivain, en s'en appropriant le
fond, n'en avoit sauvé l'affectation.

Les temps sont donc arrivés, où le brouillard qui depuis tant de siècles enveloppoit
en France les hommes et les choses, leur
valeur respective, leur rapport d'utilité et
de grandeur ; qui n'admettoit sur tous ces
objets qu'une fausse lumière et qu'un jour
imposteur ; où ce brouillard, dis-je, formé
par les préjugés, épaissi par l'ignorance,
vient enfin de se lever et de se dissiper. Il
sera permis de croire et de dire tout haut
que les distinctions entre les hommes doivent sur-tout se fonder sur le mérite et les
vertus ; que la première noblesse est celle de
l'ame, et que le premier des écrivains est le
plus grand des hommes. Qui pourroit le lui
disputer ? Sont-ce des guerriers célèbres ?
Un homme tel que Rousseau leur répondra :
si vous avez défendu la patrie, j'en ai créé une aux
François. Sont-ce les rois de la terre ? Il leur
dira : *l'on règne pour vous, et je règne par moi.*
Oui, la pensée, cette flamme divine, élève
au premier rang l'être qui en est doué ! Le
grand écrivain, circonscrit dans le tems

comme individu, s'étend avec les siècles
sur la durée indéfinie de l'espèce humaine
par son influence !

Puissances intellectuelles, c'est vous qui
régissez le monde ! Les nations changent,
se corrigent, se modifient, se perfectionnent d'après vos conceptions. Vous êtes les
vrais souverains du genre-humain : vous
le guidez, vous l'éclairez, il est soumis à
votre empire, subit vos loix, leur obéit
sans s'en douter. Les rois n'ont que l'apparence de la domination. Encore quelques
années, et les noms de la plupart d'entre
eux tomberont dans l'oubli, ou ne conser-
veront d'existence et ne figureront qu'enca-
drés au milieu des dates de leur naissance
et de leur mort, dans ces tables chronolo-
giques, pâture aride et sèche d'une vaine
érudition, et qui ne paroissent avoir été
imaginées que pour perpétuer l'immobilité
et le néant de presque tous les noms qu'elles
contiennent.

Dans quelques milliers d'années, les formes actuelles de nos livres d'histoire ne
pourront subsister. La vie entière d'un homme ne suffira plus pour en parcourir la seule

table des matières. Alors on sera obligé de
peindre en masse, et de ne saisir que les
grands traits. On considérera l'espèce humaine dans la suite des changements et des
révolutions considérables qu'elle aura pu
subir. On en divisera l'histoire en *périodes*
de vingt ou trente siècles. Chacune des périodes sera présidée par un ou plusieurs
de ces génies privilégiés qui font prendre
aux nations une nouvelle face. Ils lui donneront leurs noms. Les grands hommes
par la pensée marqueront l'ordre des tems.
Quelques philosophes règneront sur deux
ou trois mille ans , et les règnes subalternes
des rois , trop petits pour être distingués,
éclipsés et couverts par l'éclat des grands
règnes , échapperont à l'œil.

Un peintre des hommes alors, un autre
Tacite, en parlant des noms et des événements qui nous entourent, dira : « Il s'éleva
« au dix-huitième siècle un écrivain su-
« blime, un apôtre éloquent de la nature.
« Il persuada aux hommes qu'elle les ap-
« pelloit tous à la vérité, à la vertu, à la
« liberté et au bonheur. Les pensées de
« son siècle reculèrent devant les siennes.

« Ses opinions et ses principes prévalurent,
« dominèrent. Ce fut en France qu'il prê-
« cha sa doctrine : elle y imprima un nou-
« veau mouvement aux esprits, y fit un
« grand nombre de prosélytes, et finit par
« y exciter une révolution qui s'étendit par
« degrés sur tous les peuples policés de la
« terre. La durée de son règne fut de....»
Je m'arrête.... Je n'ose fixer la période...
Si un seul homme a tant de peine d'être un
seul jour raisonnable et sensé, que sera-ce
de tous ? Que sera-ce des siècles ? Ce règne,
hélas ! ne seroit-il qu'un rêve ? Et rélégué
avec le modèle idéal et la nature de Rousseau, n'aura-t-il pas plus de réalité ?

Voici l'histoire de la vie de ce grand
homme. J. J. Rousseau naquit à Genève,
pensa à Paris, écrivit à Montmorenci, s'in-
quiéta, se tourmenta par-tout. Il laissa son
corps à Ermenonville, sa tête à Emile, son
cœur à Julie ; et par son Contrat Social, il
léguera peut-être au monde, sans le savoir,
le trouble et les agitations de son ame.
Heureux, si le principe naturel de l'égalité qui en fait la base, ne finit point par
rappeller les hommes à l'état de nature,

les repousser dans les forêts, et les rendre
à la vie sauvage, objet des regrets de son
auteur! (13)

---

(13) J'espère qu'écrivant l'éloge d'un homme de
génie qui passa sa vie à effacer le lendemain ses idées
de la veille, on voudra bien me pardonner une légère
teinte de scepticisme, et quelques variations produites
par les circonstances. J'ai commencé cet éloge en 1789,
et je l'ai fini en 1790. Celui qui à l'aurore d'un beau
jour réjouiroit son ame, et qui le soir, témoin d'un
ouragan, s'affligeroit, pourroit-il être accusé de contradiction?

Fin de l'Introduction.

DE L'ÉGALITÉ,

OU

PRINCIPES

GÉNÉRAUX

Sur les Institutions civiles, politiques et religieuses.

LIVRE PREMIER.

J'OSERAI discuter les principes de cet écrit célèbre qui est devenu la chartre nationale du premier peuple de la terre, et le modèle de l'acte par lequel ce peuple, de sujet qu'il étoit, s'est élevé au rang de souverain.

Les hommes éclairés doivent à la patrie le tribut de leurs lumières. Celui qui, sentant sa foiblesse, n'apporteroit pour tribut que des doutes ; s'acquitteroit encore envers elle, autant qu'il est en lui.

Jamais philosophe au monde ne fut plus malheureux par sa personne, et plus heureux par ses ouvrages, que l'auteur du Contrat Social. Ses bonnes productions eurent le plus grand succès pendant sa vie, et ses médiocres un plus grand encore après sa mort; je veux parler sur-tout du *Contrat Social.* Rousseau eut toujours pour cet écrit la prédilection qu'ont souvent les pères pour celui de leurs enfants le moins favorisé de la nature. Malgré cette préférence, il étoit sûrement bien éloigné de prévoir la fortune prodigieuse qu'il a faite. Au surplus, ce petit traité de plus ou de moins n'ajoute et ne diminue rien à sa gloire; il peut l'abandonner à la critique. Il est convenu lui-même qu'il n'étoit qu'un morceau détaché d'un grand ouvrage sur le droit politique, entrepris sans consulter ses forces.

J'avoue que rien ne me paroît moins lumineux que la chaîne des idées du Contrat Social. La base de cet écrit est un principe devenu bien fameux, c'est celui de la *volonté générale.* Il est simple, il est clair dans Burlamaqui (1). Rousseau a tendu tous les

(1) Rousseau n'avoit pas besoin d'emprunter rien de personne. On doit être étonné qu'il n'ait point

ressorts de sa tête pour en faire un principe merveilleux. Il l'a environné de tant de tours de force et de subtilités, qu'on ne sait plus ce qu'il est. Le caractère métaphysique qu'il donne à cette *volonté*, de n'être telle que lorsqu'elle part de tous pour s'appliquer à tous, l'a jetté dans un labyrinthe de difficultés dont il ne put jamais trouver le fil. Qu'est-ce qu'une volonté générale qui ne peut s'égarer, et qui pourtant s'égare? Le peuple n'est-il pas l'organe de cette volonté? Et qui ne sait combien il est aisé d'abuser de sa crédulité; comment l'on peut, en l'enivrant de fanatisme, lui faire porter des loix ou atroces ou absurdes? Le Peuple! qui d'un mouvement unanime précipitera dans les flammes un hérétique ou un sorcier!

Qu'est-ce qu'une volonté générale, infaillible quand elle généralise, et fautive quand elle individualise? Ne croiroit-on pas qu'il

---

parlé de Burlamaqui, son compatriote, qui a donné aussi des principes de droit politique, moins bien écrits, mais mieux pensés et plus suivis, quoiqu'à peu près les mêmes : ils diffèrent dans l'expression. Ce que Rousseau appelle *volonté générale*, Burlamaqui le nomme *volonté de tous les membres de la société.*

a voulu dire le contraire? Puisque l'idée qui
part de tous pour s'appliquer à tous, étant
une idée générale, est bien moins à la portée du peuple que l'idée qui s'attache à un
objet particulier. Continuons. *Une volonté qui
part de tous pour s'appliquer à tous*, c'est la volonté générale; et c'est aussi la définition
qu'il donne de la loi. *Quand le peuple statue sur
tout le peuple*, c'est encore la loi : mais le
peuple statuant sur tout le peuple, n'est pas
autre chose qu'une volonté qui part de tous
pour s'appliquer à tous : c'est donc encore
la *volonté générale*. Qu'est-ce, de grace, que
ces idées qui rentrent les unes dans les
autres, et qui toujours les mêmes sous différentes formes, ne vous approchent point
du but, et vous laissent à la même distance de la vérité?

La volonté générale est le principe fondamental de son système de législation;
mais nous venons de voir que la volonté
générale est la loi : donc la loi est le principe de la législation, c'est-à-dire, que la
loi est le principe de la loi. Voilà où l'a
conduit l'envie de faire de ce principe quelque chose d'extraordinaire. Ce cercle vicieux
dans lequel il s'est laissé entraîner, est d'au-

tant plus frappant, qu'après avoir soutenu l'infaillibilité de sa volonté générale, il convient que le peuple est une multitude aveugle; qu'il faut voir et vouloir pour lui; qu'il a besoin que des sages s'occupent de son bonheur et lui fassent ses loix. La volonté générale n'est donc pas infaillible, et de plus elle doit donc être soumise aux volontés particulières : le petit nombre doit donc commander au plus grand : aussi, de tous les gouvernements possibles, c'est à l'*aristocratie* qu'il donne la préférence, et par conséquent il se déclare pour l'inégalité politique.

Il paroît assez certain que Rousseau ne s'est jamais bien compris lui-même (et cela est arrivé à plus d'un philosophe) sur l'emploi qu'il fait de sa volonté générale. Comme principe de théorie elle ne présente qu'un cercle vicieux et des contradictions; comme principe usuel, elle ne veut pas dire autre chose que *tendance au bien-être.* Un être sensible ne peut vouloir que son bonheur : la volonté de tous est d'être heureux. Mais ensuite, où le trouver le bonheur? Dans quel système social? Sous quelle forme de gouvernement? C'est là un problême qui n'est point encore résolu. Il est seulement démontré jusqu'à présent, et par le fait, qu'il n'est aucune forme qui ne présente des inconvéniens graves.

Rousseau, oubliant bientôt sa prédilection pour l'aristocratie, fait consister le bonheur de tous, cet objet de la *volonté générale*, dans la *liberté* et dans l'*égalité*. Il n'avoit pas vu ce que bien des penseurs ne voient point encore, que l'égalité touche d'un côté à l'anarchie, et de l'autre au despotisme ; et que ces deux mots, *liberté*, *égalité*, comme les deux idées qu'ils expriment, s'excluent, se repoussent, sont inassociables.

L'égalité est destructive de la liberté, parce qu'elle ne peut jamais avoir qu'une existence passagère, et qu'il vaut mieux qu'elle soit rompue par la loi que par la force ; parce qu'une inégalité légale protège la liberté, et que l'inégalité obtenue par la violence renverse la liberté. L'inégalité des rangs et des conditions est tellement inhérente au corps politique, qu'il n'est aucune loi qui puisse la détruire, et établir l'*égalité des* . . Il arrive donc que l'inégalité se reproduit au mépris de la loi ; et où est la liberté, quand

quand les loix sont violées? Il vaut donc
mieux que la loi concoure avec la nécessité
des choses, que de lutter avec elle, pour
présenter sans cesse le spectacle d'une dé-
faite, qui est toujours celle de la liberté.
La question se réduit à ces termes : L'inégalité est un mal nécessaire : que vaut-il
le mieux qu'elle soit établie par la loi ou
par la force?

Je ne relèverai point comme contradictions, mais comme témoignages de la foiblesse des conceptions de Rousseau dans
le Contrat Social, les assertions suivantes :
L'homme est esclave dans l'état de nature, dans
cet état l'objet de ses regrets et de ses préférences. *Les hommes ne jouissent de la liberté
morale que dans l'état civil, et la société civile ne
vaut rien.*

Je ne sais voir dans le Contrat Social que
des principes vagues et arbitraires, des
obscurités, des tournures forcées, et des
subtilités substituées à la marche franche
de la raison et à l'éclat de l'évidence. Le
Contrat Social n'explique point les phénomènes de l'ordre social : il ne rend raison
d'aucune des difficultés. Le droit de l'esclavage, le droit de vie et de mort y rest

tent sans solution satisfaisante ; et lui-même
ne dissimule pas son embarras lorsqu'il
s'agit du droit de faire grace qu'il attribue
au *souverain*, c'est-à-dire à la *volonté générale* :
il ne sait plus comment concilier ce droit
avec l'impossibilité reconnue à la volonté
générale de *s'occuper d'un objet individuel et
déterminé.*

Toutes ces contradictions, tous ces sophismes, toutes ces amphibologies s'y trouvent mêlés et confondus, comme dans tous
ses ouvrages, avec un grand nombre de
beautés de détails et d'excellentes observations. Le tout est fondu, et fait corps sous
le vernis de son éloquence.

On est très-étonné de l'entendre dire dans
ce même ouvrage, que *le despotisme convient
aux pays chauds*, comme on diroit que les
fourrures conviennent aux pays froids. Il
est vrai qu'on y lit aussi qu'un des plus
sûrs moyens d'élever un pays au plus haut
degré de prospérité, ce sont les meurtres,
les proscriptions, les guerres civiles. *La
Grèce*, dit-il, *fleurissoit au sein des plus cruelles
guerres ; le sang y couloit à flots, et tout le pays
étoit couvert d'hommes.* Toutes ces paroles dans
la bouche d'un homme qui étoit la bonté

la sensibilité même! c'est encore là un contraste en lui qui peut être ajouté à tant d'autres.

Ce n'est point par ses institutions politiques que ce grand homme doit être apprécié, mais par l'esprit général de ses ouvrages, par cette morale à la fois sévère et passionnée, ce respect pour les droits et la dignité de l'homme, cette foule de vérités de détail, d'apperçus neufs et frappants.

Je n'ai jetté un coup-d'œil rapide sur le Contrat Social que pour arriver à la seule partie de cette critique qui puisse avoir quelqu'utilité. Il me reste à faire voir que lors même que le Contrat Social seroit un ouvrage bien fait, systématique et conséquent, il porte sur une base vicieuse et sur de faux principes.

Rousseau est le premier des philosophes qui a entrevu que la société civile étoit contraire à la nature et lui faisoit violence. Pour peu qu'il eût voulu se montrer conséquent, il en auroit conclu que les principes qu'il adoptoit dans son Contrat Social, étant des principes naturels, ils ne pouvoient pas être les vrais principes. Je doute que de son opinion sur l'opposition de la nature à l'état civil, il en ait donné les meilleures raisons. Je doute qu'il l'ait appuyée des considérations les plus décisives, aussi ne lui a-t-il converti personne. Elle n'en est pas moins le coup-d'œil du génie, et je la crois une vérité incontestable, et susceptible de la plus rigoureuse démonstration.

Conclurons-nous de cette opposition, comme l'a fait Rousseau, que la société civile ne vaut rien? Non, mais qu'il entre beaucoup d'artifice dans sa construction, et qu'elle est la plus admirable des inventions de l'homme.

La société civile est naturelle dans un sens, et n'est pas naturelle dans un autre sens. Elle est naturelle en ce qu'elle est un effet naturel du développement des facultés de l'homme placé dans certaines circonstances. Elle n'est pas naturelle, en ce que son caractère propre est d'être en opposition avec les loix générales de la nature et les principes d'ordre universel. Ces principes sont que le tout commande à la partie; qu'un poids de cent livres doit l'emporter, dans la balance, sur le poids d'une livre; que ce qui est fort prédomine sur ce qui est foible ; qu'une grande masse doit, dans sa sphère d'activité et dans son attraction, entraîner la plus petite : or, la société est le renversement de toutes ces loix ; elle ne peut subsister qu'autant que la partie commande au tout, et qu'un petit nombre d'hommes foibles l'emporte sur tous les forts réunis. Telles sont les merveilles qu'offre sa contexture, chef-d'œuvre de l'esprit humain.

Les principes du Contrat Social sont des principes naturels. Le tout commande à la partie, et la volonté générale prédomine sur les volontés particulières. Je ne dissimulerai aucune objection. Ne pourroit-on pas dire que si les hommes n'ont point encore été gouvernés par les principes naturels, c'est qu'ils n'ont été jusqu'à présent que des aveugles et des dupes ? et que des ouvrages tels que le Contrat Social sont faits pour dessiller leurs yeux ? Prouvons donc que les principes naturels sont incompatibles avec les vrais principes de la société civile. Voyons ce que doit devenir un système social fondé sur les principes naturels ; ou plutôt quels effets doivent résulter de l'application réelle de ces principes.

A 3

La théorie des loix de l'univers est d'accord avec les phénomènes. La théorie du Contrat Social est en contradiction avec tous les phénomènes. C'est que cette dernière théorie est fondée sur un meilleur ordre de choses que celui qui subsiste ici-bas, au milieu des imperfections de la nature humaine. Les hommes néanmoins dans tous les tems ont entrevu confusément, et comme par instinct, qu'il devoit y avoir une théorie sociale plus juste dans ses dispositions et plus conforme aux loix générales de l'ordre. Telle est l'origine des théories sociales. Pour éclaircir ce sujet obscur, et où tous les efforts de l'esprit humain n'ont porté jusqu'à présent que de foibles lueurs, essayons de le rapprocher de la source de toute lumière et de toute vérité, de la science mathématique; peut-être parviendrons-nous à faire jaillir quelqu'étincelle de l'une à l'autre.

Toutes les mathématiques reposent sur un petit nombre de principes naturels, dont le développement et l'application en forment la science. Ces principes fondamentaux ont un caractère de clarté et d'évidence tel, que les esprits même les plus

bornés les conçoivent et les saisissent aussi-
tôt. Le premier de tous, celui sans la vérité duquel aucun autre ne seroit vrai, est
l'axiome que *le tout est plus grand que sa partie.*
Si à une grandeur j'en ajoute une autre,
j'en aurai la somme. Si de la somme je
retranche l'une des grandeurs, il me restera l'autre, ou, pour m'exprimer plus
simplement, si j'ajoute 2 à 3, j'aurai 5. Si
de 5 j'ôte 2, il me restera 3. Qui le croiroit?
il est peu d'opérations dans les mathématiques qui ne se réduisent à celle-là. C'est
à un résultat si simple que viennent aboutir tous ces savants calculs, décorés des
noms pompeux d'algèbre, d'analyse, de
calcul intégral et différenciel. Mais cette
opération si simple et à la portée de tous
les esprits, ne seroit pas juste, si le principe
fondamental sur lequel elle repose n'étoit
pas vrai, savoir que le tout est plus grand
que la partie; car si la partie étoit plus
grande que le tout, en ôtant 2 de 5, il ne
resteroit pas 3, puisque 2 plus grand que
5, par la supposition, ne pourroit en être
soustrait.

Tous les hommes comprennent ces principes naturels : un très-petit nombre en

parcourt les diverses applications , et aucun
ne les a toutes faites. Pour suivre ces premières opérations dans leurs transformations successives , pour reconnoître toujours
ces premiers principes à travers tous leurs
déguisements ; pour suivre le fil de leur
identité , il faut une force d'entendement,
une capacité de réflexion et d'attention,
que le plus grand nombre des hommes n'a
ni le loisir ni la volonté d'acquérir, bien
que tous en soient capables. Tous les hommes conçoivent l'idée première des mathématiques , aucun n'est parvenu ni ne parviendra jamais à l'idée dernière ; l'infini
les sépare. La science des grandeurs ne
présente une suite de vérités incontestables,
que parce qu'elle est toute entière le produit de l'entendement humain. Hors de là,
elle n'a aucune existence réelle. Toutes les
idées , tous les rapports y sont si exactement déterminés , qu'il est impossible qu'il
s'y glisse aucune erreur.

Rapprochons maintenant de la théorie
des grandeurs, la théorie sociale. L'une
s'occupe des rapports qui existent entre
des quantités abstraites ; l'autre, des rapports qui doivent exister entre des êtres

réunis en société. Toutes les deux sont
fondées sur des principes naturels. Il y
a plus ; les principes naturels du système
social ont la plus étroite analogie avec ceux
du système des grandeurs. Ils ont d'abord la
même clarté, la même évidence. Le premier de tous, celui sans la vérité duquel
aucun autre ne seroit vrai, est l'axiome
que *le tout doit commander à la partie.* L'opération principale de la théorie sociale se
réduit, en dernière analyse, au développement du principe de l'égalité, *tous les*
hommes sont égaux en droit. Ce seul principe
naturel est générateur de tout le système
social. Ce système immense, qui contient
tous les rapports moraux et politiques, et
toutes les combinaisons qu'il est possible
de faire des hommes, pris individuellement
et collectivement, n'est de même que la
transformation de ce principe naturel, et
son application successive à toutes les branches de la législation.

Toute cette opération n'auroit aucune
justesse, si le principe fondamental sur
lequel elle repose n'étoit pas vrai, savoir
que *le tout doit commander à la partie.* En effet
les hommes ne seroient pas égaux en droit, si la

partie pouvoit commander au tout : car
alors il y auroit dans la partie un ou plusieurs éléments qui seroient plus forts que
le tout ; ce qui en détruiroit l'égalité : et il ne
seroit pas vrai que *le tout dût commander à la
partie*, si les hommes n'étoient pas égaux ;
car il pourroit s'en trouver de si foibles hors
de la partie, et de si forts dans la partie,
que la partie alors pourroit commander au
tout. Ainsi ces deux vérités sont étroitement
unies, et n'en font qu'une. Elles sont le
fondement naturel de toute la théorie sociale. Elles renferment implicitement tous
les principes du droit politique de J. J.
Rousseau.

Si tous les hommes sont égaux en droit,
aucun n'a le droit de commander aux autres. La réunion de toutes les volontés individuelles est ce qu'on appelle la *volonté générale.* La collection de ces volontés s'exprime
par le mot de peuple ; et comme on ne peut
rien opposer à la volonté générale, ni la
balancer par aucune force, puisqu'elle est
tout, et que hors du tout il n'y a rien ; il
en résulte évidemment que la volonté générale est souveraine, et que le peuple est
souverain. Ainsi l'égalité des hommes, la ve-

lonté génér de et la souveraineté du peuple sont un seul et même principe, une seule idée considérée sous trois faces différentes. Si on avoit une langue qui exprimât les idées politiques et morales avec autant d'exactitude et de précision que la langue de l'analyse exprime les idées de nombre et de grandeur, on parviendroit à une théorie sociale aussi parfaitement démontrée que la théorie des grandeurs : on auroit, en un mot, une véritable *mathématique sociale.* (2).

---

(2) On pourroit trouver quelque rapport entre ces vues et celles de M. de Condorcet sur une langue analytique et universelle, et croire que je les ai puisées dans l'*Esquisse du tableau historique des progrès de l'esprit humain*, où il les a développées : mais je dois avertir que les trente premières pages de ce premier livre faisoient partie de l'Eloge de J. J. Rousseau, lorsqu'il fut envoyé à l'académie Françoise en 1790. Voici même le jugement que porta de cet Eloge son illustre secrétaire, qui alors n'en connoissoit point l'auteur. " Cet ouvrage est plein d'enthousiasme ; il réunit les „ beautés et les défauts que l'enthousiasme produit. „ Si l'on ne demande dans l'éloge de Rousseau que „ de la verve et de la chaleur, une éloquence natu- „ relle, mâle et hardie, des vues profondes et des „ idées vastes, l'auteur aura beau jeu ; mais, &c. „ &c. . . . En voulant mettre d'accord Jean-Jaques

No perdons pas de vue que les deux théories n'ont aucune existence réelle hors

―――――――――――――――――――

,, avec lui-même, l'auteur de ce beau discours me
,, semble avoir tenté l'impossible. ,,

Au bas de cette notice, l'académie acceptoit les six
cents livres que je lui avois fait tenir par une main
inconnue pour doubler le prix, qui n'étoit d'abord que
de six cents livres ; doublement qui fut annoncé dans
le programme du mois d'août 1790.

Un mot sur cette *Esquisse*, le meilleur, à mon gré,
des ouvrages de l'auteur. Il est celui d'un philosophe,
d'un philantrope. Il suppose de vastes connoissances,
et l'assemblage extraordinaire d'une tête abstraite,
réfléchie, froide et pourtant exaltée ; ou bien l'auteur
auroit-il voulu jetter un voile métaphysique sur ses
écarts, ses erreurs politiques, et cacher, sous une
feinte philantropie, le jeu secret de ses passions et
de son ambition? Quoi qu'il en soit, c'est un bel ouvrage, je me plais à lui rendre justice. Elle est d'autant moins suspecte de ma part, que je n'ai jamais
été grand partisan de l'auteur ni de ses productions ;
que les deux volumes que je publie aujourd'hui sont
une réfutation anticipée de son ouvrage qui n'avoit
point encore paru, et que je suis en opposition perpétuelle de sentiments, d'opinions et de doctrine. L'on
gémit néanmoins sur la fin déplorable de M. de Condorcet, et l'on regretre que sa mort soit venue se placer
après l'Esquisse pour nous priver à jamais du tableau.

Je partageois autrefois l'opinion de l'auteur sur la

de l'entendement humain. Les vérités intellectuelles de la grandeur cessent d'être
des vérités, lorsqu'on veut les réaliser avec
des instruments matériels. La grossièreté de
la matière ne se prête point à la finesse du

---

perfectibilité indéfinie de l'espèce humaine. Je l'ai reproduite sous plusieurs formes dans les Lacunes de la
Philosophie, en 1783. Mais je n'avois point imaginé
que cette perfectibilité pût aller jusqu'à rendre l'homme
semblable aux immortels, ou, pour m'exprimer comme
l'auteur, jusqu'à reculer sa fin au-delà de toute limite
assignable. Ce sont là des idées qu'on n'attendoit point
de la raison tranquille d'un géomètre.

Je croyois de plus que notre globe encore nouveau,
ainsi que les êtres qui le peuplent, n'offriroit plus avec
le tems ces scènes de ruines et de dévastations : que les
catastrophes physiques, et les phénomènes effrayants
du crime et du malheur, cesseroient de consterner la
terre. Peu de tems après la publication des Lacunes, la
Calabre et la Sicile bouleversées, ébranlées jusques dans
leurs fondements, furent à la veille de disparoître dans
les abîmes, et je ne crus plus au perfectionnement physique de la terre. La révolution de France est venue,
et ses suites ont dissipé en moi la douce illusion du
perfectionnement moral, et des progrès indéfinis de
l'homme vers la science, le bonheur et la vertu. Voyez
page 392 de la Correspondance d'un Habitant de Paris.
(Note ajoutée pendant le cours de l'impression.)

calcul, et l'utilité de la géométrie et de
l'algèbre appliquées à la physique, se réduit
à des approximations.

Cependant, des corps insensibles, tels que
le bois, la pierre, les métaux, ne résistent
à aucune des figures, à aucune des formes
que nous voulons leur donner. Que sera-ce,
si pour appliquer les principes de la théorie
sociale, au lieu de la docilité de la matière
morte, on ne rencontre que la résistance
et la rebellion de la matière animée? Si
toutes les fois que l'entendement ordonne
au compas de décrire un cercle, le compas
matériel s'avisoit de tracer un quarré, on
sent bien que les vérités géométriques ne
seroient d'aucun usage, et d'aucune application extérieure à l'entendement humain. Et
de même, si toutes les fois que la théorie
sociale commandera aux hommes de subordonner leurs passions à la raison, de préférer l'intérêt général à leur intérêt particulier, ils font tout le contraire, il sera
très-évident que les principes de cette théorie
seront nuls dans la pratique.

A cette considération décisive, s'en joint
une autre qui ne l'est pas moins. Les deux
théories sont fondées sur des principes éga-

lement évidents ; l'esprit les conçoit avec
la même facilité ; mais il n'est aucun motif
qui puisse faire abuser des uns, lorsque
tous les motifs se réunissent pour faire abuser des autres.

Si peu d'hommes parcourent la chaîne
des vérités mathématiques, quoiqu'il ne
faille pour y réussir qu'une capacité médiocre, un moindre nombre encore sont
en état de suivre les transformations successives du principe de l'égalité dans le
système social, jusques dans ses dernières
ramifications, science bien autrement com-
pliquée et profonde. Que doit-il arriver ? Le
peuple saisit avidement le principe qui le
flatte, et laisse-là les conséquences qu'il ne
comprend pas, pour peu qu'elles le gênent
ou le contrarient. Dans ce système le peuple
souverain est le juge des loix ; mais comment les juge-t-il ? Ce n'est pas avec son
entendement qu'il n'a jamais exercé ; ce
n'est pas avec des idées générales avec lesquelles il n'est pas familiarisé : il les juge
avec ses passions, ses intérêts, et sa tête
ignorante bien ou mal organisée. Il répète
avec transport les mots de *liberté*, d'*égalité*,
de *souveraineté*.

Après les premiers moments d'une si douce ivresse, ce peuple, qui n'est pas imbécille lorsqu'il calcule des objets à sa portée, regarde autour de lui et réfléchit. Sommes-nous égaux, dira l'un? Je lutte contre la misère; j'ai peine à procurer à ma famille et à moi le plus étroit nécessaire. Du sein de ma détresse, je vois dans l'hôtel qui touche à mon échoppe, un maître environné de dix valets mieux nourris et mieux vêtus que moi, nager dans l'abondance et les délices. Suis-je libre, dira l'autre? Oui, de mourir de faim, si je cesse un moment d'être esclave des plus rudes travaux. Sommes-nous souverains, s'écriera l'autre? Les riches nous commandent, nous achètent, sont les maîtres de tout. On nous trompe; on nous joue. Si nous sommes souverains; et qui pourroit nous le disputer, puisque nous sommes les plus nombreux, et par conséquent les plus forts? ne dépendons plus que de nous-mêmes; secouons le joug des riches; abattons leur tyrannie; soyons libres en effet, et partageons leurs biens.

Et en effet, une des conséquences les plus immédiates de l'application des principes

cipes naturels, est le partage des terres et
des fortunes, ou la communauté des biens.
L'égalité des droits est une chimère, dès
que les uns ont tout, les autres rien. La
première des égalités, celle sans laquelle
toutes les autres sont ou dérisoires ou illu-
soires, c'est ce partage ou cette communauté. D'où l'on voit, avec la dernière
évidence, que les principes naturels ne
tendent à rien moins qu'à dissoudre le corps
politique, et qu'ils sont destructifs de l'ordre
social; ensorte que gratifier le peuple de
la toute-puissance, ou prononcer l'arrêt de
sa servitude; est une seule et même chose;
puisque, dans tous les tems, le despotisme
fut le résultat naturel de l'anarchie. C'est
au despotisme où vont aboutir bientôt, et
le desir de plaire au peuple, et toutes ces
proclamations de liberté et de souveraineté
qui ne l'enivre que parce qu'il n'en voit
pas les conséquences.

Il existe donc pour l'état social deux
espèces de vérités qui marchent en sens
contraire : les vérités spéculatives ou métaphysiques; et les vérités politiques ou
pratiques. Les premières sont conformes
aux loix générales de la nature, et les se

condes aux loix particulières de la nature humaine et des formes sociales. Par les premières, le tout doit commander à la partie : par les secondes, la partie doit commander au tout. La nature particulière de la société civile devient ainsi contraire aux loix de l'ordre universel ; mais elle est parfaitement conforme à un ordre factice, créé par le génie de l'homme ; et l'homme abandonné à la loi de sa perfectibilité, entraîné par le développement naturel et successif de ses facultés, parvient quelquefois à ces combinaisons savantes qu'on nomme *sociétés politiques* ; et dont les principes, très-naturels dans un sens, dérogent aux loix de la nature, et contredisent les notions générales de l'ordre.

La société civile, dans tous les tems, dans tous les lieux, sous quelque forme de gouvernement qu'elle se reproduise à nos regards, ne nous présente jamais qu'un spectacle de division, d'injustice, de désordre et de vice. Ce spectacle seroit-il naturel ? En est-il de plus opposé aux idées que nous attachons à la nature, aux idées par lesquelles nous la saisissons, la concevons ? La nature universelle nous offre par-tout

l'image de l'ordre et de la régularité; c'est
là son caractère le plus frappant et le plus
imposant. Des mondes en nombre infini
roulent, circulent, se croisent au-dessus de
nos têtes, se meuvent de concert : notre
globe n'est qu'un point dans l'univers; l'harmonie est dans le tout, et la discorde sur
la terre civilisée. Ainsi la société civile est
contraire à la nature générale, et conforme
à la nature particulière de l'homme.

C'est pour n'avoir pas distingué ces deux
natures; pour avoir brouillé et confondu
toutes les idées à cet égard, que Rousseau
est tombé dans un si grand nombre de
contradictions. Je regarde Rousseau comme
un philosophe qui a passé sa vie à la recherche de la nature : il est mort à la peine,
et semblable à ceux qui cherchant la pierre
philosophale ou la quadrature du cercle,
ont fait de précieuses découvertes dans les
sciences exactes et naturelles, Rousseau
en courant après la nature, a de même
trouvé sur sa route, Julie, Emile et le
Contrat Social.

Il auroit pu sur le système social donner
deux excellents ouvrages; l'un de théorie,
fondé sur les principes naturels; et l'autre

B 2

de pratique, fondé sur les principes conventionnels. Rendons justice à ce grand
homme ; c'est ce qu'il à exécuté, mais imparfaitement, dans le *Contrat Social* et ses
Considérations sur le gouvernement de Pologne.
Pour n'avoir pas fait la distinction dont je
viens de parler, il a mêlé au gouvernement
de Pologne des principes naturels, et au
Contrat Social des principes politiques et
pratiques. De-là vient son embarras dans
cette dernière production. Il n'a vu son sujet
qu'à travers un brouillard ; mais ce brouillard, il l'a semé d'éclairs ; de vives lueurs
le percent et le déchirent. C'est la confusion
des deux principes qui lui a suscité toutes
ces difficultés sur plusieurs droits anti-naturels dont il n'a pu donner la solution.

Les éléments qui composent le système
naturel sont des êtres égaux, tendant à une
même fin, et marchant tous d'une manière
conforme aux loix générales de l'ordre. Ce
système n'offre donc aucun des désordres
de la société civile. Le droit de tuer son
semblable ; celui de le réduire en esclavage ;
et le droit de lui remettre ses crimes, ou de
lui faire grace, ne peuvent y trouver place.
Tous ces droits barbares n'existent point

et ne peuvent exister dans le système na+
turel. Ils tiennent aux violations des loix de
la nature, et à l'imperfection de l'état social composé d'êtres foibles et vicieux : il
ne falloit donc pas chercher à les expliquer. (3).

Les principes naturels sont le produit des
hautes spéculations de la philosophie, qui
rapproche les objets dont elle s'occupe, des
notions générales et abstraites de l'ordre.
Un système social, élevé sur ces principes,
ne peut donc avoir aucune existence hors
de l'entendement humain. Ces principes
supposeroient, dans leur application, des
êtres sans vices, sans passions et sans mauvais penchants ; des êtres également orga-

_____

(3) Ils sont inexplicables dans le système naturel
et voilà essentiellement le vice du Contrat Social. On
peut être étonné que personne jusqu'à présent n'ait
observé ni relevé ce vice. Rousseau avoit cependant
senti confusément que ses principes de droit politique
ne pouvoient convenir qu'à une très-petite république.
C'est apparemment ce qui lui a fait proscrire la forme
représentative qui ne lui est pas nécessaire. Mais en
admettant cette forme pour les grands Etats, il a eu
le bon esprit de voir qu'il falloit un corps intermédiaire
entre le roi et les représentants du peuple, pour maintenir l'équilibre.

B 3

nisés, également éclairés, et que la droite
raison détermineroient dans toutes leurs
actions ; en un mot, des êtres qui ne seroient pas des hommes. Ils ne sont donc
d'aucun usage dans la pratique, et ne doivent jamais sortir de l'entendement humain
qui les a créés, ou des livres qui ne sont
autre chose que les signes visibles des opérations de l'entendement.

Là, ces principes ont une très - grande
utilité. Ils rappellent les hommes aux idées
générales de l'ordre, font briller ces idées
dans le lointain. Ils sont au législateur, dans
la rédaction des loix, ce qu'est au pilote,
sur des mers orageuses, l'étoile propice qui
le guide et le dirige. Ils servent d'ailleurs
d'épouvantail aux tyrans. Il est bon de leur
montrer de loin l'axiome du tout commandant à la partie, et de leur faire peur de
la volonté générale, derrière laquelle se
cache un droit naturel, imprescriptible,
le droit imposant du plus fort.

La philosophie est comme le conciliateur
des deux natures opposées ; elle est le spécifique des maux qu'entraînent à leur suite les
formes sociales : elle en corrige et en modère
les abus : elle éclaire, elle forme l'opinion

publique pour servir de contre poids aux désordres de la société. Ainsi cette même philosophie est à la fois principe destructeur et conservateur du corps politique : elle garde au-dehors, et détruit au-dedans. Elle doit, comme une divinité tutélaire, envelopper de son influence les institutions sociales, mais jamais s'y confondre. Sans les lumières, les loix deviennent oppressives ; les idées religieuses dégénèrent en fanatisme ; la distinction des rangs en mépris des droits de l'homme ; la justice en marché public et en enchère ; et le pouvoir du prince en despotisme et en excès.

Si les principes naturels du Contrat Social sont *égalité, volonté générale et souveraineté du peuple*, il résulte de ce que nous venons d'exposer que les principes conventionnels du droit politique sont la *prépondérance des volontés particulières, la division de la souveraineté, et l'inégalité des droits*. Cette inégalité est en grande partie fondée sur un préjugé qui tout à la fois, sert de ciment au corps politique, en unit les parties, et lui imprime un mouvement régulier. Ce préjugé est double, il porte sur les autorités civiles et religieuses : il consiste en un

B 4

certain respect superstitieux pour des signes
de sainteté et de vertu fort équivoques aux
yeux du sage, dont le législateur philosophe peut se moquer en secret, mais dont
il sent tellement l'importance pour gouverner la multitude, qu'il est convaincu que
le meilleur système de législation ne tarde
point à s'écrouler dès qu'il n'a pas ces préjugés pour base et pour appui. Ces préjugés sont la lumière du peuple, une lumière
proportionnée à la foiblesse de son intelligence ; ils en composent les opinions, et
sont ce qu'on appelle ses coutumes. Et
comme Rousseau le remarque très-bien :
*les coutumes sont la morale du peuple ; dès qu'il
cesse de les respecter, il n'a plus de règle que ses
passions.... Quand la philosophie a une fois appris au peuple à mépriser ses coutumes, il trouve
bientôt le secret d'éluder ses loix,* etc., etc.,
etc. (4)

_____

(4) Qu'entend Rousseau ici par philosophie? Ce
n'est pas celle des livres ; le peuple ne les lit pas.
Il ne peut donc avoir en vue que la *philosophie
constitutionnelle.* Il seroit donc vrai que tout en
reconnoissant comme nous le danger de cette philosophie, ses écrits n'en seroient pas moins la source

Au surplus, il est peut-être une règle
de prudence sur les principes naturels et
conventionnels, il faut dire les uns sans
les pratiquer, et pratiquer les autres sans
les dire.

Les anciens se sont beaucoup occupés
de liberté et de gouvernement, mais ils
n'ont presque pas touché aux questions
de l'égalité, de la souveraineté si intimément liées avec les fondements de l'ordre
social. La révolution de France a porté,
dirigé les esprits sur ces grandes questions,
elle les a fait naître. Cette révolution a levé
la toile d'un spectacle tout neuf : elle a
montré l'homme pour la première fois se
levant; et fort de son intelligence, cherchant à se débarrasser de toute entrave ;
jettant de côté ses lisières, et s'essayant à
marcher dans la carrière civile sans le
secours des préjugés. Elle a montré l'homme
conduit par le flambeau de la raison, et
présentant ce flambeau au triple prestige

---

où on auroit été la puiser ; et je ne connois rien en
effet de plus propre à dégoûter le peuple de *ses coutumes*, à lui apprendre à les mépriser, que les principes du Contrat Social.

de ses prêtres, de ses dieux et de ses rois!
Mais comme les extrêmes viennent se réunir, l'excès de la raison touche à la folie
et à l'extravagance, et rien n'est peut-
être plus dangereux que d'exprimer de la
maxime la plus sage toutes les conséquences qu'elle peut fournir à la rigueur.

La prudence et la modération sont filles
de la profondeur. En pénétrant plus avant
dans la nature d'une maxime, on apperçoit souvent des raisons de la modifier, et
d'en borner les conséquences dans une
maxime antérieure et plus générale (5). La
profondeur est une qualité de la tête très-
rare en tous climats; elle se développe par
la solitude et la méditation, et les François sont trop sociables, trop légers, trop
dissipés et trop aimables pour être jamais
profonds. La France est le pays des formes, de l'élégance, des graces et des
superficies.

Ce que beaucoup de gens appellent *des*

_____

(5) D'où l'on peut juger de la pénétration, ou de
la bonne-foi des hommes, qui comme MM. Brissot,
Roberspierre et bien d'autres, soutiennent qu'il ne
faut jamais capituler avec les principes.

principes n'est à proprement parler que la mesure et la limite de leur esprit, et l'étendue de leur horizon. La tête de chaque homme n'est autre chose qu'une lunette intellectuelle avec laquelle il atteint à des objets plus ou moins éloignés, selon la disposition et la perfection des verres. Beaucoup d'hommes se tirent à merveille des discussions de détail d'après des principes secondaires ; rien n'est si rare que les idées générales, les seules qui puissent éclairer ces grandes questions, d'où dépendent la destinée des peuples et le bonheur du genre humain.

On n'avoit point, ce me semble, avant la publication de la *Correspondance d'un habitant de Paris*, etc. saisi les grands caractères qui distinguent la révolution Françoise de toutes les autres : 1°. Elle est la première qui ait été opérée par la raison 2°. Elle est la première qui ait pris pour base d'une constitution politique les maximes de la philosophie 3°. Elle est la première qui ait tiré des livres les principes naturels pour les mettre en pratique. 4°. Elle est la première qui ait réduit en acte l'abstraction de l'égalité naturelle. 5°. Elle est sur-

tout la première qui, pour parvenir à cette
égalité idéale, se soit avisée d'abolir les
droits héréditaires de la naissance, et de
supprimer les distinctions de l'origine. Les
plus violentes démocraties de l'antiquité ne
se sont jamais portées à ces excès. 6º. Elle
est enfin la première (et ceci est vraiment
un caractère digne de toute l'attention des
sages et des plus sérieuses réflexions.) Elle
est la première où l'on ait vu l'intérêt, la
vanité, l'ambition, la vengeance et la haine,
se combiner avec les nobles passions du
bien public et de la liberté, pour produire
un plan de gouvernement *sublime* avec des
êtres assez parfaits pour n'avoir pas besoin
d'être gouvernés ; et *profondément dangereux*,
et destructeur de toute police sociale et de
tout gouvernement, avec des êtres tels que
l'homme qui, foible, ignorant et vicieux,
n'a malheureusement que trop besoin d'être
gouverné.

L'on s'est traîné en France pour élever
la constitution, sur les principes du Contrat Social ; principes confus et contradictoires d'un grand homme qui n'eût jamais
de principes ; ou dont les principes flottoient
au gré de la mobilité de sa tête ardente,

et varioient comme les dispositions de son ame. Rousseau n'eût jamais sur aucun sujet des idées fixes et arrêtées ; mais son ame impatiente, impétueuse fit, en s'élançant dans tous les sens, des trouées de génie dans le monde intellectuel.

L'analyse de la constitution Françoise et du Contrat Social nous a conduits à des vérités que nous croyons neuves, et à des découvertes que nous osons regarder comme importantes. C'est aux philosophes et aux penseurs qu'il appartient de prononcer ; nous leur en abandonnons le jugement. Nous allons d'une manière succinte en présenter l'ensemble à nos lecteurs.

J'ai fait voir (*a*) que tout corps politique, organisé sur des principes philosophiques, doit être privé de mouvements, ou n'en recevoir que de désordonnés : que le législateur doit être philosophe, mais non la législation philosophique : qu'on ne fait point une institution avec la philosophie, mais l'aide de la philosophie ; qu'elle

_____

(*a*) Dans la o. ?ième lettre de la *Correspondance,* etc. où se trouve l'analise *de la constitution Fran-çoise.*

doit présider à une constitution politique,
mais non la construire avec ses propres
éléments : que plus le législateur sera philosophe, plus il sentira l'utilité de certains
préjugés, et la nécessité de les admettre
et de les employer dans son système : que
la philosophie, non plus que la religion,
ne peuvent, sans le plus grand danger,
servir de base aux institutions sociales ;
qu'elles sont deux poisons dont l'un glace et
l'autre brûle (6) : qu'un intervalle immense
nous sépare des anciens, et que rien ne
peut devenir plus funeste aux modernes
que de les prendre pour modèles, parce
que toute imitation est impossible.

J'ai considéré la doctrine de *l'égalité* dans
son rapport avec l'organisation du corps
politique, et le maintien de l'ordre social.
J'ai examiné si la destruction de la noblesse
en France est contraire ou favorable au
bonheur et à la liberté des François ; et

---

(6) C'est cependant l'inverse de ces effets constants qui se fait sentir aujourd'hui en France : la religion nous trouve tout de glace ; et c'est la philosophie qui nous brûle ; tant est bizarre le jeu combiné
des passions et des opinions humaines.

passant au gouvernement représentatif,
dont j'ai établi l'excellence sur de nouveaux
principes, j'ai prouvé qu'un pareil gouvernement, privé de l'élément aristocratique, est un monstre en politique, et qu'enfin la destruction de la noblesse en France
est un coup mortel porté à la liberté publique.

Je me suis élevé plus haut dans la nouvelle analyse (*a*) que je viens de donner
du Contrat Social. J'ai osé rechercher le
principe fondamental de toute société. J'ai
montré que J. J. Rousseau ne s'étoit pas
fait des idées distinctes du sujet qu'il trai-
toit, qu'il ne l'avoit pas vu en grand, ni
considéré d'assez haut; et que la source
principale de ses erreurs étoit de n'avoir
pas fait la séparation des *principes naturels* et
conventionnels, et de les avoir sans cesse confondus dans ses deux ouvrages politiques.

J'ai rapproché la théorie des grandeurs
de la théorie sociale. J'ai fait voir qu'il y

(*a*) On en trouvera une première analyse dans la
Correspondance, etc. sous le titre *De l'influence de
J. J. Rousseau sur les révolutions de France, let-
tre neuvième.*

avoit entr'elles une étroite analogie ; qu'elles
reposoient toutes les deux sur des principes naturels, appellés, par les philosophes,
des axiomes, parce qu'ils n'ont pas besoin
de démonstration ; et que la justesse des
combinaisons dans les deux théories dé-
pendoit sur-tout de la parfaite égalité de
leurs éléments : que ces principes naturels
étoient, *le tout est plus grand que la partie.*

　　　Le tout doit commander à la partie,
Que si dans le premier principe, l'égalité
n'existoit pas ; il pourroit y avoir dans la
partie un ou plusieurs éléments tellement
grands que la partie pourroit l'emporter sur
le tout ; et de même, que dans le second
principe, sans cette égalité, le tout pourroit être composé d'éléments si foibles,
et la partie d'éléments si forts et si puissants, que le tout ne seroit plus dans le
cas de commander à la partie : qu'ainsi
les unités sont supposées égales dans la
théorie des grandeurs, comme les hommes
sont supposés égaux dans la théorie sociale :
que si toutes les opérations de la théorie
des grandeurs se réduisent à l'addition et
à la soustraction, toutes les opérations de
la théorie sociale consistent à joindre ensemble

semble des unités humaines, ou à les séparer les unes des autres; à combiner en un mot ces unités en plus ou en moins, pour produire tel ou tel effet social.

Faisons ressortir d'une manière plus lumineuse encore leur identité et disons. *Calculs d'unités humaines, addition et soustraction de ces unités, application de leur égalité absolue à toutes les branches de la législation: telle est en deux mots toute la théorie sociale.*

Calculs d'unités numériques ou littérales, addition et soustraction de ces unités, application de leur égalité absolue à toutes les parties de la géométrie et des mathématiques; telle est en deux mots toute la théorie des grandeurs.

D'où je déduis ces deux propositions fondamentales.

Le tout doit commander à la partie. Telle est la loi naturelle.

La partie doit commander au tout. Telle est la loi politique.

Dans la crise effrayante où se trouve l'Europe, on ne peut trop revenir sur des principes si essentiels à la véritable liberté des peuples, et à la tranquillité des nations. La plupart des vérités nouvelles, sur-tout les vérités abstraites, ou ne sont pas d'abord

comprises, ou glissent sur l'esprit du lec-
teur inattentif ; il est bon d'en enfoncer la
trace dans les cerveaux par la répétition.
Au reste, tous les hommes qui réfléchis-
sent, les auroient trouvées peut-être comme
moi, s'ils avoient voulu les chercher. Ils
ne me laissent d'autre mérite que celui
d'y avoir pensé le premier.

Nous allons encore donner à ces vérités
quelques développements, les éclaircir, et
leur ajouter, s'il nous est possible, un nouveau degré d'évidence. Nous en ferons
ensuite l'application à la situation politique du royaume de France.

Le système social est entiérement opposé
à la nature ; il l'est même sous tous les rapports possibles. Les loix naturelles exigent
que les grandes masses maîtrisent les petites, les entraînent par leur choc, et les
soumettent à leur impulsion. D'après ces
loix, le tout doit commander à la partie ;
et au contraire la société civile exige que
la partie commande au tout, et que le
grand nombre se soumette au petit. Telle
est l'essence de la société civile, elle n'existe
qu'à cette condition.

Hors du système social, l'homme n'est

point un être moral ; car la moralité est
toujours précédée de la connoissance ; elle
naît du sein des lumières, et il n'est point
de lumière pour les hommes sans leur réunion en société. Les opérations métaphysiques de connoître et de juger sont renfermées mystérieusement dans la tête de
l'homme ; et c'est à ces opérations que viennent se rattacher les premiers fils de ce
que nous appellons *l'ordre moral.*

L'action de l'entendement par laquelle
nous connoissons, nous comprenons quelque chose, est incompréhensible ; nous
savons seulement que cette action seroit
nulle, si les hommes vivoient dispersés et
isolés ; nous savons que sans l'invention
des langues qui est due à leur rapprochement les uns des autres ; sans la communication réciproque des sensations, des affections ; sans l'acquisition de la parole par
les idées, et des idées par la parole ; les
opérations de l'entendement source de l'ordre moral, seroient condamnées à une profonde inertie, et par conséquent seroient
dans l'homme comme n'y étant point.
L'homme dans cet état ne seroit point un
être moral. C'est donc sur la société civile

qu'est fondé l'ordre moral. Elle est le résultat de la tendance de l'homme à devenir un être moral (7). L'état social donne naissance à l'ordre moral et l'ordre moral se trouve en contradiction avec toutes les loix générales de la nature.

Dans tout ce qui tient à la moralité, il y a renversement des loix naturelles et physiques. Selon ces loix, l'effet produit est toujours proportionné à la puissance qui le détermine. Au contraire, si nous observons les phénomènes de la moralité, nous

---

(7) Malgré cette tendance, l'homme parvient très-difficilement à l'état d'être moral. Il lui faut un concours extraordinaire de circonstances, et un tems prodigieux pour se former en société régulière. L'invention des arts et des sciences demande encore un tems plus long. Ce n'est qu'avec une extrême lenteur et à travers mille obstacles que les langues s'enrichissent, se perfectionnent, et qu'avec elles, les idées dont elles sont les signes, se multiplient et s'étendent. Sans toutes ces conditions cependant, il n'y a pas de moralité. La société civile n'existe pas pour les innombrables peuplades qui vivent sur ce globe dispersées et isolées; et les trois quarts de ses habitants, privés de connoissance et de lumière, ne sont pas des êtres moraux.

verrons toujours les plus grands effets produits par les petites causes : nous verrons
les destinées des empires, leur chûte ou
leur prospérité, dépendre du plus petit
ressort, placé, d'une manière invisible,
dans la tête de l'homme : un seul homme
de génie, influer sur la masse entière de
ses semblables, et ses conceptions, modifier et changer même la face morale de
l'univers.

Il est enfin une dernière opposition qui
n'est pas moins frappante que toutes les
autres : elle consiste en ce que l'harmonie
générale de la nature se trouve sans cesse
violée dans l'état social même le mieux
institué ; le crime impuni, le vice triom-
phant et la vertu souffrante ; tel est le spectacle habituel et déchirant que nous présente ce que nous appellons très-impropre-
ment *l'ordre social.* L'observation des grands
effets produits par des causes imperceptii-
bles, n'est pas nouvelle : les philosophes
qui l'ont faite étoient sur la voie de cette
découverte que j'ai reproduite sous différentes formes, savoir, que *l'univers moral
marche en sens contraire de l'univers physique :*
ici la nature veut que les grandes masses

dominent sur les petites, et leur impriment
le mouvement; là cette loi naturelle est
renversée.

Arrêtons-nous un moment sur la formation des idées de nature et de loix naturelles, et sur la manière dont les hommes
sont parvenus à créér ces expressions et à
les appliquer. Environnés d'objets sensibles
et matériels, et ne leur connoissant aucune
borne, ils en ont appellé l'assemblage,
univers physique. Ils ont ensuite nommé *nature*, cette force inconnue qui entretient
dans l'univers le mouvement et la vie;
ainsi la nature prise dans son plus vaste
et véritable sens, est ce même univers physique, mais considéré en action, et sous
le jeu respectif des puissances et des résistances. L'observation des mouvements de
l'univers laisse dans l'esprit deux résultats
généraux; celui de régularité et d'harmonie; et celui de proportion entre les causes et les effets.

On a transporté par analogie ces deux
résultats dans le règne moral, et on en a
fait ce que nous appellons des *loix naturelles*, des *principes naturels*, c'est-à-dire, un
ordre de choses conforme à la marche

observée dans l'univers physique, ordre
de choses entièrement idéal, ordre de
choses supérieur sans doute, mais opposé
à tout ce qui se passe autour de nous. Ce
n'est pas certainement dans le succès des
Borgia, des Christiern et des Philippe II;
dans la vertu expirante sous le couteau de
Ravaillac; dans les millions de dupes et de
victimes, que dans tous les tems un petit
nombre d'ambitieux a fait mouvoir; ce n'est
pas au fond de la glacière d'Avignon, ni
sous l'amnistie qui la couvre, que les hommes ont été puiser les idées de proportion,
d'ordre et de loix naturelles. Les corps bruts
ou organisés sont la matière de l'histoire
naturelle; le recueil des crimes et des forfaits, connu sous le nom d'histoire civile
et politique, peut bien être l'histoire de l'espèce humaine et celle de la moralité, mais
ne sera jamais appellée *histoire naturelle.* Ce
que nous appellons raison, sagesse, philosophie, n'est donc que l'art d'ordonner ses
idées sur les phénomènes réguliers et constants de l'univers physique. (8)

_____

(8) On ne m'objectera pas, j'espère, après ce que
je viens de dire, qu'un bon gouvernement, réunissant

Que faudroit-il cependant pour que l'univers moral marchât de concert avec l'uni-

les hommes vers un but commun, doit ressembler à l'harmonie des corps célestes. Il seroit à souhaiter que cela fût ainsi, mais cela n'est, ni ne peut être, puisque la réunion même des hommes en société fait éclorre au milieu d'eux tous les genres de dépravations qui blessent les loix de l'ordre, et l'harmonie de la nature : puisque l'homme brut et isolé, réduit aux plus grossiers besoins, hideux sans doute en cet état, mais innocent, n'est point un être moral, et qu'il est incapable de vertus et de vices, auxquelles la culture seule de l'esprit, et l'expansion des lumières, suites nécessaires de la réunion sociale, peuvent donner naissance.

On pourra moins encore me dire, que tout n'est pas tellement en harmonie dans la nature, qu'elle n'offre aussi l'image du désordre et de la destruction, comme les tempêtes, les volcans, les tremblements de terre, la peste, les maladies épidémiques et la mort : puisque le désordre n'est ici qu'apparent, et que toutes les destructions de la nature physique ne sont que des régénérations, des changements de formes ; et qu'ainsi elles sont toujours conformes aux loix de l'ordre qui exigent que de nouvelles constructions, de nouvelles organisations remplacent celles qui menacent ruine, et qui sont prêtes à se dissoudre.

J'observerai ensuite que ces désordres apparents ou réels appartiennent à notre globe qui n'est qu'un point dans l'immensité de la nature, et qu'on ne peut rien conclure d'un infiniment petit à un infiniment grand.

vers physique et dans la même direction ?
pour que ces deux univers fussent régis par
les mêmes loix ? Il faudroit pouvoir donner
à la raison de l'homme la perfection de
l'instinct qui n'égare jamais les animaux;
ou, pour mieux me faire entendre, il faudroit de deux choses l'une; ou élever l'homme à un état bien supérieur à celui dont
il jouit ici bas, ou le rabaisser à la condition de la brute; c'est-à-dire qu'il faudroit
anéantir l'homme, et créer à sa place un
autre être, un être de nature différente qui
ne seroit plus un homme, (9)

En effet, avant d'admettre pour bases
d'une constitution cette trinité de principes que nous avons démontrée ne faire
qu'une seule et même idée, savoir, l'*égalité*, la *volonté générale* et la *souveraineté du
peuple*, il faudroit, par une loi fondamentale et antérieure, pouvoir établir chez
tous les hommes *égalité* parfaite de sagesse,
volonté générale de justice et de vertu, et
souveraineté absolue de la raison sur les
passions. Tant que les hommes resteront

_____

(9) Aussi me suis-je écrié souvent que la nouvelle
constitution Françoise étoit faite pour des castors ou
pour des anges ; je parle de celle de 1791.

hommes, les bases de la constitution Françoise seront le signal de la dissolution des
sociétés politiques, et de la désorganisation
de tous les gouvernements. Si ce n'est pas
là une vérité démontrée ; s'il est possible de
l'infirmer, il faut renoncer à toute démonstration que le calcul et le compas ne peuvent atteindre et se soumettre, et que les
degrés du cercle ne peuvent mesurer.

Le *Contrat Social*, qui est devenu l'évan-
gile de la constitution Françoise, renferme
trois vices principaux, 1°. celui d'avoir confondu les principes naturels avec les conventionnels ; 2°. celui d'avoir considéré
l'état social comme conforme et comme
opposé à la nature ; comme annoblissant
les facultés de l'homme et comme les dé-
tériorant ; en un mot, d'avoir affirmé de
cet état les contraires ; et 3°. enfin, celui
de n'avoir jamais défini la volonté générale, principe fondamental de cet ouvrage.
Les élèves, qui ont tiré du livre le principe
pour le réduire en acte, n'ont pas plus cherché que le maître à en donner une définition. C'est cependant sur cette base, sur
la base de la volonté générale, que repose
le nouvel ordre françois d'architecture so-

ciale : incroyable excès d'aveuglem t et
de légéreté , d'avoir bâti sur des fondeu uts
inconnus ! d'avoir élevé une constitu in
politique sur une idée vague , un princi e
confus dont le sens est indéterminé, don*
personne ne s'est fait une idée distincte
Qui que ce soit encore ne s'est demandé en
France , qu'est-ce que la *volonté générale ?* et
personne encore moins n'a répondu à cette
question.

Rousseau entend par la volonté générale
tout ce qu'on veut ; elle est une volonté
unanime , et aussi une volonté non unanime ; elle est la volonté de tous , et aussi
la volonté du plus grand nombre ; elle est
mieux encore ; ce qui la rend générale selon
lui, ce n'est plus le nombre des voix , c'est
le véritable intérêt de chacun des membres
de l'association ; d'où il résulte qu'un petit
nombre d'hommes éclairés exprimeront
bien mieux la volonté générale que la réunion même des vœux unanimes de tout un
peuple. Et dans ce dernier sens , il ne s'agit
plus d'assemblées délibérantes , de vœux
prononcés sous les armes , de scrutin , de
brigues ni d'adhésion ; il s'agit de la solution du plus grand des problêmes ; celui

de trouver la forme de gouvernement la
plus propre à concilier tous les intérêts , et
à procurer la plus grande somme de bonheur civil et politique à une nation entière :
or, ce problème ne peut être l'objet d'une
volonté quelconque ; c'est la faculté de penser , et non celle de vouloir, qui peut seule
le résoudre : il ne peut être que l'objet de
l'intelligence et de la méditation d'un très-
petit nombre d'hommes sages , profonds et
vertueux.

Achevons d'éclairer encore cette notion
confuse de *volonté générale.* Je lui trouve
trois caractères principaux ; elle est , 1º. la
volonté du plus grand nombre ou le droit
de la force ; 2.º elle est la volonté de tous,
ou la tendance au bien-être, inséparable
de la sensibilité de tout ce qui vit et respire.
3º. Elle est enfin le fondement idéal d'une
forme sociale , convenable en effet à des
êtres tous doués, dans un degré égal, d'intelligence, de sagesse, de raison et de modération ; c'est-à-dire , à des êtres à nous
inconnus.

Reprenons ces caractères. Le premier
exprime le droit de se soustraire à l'oppression ; il est le principe réparateur que tout

corps politique recèle au-dedans de lui-
même, ce principe est l'*insurrection*. Le second exprime la ligne que cherchent à
décrire tous les membres de l'association
politique, et le but auquel ils tendent inva-
riablement : si le corps politique est vicié,
malade, et menacé d'une destruction pro-
chaine, alors il exprime le vœu de tous
les citoyens de sortir d'un état de choses
désastreux pour entrer dans un meilleur.
Le troisième indique un remède administré
par des empiriques ignorants ou frippons,
à des imbécilles et à des dupes ; ce remède
est la panacée de l'égalité universelle qui
guérit en effet de toutes les maladies sociales, en privant de la vie tous les corps
politiques. Par le premier, la révolution s'est
faite en France. Par le second, une forme
de gouvernement s'y est établie, à laquelle
on a juré de se soumettre si elle opéroit le
bonheur de la nation. La volonté des François n'est donc que conditionnelle, et il est
bien manifeste que la volonté générale seroit toute dirigée contre une constitution
dont ils ont espéré leur salut, s'il n'y ren-
controient que leur perte. Par le troisième,
on a produit dans la multitude un mou-

vement extraordinaire : on a pris d'abord
ce mouvement pour une nouvelle vie , et
une régénération ; on n'a pas vu que ce
n'étoit qu'une vie convulsive , la fièvre
chaude et le transport ; et qu'une mort certaine seroit , tôt ou tard , le dernier effet
de l'administration imprudente du plus dangereux des remèdes.

Nous avons vu que la volonté générale ,
prise dans le sens de volonté du plus grand
nombre , n'est autre chose que le droit de
la force , droit éminemment naturel , droit
conforme aux loix physiques et aux phénomènes de la nature. Elle est l'énorme
rocher qui se détache du haut de la montagne , et entraîne dans son cours toutes
les masses qui d'un moindre volume ne
peuvent lui faire résistance. Si la force étoit
inséparable de la justice et de la raison , la
volonté générale seroit le fondement légitime , naturel et politique de toutes les
aggrégations sociales : mais d'après la nature particulière de l'homme , l'exercice de
la volonté du plus grand nombre est antérieur à ces aggrégations : celles-ci ne se
forment que par la renonciation à cette volonté : le réveil de cette volonté est le signal

de leur dissolution ; ensorte que le mécanisme des sociétés civiles est contenu tout
entier entre le silence du droit de la force
qui les précède, et son réveil qui les détruit.

Lorsqu'un peuple est opprimé, nul doute
qu'il ne puisse secouer le joug de ses tyrans :
que fait-il alors ? Il use du droit du plus fort ;
il accomplit la première des loix naturelles,
qui est en même-tems le principe fondamental de la subversion de toute société.
Une insurrection est le signal de la désorganisation du corps politique, et les Empires
tombent en dissolution au - devant de la
marche dévorante d'une révolution. La société civile ne se soutient que par les digues
artificielles qu'elle oppose à ce droit formidable du plus fort, le premier, le plus
sacré, le plus naturel, le plus vrai et le plus
dangereux des droits. L'insurrection est donc
un droit qu'il ne faut jamais réduire en principe, parce qu'il se confond avec l'expression de cette grande loi naturelle, que le tout
doit commander à la partie, ou le plus grand
nombre au plus petit ; et que c'est précisément sur l'inverse de cette proposition qu'est
fondé tout l'artifice de la société civile ; vérité que nous annoncerions comme neuve,

lumineuse, s'il nous étoit permis de le dire,
et que nous croyons avoir le premier démontrée.

Maintenant, qu'est-ce que la souveraineté du peuple? Qu'est-ce en général que
la souveraineté? Grande question, et qu'on
ne s'est pas plus faite en France que celle
qui a pour objet la volonté générale.

Avant l'établissement de la société civile,
la souveraineté réside dans la volonté du
plus grand nombre des individus égaux
d'une peuplade agreste. Cette définition résulte des principes que nous avons posés,
et nous conduit à deux espèces de souveraineté : l'une qui appartient à l'ordre naturel; l'autre à l'ordre factice et conventionnel.
La première, comme nous venons de le
dire, ne fait qu'un avec l'égalité de ses éléments et la volonté générale; elle est toute
entière dans le nombre, et du côté de la
force physique. La seconde tient à l'artifice
de la société civile, se combine des forces
de la multitude, des conseils de la sagesse,
et de la direction d'un ou plusieurs chefs
éclairés, et se trouve placée dans le balancement des puissances physiques et morales. Au principe naturel de la volonté du
plus

plus grand nombre , succède un nouveau
principe tout opposé , et qu'on découvre
plus conforme au but qu'on s'est proposé
en se réunissant. Le tout cesse de commander à la partie, et la partie commande au
tout. Les hommes plient sous l'impérieuse
nécessité des choses , et consentent , pour
leur bonheur, à élever au-dessus d'eux un
petit nombre d'hommes plus éclairés, à s'en
laisser conduire et gouverner.

C'est ainsi que le principe politique de
l'inégalité et de la prépondance du petit
nombre , devient le seul fondement solide
de l'édifice social. Aussitôt, par une conséquence nécessaire, la souveraineté se partage : elle cesse d'appartenir toute entière
à la multitude ; celle-ci n'en retient que ce
qu'elle peut en garder sans se nuire à elle-
même. Qu'importe que physiquement et de
fait, le peuple soit souverain , si cette souveraineté sans cesse lui échappe , pour aller
se perdre entre les mains de quelques ambitieux ou intrigants ; si cette souveraineté
l'agite, le décompose et le tourmente ; si elle
n'est enfin que comme un orage qui gronde
au-dessus de sa tête, et si elle passe pour
lui avec la rapidité de l'éclair, ne laissant

après elle que les traces de la foudre et de la destruction.

En effet, lorsque les hommes, vivant entr'eux sous la loi naturelle, ont été fatigués des orages de la volonté générale, et des calamités attachées à la souveraineté du plus grand nombre, et à l'égalité; lorsqu'ils ont voulu respirer sous un gouvernement, et s'y soumettre; le principe naturel du tout commandant à la partie, a fait place au principe conventionnel, politique et anti-naturel de la partie commandant au tout. Il s'est fait aussitôt, et comme résultat nécessaire, une division de la souveraineté. Le petit nombre dirigeant le plus grand, s'est trouvé revêtu, par la nature même des choses, et pour le bonheur de tous, d'une part de la souveraineté qui n'est plus proportionnelle au nombre des individus, mais l'importance des fonctions de quelques-uns : et le plus grand nombre a fait le sacrifice de cette part retranchée à son tout dont il n'avoit jamais joui, comme on abandonne aux bras qui doivent travailler pour nous, la plus grande partie d'un terrein sans rapport qu'on ne peut cultiver, pour donner une valeur à l'autre et y asseoir un revenu.

Tel est le vrai *contrat social*, tout autre est illusoire ou chimérique. Ainsi le contrat social n'est point fondé sur une transaction imaginaire entre les peuples et leurs chefs ; il n'est point fondé sur les promesses réciproques et absurdes de commandement d'un côté et d'obéissance de l'autre : il l'est encore moins sur la subtilité métaphysique d'un engagement de s'obéir à soi-même, en se considérant alternativement comme sujet et comme souverain : il est fondé sur l'existence même de la société civile, qui ne se soutient et ne peut subsister, qu'autant que les hommes renoncent à l'égalité primitive, et consentent au partage de la souveraineté.

Il est de l'essence de toute réunion d'hommes en société régulière qu'il y ait des chefs pour la direction, un choix de membres éclairés pour la délibération et le conseil, et une multitude docile à la voix des guides en qui elle a mis sa confiance. Les chefs qui dirigent sont l'*élément monarchique*, ou *monocratique* ; les sages qui conseillent, l'*élément aristocratique*, et le peuple qui obéit est l'*élément démocratique*. Ce sont là les véritables éléments de la société civile, ses éléments constitutifs, et tels que sans eux on ne peut

D 2

la concevoir. Ces trois éléments réunis forment ce qu'on appelle *une nation :* et la
société civile n'est autre chose que le passage de l'état de peuple à celui de nation.

Arrêtons-nous ici. Le tout étoit souverain
sous la loi naturelle, il reste souverain sous
la loi conventionnelle ; avec cette différence
immense, que dans le premier tout, les
grandes masses, conformément aux loix
physiques de l'univers, mettent en mouvement les petites, et que dans le second, c'est
précisément tout le contraire. Le premier
est un *tout physique* (10). Le second est un
tout moral, formé par les trois éléments sociaux. Le premier tout est ce que nous avons
appellé *système naturel :* le second est le *système politique* ou *social.* Qu'est-ce donc que la
souveraineté, et où est-elle ? Selon l'ordre

_____

(10) Je l'appelle un *tout physique,* et le mets en
opposition avec le *tout moral,* parce que sans connoissances, sans lumières, il n'y a point de moralité, je le
répète ; et que l'homme ne peut apprendre à connoître
et s'éclairer que dans l'état social. Des hommes farouches, errant par troupes dans les forêts, peuvent être
plus heureux que les peuples civilisés, mais ils ne
sont pas des êtres moraux ; la moralité est l'attribut
distinctif de la civilisation.

de la nature, elle est dans *le tout commandant à la partie;* et selon l'ordre de la politique, elle est dans *la partie commandant au
tout* (11). L'ordre politique est donc l'inverse de l'ordre naturel. Dans l'ordre de la
nature le peuple est souverain : dans l'ordre
de la politique, la nation est souveraine ;
et la nation se compose, comme nous l'a-

---

(11) Il y a dans ces deux énoncés une *métaphysique*
subtile et voisine de l'obscurité qui accompagne toujours les principes évidents. Ces principes frappent
par leur clarté, sans qu'il soit possible de les soumettre à l'analyse. Tel est le propre de l'évidence, elle
s'y refuse souvent. Ces principes n'ont ni besoin de
démonstration, ni n'en sont susceptibles : l'entendement y acquiesce par sentiment et par instinct. Que
veut dire cette proposition, *le tout est plus grand que
sa partie?* La seule décomposition possible de cet
axiome est celle-ci : ce qui est plus grand est plus grand
en effet que ce qui est plus petit : car si vous comparez
un tout avec quelque chose qui est en lui, il cesse
d'être tout, et alors il n'est que ce qui est plus grand.
Et de même que veut dire *le tout doit commander à
la partie?* Rien autre chose que *le plus grand nombre
doit commander au plus petit :* car le tout comme tout
ne peut commander à rien de ce qui est en lui : s'il
commandoit à une partie de lui-même, il cesseroit
d'être tout.

vons vu, des trois éléments qui se partagent la souveraineté.

Mais comment établir, entretenir un équilibre entre des puissances d'un poids si iné-
gal, qu'une seule d'entr'elles a de son côté
toutes les forces physiques? Comment une
poignée d'hommes peut-elle régir toute une
multitude? C'est ici où le besoin s'est fait
sentir de leur opposer des forces factices
et d'opinion. Aussi voyons - nous tous les
peuples de la terre, par une espèce d'instinct social, et par un consentement universel, environner leurs conducteurs, leurs
chefs, leurs magistrats, leurs législateurs
et bienfaiteurs, de quelque chose de merveilleux et de divin, pour leur attirer respect et soumission : les inventeurs des arts
les plus utiles ; les auteurs des découvertes
précieuses ont reçu d'eux l'apothéose.

C'est le besoin de ces forces morales
sans lesquelles la société civile ne pourroit subsister, qui, dans tous les tems, a
donné naissance aux fixions surnaturelles,
aux traditions divines, aux dynasties sacrées, à la religion, à ses rites, à ses
cérémonies et à son culte extérieur; aux
pints du Seigneur, aux races privilégiées;

à leurs lumieres exclusives, et aux dépôts mystérieux de certaines connoissances à elles réservées.

On a tenté d'expliquer, par vingt hypothèses plus ou moins ingénieuses, l'origine des Dieux, des religions vulgaires, des castes, de la noblesse, et des superstitions de toute espèce : ne cherchez point cette origine ailleurs que dans la structure même du corps politique. L'artifice de cette structure appelle à son maintien des forces morales ; elles lui sont indispensables et d'une nécessité absolue. Les forces morales sont les plus sûrs garants de l'exécution des loix. Loin de nous ces homogénéités chimériques, ces théories subtiles et dangereuses qui veulent égaliser les citoyens, ne leur donner d'autre supériorité que celle qu'ils tiendront de la loi ; ne les subordonner les uns aux autres qu'au nom de la loi. Les prôneurs de l'égalité sont à coup sûr des hypocrites ou des simples, des trompeurs ou des trompés. C'est précisément parce que tout État bien constitué doit tendre à donner force à la loi, et à la faire dominer, que le législateur doit inégaliser les hommes, les classer, et leur distribuer différentes mesures de considération. On ne parviendra jamais à établir l'empire de la loi qu'autant que celui qui doit s'y soumettre verra son supérieur dans celui qui en est l'organe. Il faut que celui qui obéit respecte, et que celui qui commande soit respecté : car il est dans la nature de l'homme de supporter impatiemment le joug de ses égaux.

A l'origine dé la société civile, la division de la souveraineté ne peut pas être fort sensible, ni l'inégalité bien marquée. Cet état de choses subsiste tant que les mœurs sont agrestes, des loix simples et peu nombreuses, les occupations grossières et bornées aux besoins de première nécessité; en un mot, tant que la nouvelle nation est ignorante, heureuse, inconnue, et ne fournit rien à l'histoire. Mais le maintien de l'ordre social exige que tous les traits se renforcent, que les séparations se marquent, que les distinctions se prononcent, à mesure que la nation développe ses facultés, et que l'invention des arts, le progrès des lumières, le commerce et le luxe mettent, d'un côté, une grande distance d'homme à homme, et de l'autre, donnent aux passions une activité plus difficile à réprimer.

Il faut en convenir, la politique est une science bien peu avancée, et l'art de soumettre les hommes à des gouvernements qui les rendent heureux, un art encore bien imparfait. Les causes prochaines en sont sans doute dans l'imperfection de la nature humaine : quant aux causes éloignées, je soupçonnerois qu'elles tiennent beaucoup à la rareté de l'esprit d'analyse. A-t-on vu un roi à la tête d'un Etat? on a aussitôt appellé cet Etat une monarchie. Le peuple a-t-il paru gérer lui-même ses propres affaires sur la place publique? on a fait du lieu de la scène une démocratie. L'autorité dans un pays s'est-elle trouvée circonscrite entre les mains d'un petit nombre de citoyens d'élite? ce pays a reçu le nom d'aristocratie : on n'a pas été plus loin, et l'on est resté dupe de ces apparences, au-delà desquelles on n'a pas cherché à pénétrer. Il en est résulté qu'on a considéré ces trois éléments comme autant de formes de gouvernements : résultat funeste ; source d'erreurs et de méprises.

Si on avoit apperçu que ces trois formes

élémentaires sont toujours réunies, et que leur union et leur existence simultanée sont inséparables de l'organisation même du corps politique, on auroit fait un grand pas vers la perfection des sociétés civiles. On ne s'est avisé de les voir réunies en Angleterre que parce qu'elles s'y montrent d'une manière palpable, sensible, et qu'elles y existent, pour ainsi dire, matériellement : mais ces trois formes se retrouvent dans tous les gouvernèments, parce qu'elles sont les éléments indestructibles du corps politique. Par-tout, il est un ou plusieurs chefs qui dirigent, une multitude qui agit selon les directions qui lui sont imprimées, et un certain nombre d'hommes plus éclairés et plus considérables qui influent sur la chose publique par leurs lumières, le crédit que leur donne l'étendue de leurs possessions, et qui s'interposent naturellement entre les chefs et le peuple. C'est entre ces trois fonctions élémentaires que se partage naturellement la souveraineté.

A Rome, les consuls rappelloient l'élément monarchique, et les sénateurs, patriciens et chevaliers, l'élément aristocratique. Dans toute société politique, quelque

nom qu'on veuille lui donner, de république, d'aristocratie, de monarchie, de
démocratie et même de despotisme, on
rencontre ces trois fonctions radicales, mais
sous des formes plus ou moins déguisées,
plus ou moins développées et caractérisées ;
il ne s'agit que de les reconnoître. Il n'y a
point de gouvernement absolu où les grands
de l'Empire ne fassent un corps à part ; où
l'aristocratie ne se reproduise sous la forme
d'un sénat, ou d'un divan, et la démocratie
sous celle de strelitz, de janissaires, de
gardes prétoriennes, et en général sous
l'attitude imposante d'un peuple toujours
prêt, au moindre mécontentement, à se
soulever contre le despote, et à éclater en
révolution. Athènes avoit ses rois dans les
Archontes, dans ses Démagogues, dans ses
Périclès, ses Démosthène ; et une aristocratie bien prononcée, dans son Aréopage,
ses nobles ou *Eupatrides* répandus dans l'At-
tique, et dans les célèbres écoles de philosophie situées à ses portes, et qui influoient
puissamment sur l'opinion publique et sur
les déterminations du peuple.

Si nous retrouvons les trois éléments politiques dans les deux extrémités de l'ar-

chitecture sociale, dans la démocratie de
Rome et d'Athènes, et dans les gouvernements les plus arbitraires, il est bien
évident qu'on doit les rencontrer par-tout,
et qu'ils sont bien les trois formes constitutives de tout gouvernement : il sera dès-
lors peu nécessaire de faire observer en
Hollande le monarque dans son grand'pen-
sionnaire ou dans son stadhouder, l'aristocratie dans ses bourguemestres ou dans
ses Etats-Généraux, et la démocratie dans
les assemblées populaires : à Venise, un doge
portant le titre même de roi, et l'élément
démocratique très-exprimé dans une bourgeoisie considérée, aisée, ménagée, en possession exclusive d'un grand nombre de
places lucratives, et soutenue par le peuple
chansonnier des gondoliers, le dernier dans
l'ordre civil, mais plus gai, plus heureux ;
et plus libre cent fois que ses maîtres.

Après avoir découvert dans le corps politique ses trois éléments constitutifs, je
trouverai que l'élément *monarchique* est carac-
térisé par le génie, l'*aristocratique* par la
sagesse, et le *démocratique* par la force. Et
en effet la sagesse doit présider au conseil ;
la suprême direction exige le génie, et

l'exécution doit être protégée par la force.
Le génie et la sagesse sont donc les forces
morales qui doivent contenir et réprimer la
force physique, et la faire concourir à
l'exécution des loix. Le génie, la sagesse
et la force; tels sont, ou devroient être les
trois ressorts du mécanisme des sociétés
civiles. Le dernier ressort est anti-social
quand il existe seul; les deux premiers sont
anti-naturels, parce qu'ils intervertissent
l'ordre naturel, par lequel le grand nombre doit commander au petit.

Nous les nommons *éléments* lorsque nous
les considérons dans leur rapport consti-
tutif; *formes* dans leur rapport avec le gouvernement; et *pouvoirs* dans leur rapport
avec la souveraineté. Trois pouvoirs, plus
ou moins prononcés, sont ainsi de l'essence
de toute réunion d'hommes en corps de nation : le pouvoir monarchique ou poliar-
chique, le pouvoir démocratique, et le
pouvoir aristocratique, qui se place au milieu des deux autres, pour les balancer
et les tenir en équilibre. Et comme les
écarts du génie et de la force, leur explosion au-delà des limites du juste peuvent
devenir également funestes, la sagesse se

trouve merveilleusement placée entre l'un et l'autre pour les concilier, leur servir de médiateur et les mettre d'accord.

Tout change, tout s'altère dans les établissements humains ; tout s'y dévie, et s'y détourne des intentions et des institutions primitives ; néanmoins lorsqu'on veut analyser et faire des recherches, c'est toujours à ces institutions, c'est aux types primitifs qu'il faut remonter. Le génie, on le sait, n'est pas assis sur tous les trônes ; un roi peut être un homme fort médiocre ; mais dans l'origine, la suprême direction a dû être confiée à la capacité et remise aux mains du génie : et s'il est vrai que le premier qui fut roi fut un soldat heureux, il est bien plus vrai de dire que le bonheur de ce soldat fut d'avoir été favorisé de la nature, et d'avoir reçu d'elle du génie en partage. C'est toujours le génie de la suprême direction, soit qu'il appartienne au monarque, soit qu'il réside dans les ministres qui le représentent, c'est toujours ce génie qui signale les grands règnes, et fait la gloire des nations habilement conduites. Sans vouloir porter atteinte au mérite personnel de Louis XIV et de Henri

IV, les grandes choses, je ne dirai pas les plus justes, qui furent exécutées sous ces deux rois et sous Louis XIII, le furent par *Sully*, *Richelieu*, *Colbert* et *Louvois*, dépositaires du pouvoir monarchique.

Rien sans doute encore ne rappelle moins des vieillards et des sages; primitive acception de l'aristocratie, que de jeunes colonels François, qui, sous l'ancien régime et à 23 ans, commandoient, par droit de naissance, à des guerriers vieillis dans le service et blanchis sous l'expérience. Je n'examinerai point à présent, comment en partant d'une opinion sage et raisonnable dans son origine, on étoit parvenu par une suite de conséquences abusives et forcées à un si déplorable résultat; mais je dirai que la sagesse n'en est pas moins l'attribut distinctif de l'aristocratie dans tous les tems et dans tous les pays. L'aristocratie, nous l'avons vu, se compose de tous les propriétaires de terre et d'industrie, de tous les nobles, et de tous ceux qui, comme la haute bourgeoisie, les riches commerçants, et les grands artistes, aspirent à le devenir; en un mot, de toute cette partie d'une nation qu'une éducation soignée et libé

rale élève à la dignité d'êtres pensants ; au
milieu de laquelle se forme l'opinion publique, s'agitent et se débattent les questions d'intérêt général : conseil vraiment
national, et dont les décisions sont presque
toujours marquées au coin de la sagesse :
de cette portion qui a tout à perdre dans
les troubles et les insurrections populaires,
tout à gagner sous une administration sage
et modérée ; qui a un intérêt égal à réprimer la tyrannie de l'élément monarchique,
et à s'opposer au réveil de la force, et à
la détente du terrible ressort de l'élément
démocratique ; qui doit par conséquent desirer que le bonheur enchaîne les facultés
physiques du peuple, et que des loix douces
et humaines protègent sa liberté, gage et
garant de la sienne propre : à qui importe
sur-tout l'équilibre entre les deux éléments
extrêmes, et qui seule peut l'établir, le
maintenir. Quelques courtisans avides, vils
fauteurs du despotisme, ne sont ici comptés
pour rien. La sagesse doit d'autant plus
appartenir à cette portion élémentaire des
nations, qu'elle repose sur la base indes-
tructible de l'intérêt même de l'aristocratie ;
son intérêt est d'être sage.

On

On n'a point encore pénétré bien avant
dans la structure intime des gouvernements :
on a cru jusqu'à présent sur parole ou par
routine, et faute d'avoir décomposé le
système social, que là où le peuple n'en-
troit pour rien dans l'administration, là il
n'y avoit point de démocratie : elle existe
même dans le gouvernement le plus absolu ; car en elle réside le nombre et la force
physique ; et si cette force paroît nulle,
lorsque le despotisme est parvenu à l'en-
tourer, la presser de tous côtés, et à la
paralyser ; elle n'en est pas moins une force ;
comme la pierre qui a cessé de tomber et
paroît en repos, conserve toute la sienne,
et reprendroit son activité première, si on
écartoit l'obstacle qui l'arrête : un peuple
subjugué, ainsi que la pierre immobile,
conservent l'un et l'autre la même somme
de force ; or, la force est le caractère distinctif de l'élément démocratique. Cet élément est d'autant plus redoutable qu'il est
plus comprimé : c'est alors que l'État est
menacé de catastrophe, et que la foudre
près d'éclater, se promène en silence sur
la tête du despote inquiet, farouche et
soupçonneux.

Tome I. E

Si le peuple prend une part active au
gouvernement, la démocratie est effective;
s'il en est exclus, elle n'est que virtuelle.
Dans le premier cas, l'on a rien à craindre
du peuple; dans le second cas, l'on a tout
à redouter de lui. Le peuple participe donc
toujours à la souveraineté : quand il n'y participe pas par des assemblées légales, par
l'élection de ses magistrats, il y participe
par sa force; et lorsqu'il n'est pas protégé
par des tribuns ou des représentants, il
est défendu par cette force et par sa masse.
D'où il est aisé de conclure que les deux
positions les plus périlleuses où puisse se
trouver le corps politique, sont celles où le
peuple n'est rien et où le peuple est tout;
car lorsqu'il n'est rien, il est à la veille
d'être tout; et lorsqu'il est tout, la force
règne, et l'Empire est détruit.

Quel est donc le vrai moyen de garantir
l'édifice social des explosions si terribles de
l'élément démocratique? C'est d'ouvrir des
issues à sa force par l'exercice de la liberté,
oui, de la liberté; car le vrai remède à
la licence effrénée, c'est la liberté légale.
Rois et législateurs, voulez-vous vous opposer avec succès aux irruptions des volcans

populaires ? Ménagez à leur feu destructeur des soupiraux et des cratères ; établissez des municipalités ; appellez ce peuple au partage de la souveraineté par des représentants qui veillent pour lui à l'emploi des deniers publics ; car c'est sur le peuple que retombe sur-tout le poids des impositions. Ne l'entraînez pas dans des guerres ruineuses et inutiles, et comptez que vous ne ferez jamais rien de grand, que vous n'atteindrez à rien de véritablement glorieux qu'avec un peuple libre.

Les despotes ont quelquefois exécuté par leurs esclaves des choses extraordinaires, déployé un appareil imposant de puissance, soulevé de grandes masses et produit de grands effets : ce sont là des exceptions ; elles sont rares, et tiennent à des causes particulières qui ne peuvent jamais être de longue durée. En un mot, rendez le peuple heureux, et jamais il ne se montrera ni redoutable, ni dangereux. Vous affermirez ainsi la puissance des deux éléments supérieurs, et vous donnerez à leur force morale cette énergie victorieuse, garant de l'équilibre politique, de la prospérité générale et du bonheur de tous.

J'ai dit que rien n'avoit plus retardé les progrès de la science des gouvernemens que les fausses idées qu'on s'est faites jusqu'à présent de la souveraineté, et que d'en avoir considéré les trois éléments comme des formes distinctes et séparées. En effet, on a disputé très-long-tems et très-inutilement sur la meilleure des trois formes, lorsqu'il ne falloit que les réunir et les mettre en équilibre. On n'avoit point apperçu que ces trois formes radicales sont au corps politique ce que les trois dimensions sont à la matière et à l'espace; et que les gouvernemens connus sous les noms de monarchie, d'aristocratie et de démocratie, ne sont autre chose que l'une des trois formes dominante. Maintenant, quelle portion de souveraineté doit être attribuée à chacun de ces trois pouvoirs? La nature même des choses l'indique : la souveraineté doit leur être partagée en portions égales; chacun d'eux doit en posséder le tiers; c'est un partage qui n'a point encore été fait, soit par l'ignorance des vrais principes, soit par la difficulté de le faire, avec un être tel que l'homme, insatiable et ne sachant jouir; qui dénué murmure, et qui pourvu

se dégoûte et s'ennuye. Chacun des trois
pouvoirs tend aveuglément à dépasser sa
limite, cherche à faire irruption, lorsqu'il en trouve l'occasion, et à dominer
sur les deux autres. Ces usurpations réciproques ont perpétué jusqu'à présent les
calamités de la partie civilisée du globe.

Pourquoi ces trois éléments du corps
politique ne sont-ils pas doués d'une force
inhérente, en vertu de laquelle aucun d'eux
ne puisse s'élever au-dessus, ou descendre
au-dessous de la limite du tiers ? Tout prend
place et s'arrange dans l'univers physique :
tous les corps sont retenus, enchaînés par
leur centre de gravité ; tous obéissent à leur
pesanteur spécifique : les fluides ne peuvent
s'élever au-delà d'une certaine hauteur ; les
corps célestes se balancent selon des loix
certaines, et la confusion, le désordre
règnent dans l'univers moral : tout y marche sans règle ni mesure ; la Providence
n'a-t-elle donc dirigé sa prévoyance et ses
soins que sur l'univers physique ? Ne s'est-
elle occupée que de la partie matérielle des
êtres existants ? Se laisseroit-elle soupçonner de matérialisme ou de spinosisme ? La
balance des grands corps politiques est re-

mise à tout ce qui est le moins capable de
la tenir, à la foiblesse de la raison de
l'homme et à la force de ses passions :
c'est entre ces deux points du levier, c'est
au milieu des oscillations convulsives d'un
tel levier que se promènent tumultueuse-
ment et au gré du hasard, la tyrannie,
l'anarchie, les révolutions, les crimes et
les malheurs du monde.

D'après l'analyse des gouvernements, et
le caractère observé de chacun de leurs
éléments, il est très-aisé de voir, selon que
l'un ou l'autre de ceux-ci est le dominant,
ce qu'on peut en espérer ou en craindre.
Si la monarchie domine, et que le génie
uni à la justice et à l'humanité soit sur le
trône, il ne reste plus de vœux à former
pour la félicité publique ; mais les Marc-
Aurèle et les Titus sont rares, les rois foibles, inappliqués ou méchants bien plus
communs, et d'ailleurs un grand pouvoir
déprave les meilleurs caractères : la crainte
ici est donc plus fondée que l'espérance.
La démocratie est-elle la forme dominante?
c'est alors qu'il y a tout à craindre et rien
à espérer ; car la force règne, et les excès
populaires doivent précipiter sans cesse l'É-

tat vers sa ruine et sa dissolution : c'est ce que l'histoire nous montre et nous confirme dans tous les tems et dans tous les lieux. Il n'est pas une seule démocratie qui n'ait fait le tourment des peuples qui s'y sont soumis, et qui n'ait fini par les détruire et les anéantir. Si vous ajoutez à cette forme la suppression des distinctions héréditaires ; si vous mêlez à la démocratie le poison politique de l'égalité, vous en verrez sortir un monstre dévorant, et le plus terrible fléau qui ait jamais affligé, désolé l'espèce humaine. La nature même de la démocratie, indépendamment de son caractère anti-social de force, rend raison des ravages que doit y causer l'égalité. Les inconvénients de cette égalité sont infiniment moindres sous le despotisme. (12)

Dans la démocratie, la force du peuple ne se trouve pas suffisamment contenue par les deux éléments supérieurs : les contre-forces morales de ces deux éléments sont presque nulles ; il est donc d'autant plus essentiel de chercher des moyens de répression dans

(12) J'écrivois ceci en 1791. Les trois années suivantes ont prouvé que je n'ai pas exagéré.

le respect du peuple pour certaines familles, et dans la considération attachée à certains noms, à certaines dignités héréditaires. Ce sont alors comme autant de digues élevées au sein même de la démocratie pour rompre et briser, autant qu'il est possible, les torrents populaires. Les législateurs de l'antiquité l'avoient si bien senti, qu'il n'est aucune de leur démocratie où ils n'aient classé les citoyens, introduit, établi les castes et la distinction des rangs. (13)

Il reste l'aristocratie, celui de tous les gouvernements qui offre le plus de chances favorables au bonheur des nations, puisqu'il est fondé sur la sagesse. Le maintien de la société civile exige que le petit nombre commande au grand; il est du moins juste et naturel, dans cet ordre de choses tout factice, que les plus sages et les plus prudents tiennent le timon de l'Etat, que ce soit sous leurs ordres que chaque citoyen exécute à son poste, remplisse sa fonction, et que les plus éclairés conduisent ceux qui le sont moins, et soumettent

_____

(13) La France vient d'en donner un exemple terrible.

sur-tout à leurs conseils la multitude imprudente et aveugle. Mais comme, en
général, il est dans la nature de l'homme
de se jetter dans les excès, qu'il ne sait jamais garder un juste milieu (14), que
l'aristocratie tient précisément le milieu
entre les deux éléments monocratique et
démocratique, qu'elle est également éloignée des deux écueils du despotisme et de
l'anarchie, qu'elle est sans contredit le plus
sensé et le meilleur des gouvernements, et
que ce qui est le meilleur est toujours le
plus rare parmi les hommes, il ne faut pas
s'étonner que l'aristocratie soit aussi le plus
rare des gouvernements. Les anciens ne
l'ont presque pas connu, et chez les modernes, on n'en voit épars que de légers
vestiges.

---

(14) *La loi*, dit J. J. Rousseau, ce violent promo-
teur de l'égalité, *peut faire plusieurs classes de citoyens, assigner même les qualités qui donneront droit
à ces classes*, &c. La vérité s'échappe même involon-
tairement, et son instinct plus fort l'emporte quelquefois sur la spéculation. Ainsi Rousseau n'auroit pas
donné à une déclaration des droits de l'homme, et à
l'égalité des citoyens aux yeux de la loi, l'interprétation
absurde et tyrannique de la suppression de la noblesse
héréditaire.

Nous n'y comprendrons pas la Pologne, dont les habitants sont esclaves, la Diète nationale absurde, et le gouvernement, plutôt une féodalité tyrannique qu'une aristocratie. Mais je citerai en exemple l'Etat de Venise, et plusieurs aristocraties Suisses, et je dirai que les peuples soumis à ces aristocraties sont les plus heureux peuples de la terre; et, ce qui est bien rare, ils savent apprécier et sentir leur bonheur: qu'ils jouissent d'une paix presque perpétuelle, que les tributs qu'ils payent à l'Etat sont fixes, constants et modérés; qu'une justice impartiale leur est exactement rendue; qu'ils sont en possession de la plus grande liberté civile et individuelle: et si on ne reprochoit pas à Venise, avec juste raison, une politique soupçonneuse et jalouse et même un peu cruelle, on pourroit dire que le souverain y est beaucoup moins libre que le sujet.

La supériorité si frappante de l'aristocratie donne tout de suite la clef du meilleur des gouvernements, c'est celui où les trois éléments sociaux sont le mieux combinés: mais un tel gouvernement n'est autre chose qu'une grande et superbe aristocratie; car les représentants du peuple ne sont pas le peuple; ils peuvent être choisis dans tous les ordres, et sont toujours, quand les bases de la constitution sont bien posées, la portion de la société la plus riche et la plus éclairée. Les Communes Angloises sont des hommes distingués par leur mérite et l'étendue de leurs propriétés, et font certainement partie de l'aristocratie nationale, d'après la définition que nous en avons donnée, la seule qui en détermine le véritable sens.

Qu'est-ce donc qu'un gouvernement représentatif, le premier, le plus juste et le le plus naturel des gouvernements? C'est un gouvernement où le peuple est libre, parce qu'il a le droit de nommer les membres du corps aristocratique chargé de le représenter et de défendre ses intérêts. J'appellerai cette aristocratie, l'aristocratie populaire, pour la distinguer de l'aristocratie nobiliaire qui doit servir de terme moyen et de liaison entre le peuple et la première magistrature, soit qu'elle réside dans un ou plusieurs chefs perpétuels, ou à tems, héréditaires, ou électifs; car un gouvernement représentatif n'exclut aucune de ces manières de composer la première magistrature.

Si le peuple Romain avoit été représenté,
Rome peut-être subsisteroit encore. Ce fut
la démocratie qui la perdit, comme elle a
perdu tous les Etats où elle s'est introduite ;
comme elle a perdu l'ancienne Grèce, les
républiques plus modernes d'Italie, et comme elle a failli renverser Venise il y a cinq
siècles. Les eaux qui l'environnent et l'aristocratie la sauvèrent. Aussi Venise, fidèle à
la sagesse, première origine de l'aristocratie,
a donné le nom même de *sages* à ses principales magistratures. C'est la prudence des
aristocraties Suisses qui a perpétué la ligue,
cimenté l'union, et resserré les nœuds d'une
confédération que tout tend à dissoudre ;
disproportion dans la grandeur et la puissance des Etats, jalousie, rivalité, diversité
de vue et d'intérêt, opposition de religion
et de gouvernement. Si tous ces Etats eussent été démocratiques comme les cantons
de l'intérieur, il y a long-tems que le corps
Helvétique seroit dissous.

C'est dans le vice de la constitution de
Rome qu'il faut chercher les causes de sa
grandeur, beaucoup trop célébrée, si le
but de tout gouvernement doit être de procurer le bonheur du peuple et d'observer
la justice avec ses voisins ; car les Romains

ne furent ni justes ni heureux, parce que le bonheur ne consiste pas dans des triomphes.

Qu'on se représente un peuple immense, déployant sa force immédiatement sur la place publique : quelle digue lui opposer ? Aucune. C'étoit un torrent qu'il falloit détourner pour n'en être pas submergé. Faire sans cesse des coupures dans les États voisins pour lui donner issue; usurper, conquérir, telle fut la sage politique dont ne se départit jamais l'aristocratie Romaine. S'agissoit-il d'étouffer des germes de discorde ? le sénat nommoit un ennemi; aussitôt les divisions cessoient, on se réunissoit. Souvent, pour corriger l'anarchie, on recouroit au despotisme; on élisoit un dictateur; remède dangereux. La dictature étoit comme une école de pouvoir arbitraire, fondée au sein de Rome libre, et qui de loin lui préparoit des fers.

Rome enfin ne put jamais respirer qu'au milieu des combats, et jouir de la paix que les armes à la main : elle fut obligée de travailler à la ruine des nations pour éviter la sienne, et de conquérir l'univers pour ne pas succomber sous sa démocratie. Quand tout fut envahi; qu'il ne fut plus possible d'occuper l'activité de la multitude, de présenter à cette activité de nouveaux aliments, l'anarchie fut encore évitée par l'ascendant que plusieurs grands hommes prirent sur le peuple : le despotisme en prit la place ; la force trouva des chefs, et la république fut détruite.

Une nation peu nombreuse, uniquement occupée du soin de ses troupeaux et de ses terres, et réléguée dans des montagnes, sur-tout si elle fait partie d'une confédération, peut se gouverner démocratiquement sans inconvénients ; c'est le cas des petits cantons de l'Helvétie ; les mœurs y sont nécessairement simples et agrestes, et le maintien de l'ordre et de la subordination n'exige pas une inégalité très - prononcée. On retrouve dans ces cantons les trois formes élémentaires comme par-tout ailleurs ; la monarchie dans les landamans, l'aristocratie dans les conseils de régence, et la démocratie dans les assemblées populaires. Ces assemblées se tiennent à la campagne et en plein air, et tout citoyen âgé de 16 à 17 ans y a voix délibérative. Cependant l'élite des citoyens, c'est-à-dire les plus instruits et les plus riches, fournissent au conseil de régence ses membres ; et à la république ses chefs. Ils sont les compléments nécessaires de la souveraineté. Ils exercent dans les assemblées la principale influence, et il est bien rare qu'on y rende des décrets contraires aux volontés de ces magistrats suprêmes, et qu'on y publie des loix qu'ils n'auroient pas approuvées.

Quoique la démocratie soit la forme dominante dans ces cantons, ce seroit une grande erreur de croire que leurs assemblées générales, toute souveraines qu'elles soient, pussent, sous prétexte de mécontentement, ou en vertu de la volonté générale, chasser du sein de la république les landamans et les régences, ni porter aucun décret attentatoire à leur sûreté et à leur propriété. Si ce cas arrivoit : si la force vouloit y régner et faire taire la justice et les loix, les opprimés auroient recours à la Diète Helvétique, et les Etats confédérés interviendroient et rétabliroient l'harmonie. Voilà l'avantage de la république fédérative ; les effervescences populaires ne peuvent jamais avoir lieu à la fois dans les divers Etats qui la composent ; et quand le feu s'allume quelque part, les fédérés peuvent accourir et l'éteindre avant qu'il se communique. Il y a donc ici deux aristocraties, l'une intérieure dans les magistratures, l'autre extérieure dans la Diète composée des députés de tous les Etats ligués, et qui en sont toujours les membres les plus distingués. Il y a même quelques familles dans les cantons populaires, qui, en possession des principales magistratures, ont obtenu des empereurs la noblesse et des titres.

Ainsi, dans tout gouvernement, c'est toujours à l'aristocratie que tout vient aboutir, parce que l'ordre civil repose sur l'inégalité, et qu'il est de son essence que la supériorité du petit nombre qui commande soit reconnue par le grand nombre qui obéit. De quelque côté que l'on jette les yeux, les faits et l'expérience sont d'accord avec les principes. On voit par-tout les distinctions et l'inégalité donner naissance au corps politique, croître, se renforcer et se développer avec lui. Quand des brigands fondèrent Rome : quand des sauvages de la Germanie prirent la Gaule sur les Romains et commencèrent l'Empire François, ils étoient à peu près tous égaux. Les différences

ces

ces sociales ne tardèrent pas à s'introduire (15); à Rome, sous les noms assez
connus d'esclaves, de plébéiens distribués
en plusieurs classes ; de chevaliers, de patriciens, de sénateurs, de familles consu-
laires. En France, ce furent des serfs, des
bourgeois, des seigneurs, des vasseaux,
des suzerains, des chevaliers, des barons,
auxquels ont succédé des marquis, des
princes, des comtes et des ducs.

Venise, pour se soustraire à l'invasion
des peuples du Nord et aux despotes du
continent, vient au sein de la mer se jetter
dans la démocratie; elle n'y trouva pas la

---

(15) Ici se trouve la solution des assertions opposées sur la noblesse, du comte de Boulainvillers et de
l'abbé Du Bos. Il est absurde de prétendre, comme fait
le premier, qu'il y avoit un corps de noblesse chez des
sauvages, et parmi ces enfants agrestes de la nature qui
firent irruption dans les Gaules. La noblesse n'est qu'un
germe dans le corps politique naissant; il lui faut du
tems pour se développer. Son sort, jusqu'à présent, fut
de se voir aussi mal attaquée que mal défendue. Le Marquis d'Argenson n'en est qu'un détracteur superficiel ;
Boulainvilliers, qu'un protecteur inepte. L'un s'est
jetté sur elle sans lui nuire (a); l'autre s'est déclaré
pour elle sans la servir.

(a) Voyez page 403 de la *Correspondance d'un habitant de Paris*, &c. &c.

paix qu'elle cherchoit : elle passe brusquement à la monarchie absolue : elle se donne
un maître sous le titre de Doge. Bientôt,
travaillée également par l'autorité de tous,
et par l'autorité d'un seul, elle se fixe enfin
à l'aristocratie, où un Doge est resté, et
qui n'a de commun avec les premiers que
le nom. Chacune des trois formes y a été
tour à-tour dominante; mais elles s'y sont
succédées dans un ordre tout neuf, et qui
prouve, ou une haute sagesse, ou un heureux hasard : et dans les événements de ce
monde, ces deux choses se touchent de
plus près qu'on ne pense. Jamais une autorité illimitée n'avoit séparé la démocratie
de l'aristocratie : commencer par un excès,
se jetter dans un autre, revenir ensuite à
un juste milieu, et s'y maintenir depuis
cinq cents ans, est un exemple unique sur
la terre : c'est le cas de Venise.

Dans son origine, les citoyens différoient
peu les uns des autres. Ils offrent aujour-
d'hui six classes bien distinctes : le peuple :
deux ordres de citadins; et trois classes de
noblesse. Le premier ordre de citadins
touche au patriciat par une origine qui leur
est commune, et les familles électorales qui

brillent au premier rang de la noblesse,
prétendent ne le céder à aucune des maisons souveraines de l'Europe : elles descen-
dent des Tribuns qui élurent le premier
Doge. Ces Tribuns étoient des personnages considérables, mais n'étoient encore
ni patriciens, ni nobles.

Berne, au treizième siècle s'élève, non
sur la destruction de la noblesse, mais sur
son expulsion : car Venise avoit échappé
à ses tyrans, et Berne les chassa. Le gouvernement y est d'abord populaire. Bientôt les seuls bourgeois de la métropole y
prennent part et s'en emparent. A cette époque l'aristocratie est dominante. A mesure
que la république s'étend, le gouvernement
se resserre entre les mains d'une partie de
la bourgeoisie, et devient la propriété exclusive d'un certain nombre de familles.
C'est ici un second degré d'aristocratie plus
prononcé que le premier. Une porte cependant est restée ouverte aux familles bour-
geoises exclues du gouvernement, et tous
les neuf à dix ans, à la nomination des
places vacantes dans le conseil souverain,
on y en admet, par une sage politique,
trois ou quatre, ordinairement gens de

métier ; ensorte qu'il n'est pas rare dans la
république de voir des bouchers, des bou-
langers, devenir sous le nom de bailīfs,
gouverneurs de petites provinces avec le
titre de monseigneur.

Au milieu de cette aristocratie bourgeoise, six familles autrefois ont été recon-
nues nobles : plusieurs autres, sans être re-
connues par l'Etat, ont eu dans différens tems
des diplômes des empereurs. L'échelle hié-
rarchique n'y a pas le même nombre de
degrés que celle de Venise, et ils n'y sont
pas aussi marqués ; mais Venise plus étendue est une puissance maritime, a soutenu
des guerres, connoît le luxe, les arts et
le commerce, et les distinctions sont moins
nécessaires à une puissance telle que Berne,
purement agricole, plus resserrée, et qui
n'a ni troupes réglées, ni manufactures,
ni vaisseaux, rien, en un mot, de tout ce
qui, dans les autres Etats, amène promptement une grande inégalité. Cependant
telle est la tendance des aggrégations politiques à se former en castes, que depuis
quelques années, Berne a reconnu la noblesse à toutes les familles qui ont entrée
au conseil souverain de la république : ainsi

d'aristocratie bourgeoise qu'elle étoit, la voilà devenue aristocratie nobilière comme Venise; et cette même république, fondée sur les ruines de la noblesse, *repousse* après cinq siècles, par la seule force des choses et du tems, une nouvelle noblesse sur ce même sol d'où l'ancienne avoit été chassée.

Je m'arrête avec complaisance sur ces deux aristocraties, parce que je ne sais estimer un gouvernement que par la somme de bonheur qu'il procure au peuple qui lui est soumis: or je l'ai dit, il n'est point de plus heureux sur la terre, de plus content de leur sort que ceux de Venise et de Berne: rien n'est comparable sur-tout à la douceur du gouvernement de Berne: son administration est vraiment paternelle; les paysans sont resplendissants de bien-être, de santé et de richesses: plusieurs possèdent des fortunes considérables qui vont croissant de père en fils par l'économie et la bonne conduite. Les sujets de ces deux républiques verseroient tout leur sang pour le maintien de leur gouvernement. De quels avantages supérieurs pourroient-ils jouir à être représentés? Mais, ce sont-là des exceptions bien rares. Les causes qui tiennent ces deux gouvernements éloignés de toute tyrannie, et qui en procurent la paix et l'harmonie, sont, d'abord, le peu d'étendue de leur territoire, ensuite, des aristocraties nombreuses divisées en plusieurs classes, et qui viennent s'unir et se confondre avec les classes inférieures de la bourgeoisie et du peuple.

Peut-être seroit-il d'une saine politique; à Venise, d'agréger à sa noblesse les nobles de terre ferme; et à Berne d'incorporer dans sa bourgeoisie la noblesse du Pays-de-Vaud; ce seroient là des moyens d'affermissement et des étais de plus.

Nous aurions pu, comme gouvernement représentatif, ranger la Suède parmi les aristocraties. Les trois formes radicales y sont aussi sensibles qu'en Angleterre: il étoit aisé de les balancer, et d'en former un excellent gouvernement: mais l'esprit belliqueux de la nation, des rois guerriers, des révolutions, de grandes dépenses et de petites ressources; de longues guerres; la facilité de diviser quatre ordres jaloux les uns des autres et réunis dans les mêmes Etats: toutes ces circonstances ont entretenu la confusion dans les éléments du corps politique, et n'ont pas permis à la Suède de les combiner dans une juste proportion, et de donner de la stabilité à son gouvernement, quoiqu'elle en fût plus près qu'aucun autre Etat de l'Europe, et qu'elle eût plus de matériaux pour y réussir. Une chose digne de remarque, c'est que malgré l'esprit républicain de la *réforme* adoptée en Suède; malgré la double représentation qu'a le peuple aux Etats par ses paysans et ses bourgeois, la forme démocratique n'y a jamais été la dominante.

Il n'est pas jusqu'à la petite république de Genève, très - démocratique dans son origine, où les mêmes causes n'aient produit les mêmes effets, et introduit de grandes différences. La ville s'est séparée en deux quartiers, celui d'en-bas, celui d'en-haut, et ces quartiers sont peuplés par cinq classes de personnes; les habitants, les natifs, les bourgeois, les citoyens et les patriciens du quartier d'en-haut, en possession depuis long - tems des principales magistratures. Genève, riche et florissante à cette époque, n'a fait que déchoir depuis que la manie de l'égalité y a suscité, perpétué des troubles, en y fomentant les défiances, la jalousie et le mécontentement : mais ces hommes passent leur vie à troquer des biens réels contre des mieux imaginaires.

On voit assez, par tout ce qui précède, comment l'inégalité se renforce et les castes se multiplient, à mesure que la société civile s'étend, varie ses travaux, se perfectionne, se pervertit, vieillit, s'éclaire et se corrompt.

L'instinct particulier de l'homme l'entraîne vers l'état social. De tout tems, il crut trouver sa félicité dans sa réunion avec ses semblables, et fit pour y réussir des efforts nombreux et continus : espoir toujours déçu ! il a dû se convaincre que le bonheur collectif est aussi difficile à rencontrer que le bonheur individuel. Il a tourné, pendant une longue suite de siècles, autour des trois formes sociales, passant de l'une à l'autre, ou les combinant au hasard, sans jamais soupçonner qu'elles étoient inséparables, et que ces formes étoient les éléments mêmes constitutifs de l'ordre qu'il cherchoit.

On pourroit diviser l'histoire de ses efforts en trois périodes principales. Cette histoire seroit celle du gouvernement. Nous ne ferons qu'indiquer ces trois périodes. Les hommes ont par - tout commencé par la monarchie; nous en dirons les raisons ci-après. La Grèce, Rome eurent d'abord des rois. Fatigués de leurs excès, ils revinrent en arrière, et se gardèrent bien de s'arrêter à ce juste milieu qui n'est fait que pour les sages: ils se jettèrent dans l'autre extrémité; ils abolirent la royauté, et en haine du despotisme, avec lequel ils la confondoient, ils embrassèrent la démocratie. Ici commence la seconde période, elle se prolonge à travers les essais et les combinaisons de toute espèce, jusqu'à la féodalité à laquelle sont dues les premières idées de la représentation; et c'est du gouvernement représentatif, dont les premiers essais ont été très-informes en Europe que date, depuis quelques siècles, la troisième période dans laquelle nous sommes encore, sans avoir fait néanmoins de grands progrès dans la science sociale.

Pendant que les Européens font des essais, s'agitent en tout sens, changent de gouvernements, et se consument à la recherche de la félicité sociale à travers les révo-

lutions: l'Asiatique, ennemi du change-
ment, reste fidèle au gouvernement monarchique: il n'en desire pas un autre.
Aussi ancien en Asie que la population de
ces heureuses contrées, berceau du genre-
humain, il y subsiste encore. Les Orientaux regardent la vie avec une stoïque in-
différence, et pourtant en savent mieux
user que nous. Ils sont exempts de cette
inquiète activité qui nous rend le présent
insipide, nous élance perpétuellement dans
l'avenir, et nous condamne à ne pouvoir
vivre qu'où nous n'existons pas. Plus sages
que nous, ils savent apprécier l'instant dont
on peut disposer et en jouir. Un beau ciel,
un climat doux, une température égale, un
sol fertile et qui les dispense du travail; tout
les invite à la contemplation et au repos.
Cet amour du repos, cet instinct du bien-
être, cette modération de caractère les a
toujours préservés des troubles et des convulsions de la démocratie; ils ne l'ont jamais connue. Dans le partage des biens de
la vie, ils ont gardé pour eux ce qu'elle
a de réel, et nous en ont laissé les illusions.
La gloire est pour les Européens, et le bonheur pour les Orientaux. C'est à ce faux

tôme de gloire que les Européens ont toujours rendu un culte de sang. C'est à l'ombre de ce fantôme que se sont développés
si rapidement les sciences, les arts, le génie et le goût, toutes ces plantes devenues
propres à nos climats, et dont les semences
apportées de l'Orient n'y avoient jamais
produit que des fruits médiocres : mais
des cadavres en engraissent le pied et le
sang les arrose.

L'Europe fut de tout tems un théâtre
ouvert de dissentions et de carnage : son
histoire est un tissu de crimes et une suite
de catastrophes. Son histoire est une longue tragédie, où tout se noue et se dénoue
avec la lance, l'épée, le sabre et le canon.
C'est ce fantôme de gloire, joint à la cupidité, qui a fait de l'Européen le premier
des peuples de la terre, le dominateur et le
tyran du globe.

Les Orientaux eussent vécu en familles
unies sous leurs gouvernements paternels,
s'ils eussent été seuls sur la terre. Ce sont
toujours des étrangers qui ont porté le fléau
de la guerre dans ces belles contrées, et qui
en ont troublé la paix; des Scythes, des Tartares et sur-tout des Européens. Elles ont

été ravagées par Alexandre et par ses successeurs, par les Romains; ensuite par les
Turcs, par les Portugais et enfin par les
Anglois. Une preuve sans replique de la
douceur du despotisme Oriental, c'est la
prodigieuse population de ces contrées: elle
est telle qu'aux Indes et à la Chine, l'excès de ce bonheur devient une calamité. Si
leurs riches et fertiles campagnes cessent
un instant d'être fécondes, aussi-tôt la famine au front hideux se montre; elle en-
lève à la vie des millions d'hommes, et
les rend à la terre qui n'a pu les nourrir.

Le gouvernement d'un seul, lors même
que ce seul s'est trouvé un tyran, a été
moins funeste aux hommes que la démocratie. Le tigre couronné ne se jette, le plus
souvent, que sur les grands qui l'environnent. Les historiens recueillent avec avidité tous ces forfaits, qui, bien loin de
couvrir la surface de l'Empire, ne s'étendent pas au-delà de l'enceinte du palais:
lorsque le cultivateur éloigné, l'habitant
des hameaux, tranquille à la faveur de
son obscurité, paisible possesseur de ses
domaines, entend à peine le bruit de tous
ses vils et stupides courtisants, acharnés

à se détruire, et qui, tour à tour immolés par le tyran, tombent les uns sur les autres, et dont la chûte ne fait tant de fracas que dans l'histoire.

C'est ainsi que de nos jours encore; au milieu des révolutions sanglantes dont la Perse est le théâtre depuis cent ans, le peuple des campagnes n'y prend aucune part: le paysan Persan vit en paix, vit heureux, ne paie que de légers impôts: il apprend seulement qu'un guerrier à la tête de ses bandes soudoyées à vaincu son concurrent au trône des Sophis et s'est mis à sa place. Tous ces prétendants à la régence de l'Empire, tous ces rivaux ont le plus grand intérêt à ménager l'agriculture et les propriétaires; et pendant que ces dominateurs précaires de la Perse, presque toujours campés, passent leur vie dans les alarmes : l'abondance et la sécurité environnent les toits rustiques, et le villageois qui les habite. Il n'y a pas un républicain Hollandois ou Anglois qui ne paie des impositions dix fois plus fortes que le Persan ou l'habitant de la Natolie. Une différence bien remarquable entre les deux despotismes occidental et oriental, et tout

à l'avantage de celui-ci ; c'est que le despotisme occidental favorise les grands et
vexe les campagnes ; et le despotisme oriental, au contraire, épargne le peuple et ne
pèse que sur les grands.

Sous les gouvernements absolus, l'histoire ne tient compte que des grands : eux
seuls y figurent, y tiennent une place.
Les crimes du despotisme sont sur - tout
effrayants dans l'histoire. Heureux les peuples dont on n'a point parlé, les peuples
oubliés, négligés par l'histoire : ils n'occupent point d'eux la renommée, mais ils
prospèrent sous le silence. Les Grecs et les
Romains ont acheté par des calamités sans
nombre le bruit qu'ils ont fait dans le
monde. Quand les Romains eurent porté
au loin leurs guerres injustes, reculé jusqu'aux limites de la terre connue, leurs
vols, leurs brigandages et leurs usurpations : alors, comme les Grecs, ils tour-
nèrent les armes contr'eux - mêmes. Sous
les Triumvirats, sous Sylla, sous Octave,
les proscriptions et les batailles firent périr
une foule de citoyens. La guerre civile, le
plus grand des fléaux, suspendue sur leurs
têtes, couvrit de deuil la république. L'ange

exterminateur se promenoit d'un bout de l'Empire à l'autre. Il fermoit le chapitre du gouvernement populaire; il écrivoit en caractères de sang les derniers feuillets des annales de la démocratie.

Le despotisme est le tourment des grands; la démocratie est celui des petits. Le très-grand nombre souffre des excès de la démocratie, lorsque les coups du despotisme ne vont frapper qu'un petit nombre d'ambitieux. Il suit de-là, que si le premier des biens est la liberté, comme on n'en peut douter, rien ne demande plus de prudence, plus de lumière, plus de probité et de vertu que le choix des moyens de l'établir sans causer le dommage du peuple.

Dans tout ce qui tient à l'homme, comme être moral et comme être social, ouvrez les écrits des philosophes, des publicistes, des moralistes, des politiques, et voyez si leurs principes vous fourniront quelques solutions importantes: vous y trouverez des apperçus bien saisis, des vérités de détail, mais point d'idées générales et fécondes; ou quand ils veulent s'y élever, leurs conceptions sont environnées d'obscurités, et enveloppées de nuages.

Que nous ont - ils appris sur l'homme
comme être social? Rien, sinon que l'homme
est né pour la société, qu'il en sent le besoin;
qu'il a reçu de la nature un penchant à
perpétuer son espèce, et une tendance à
se rapprocher de ses semblables ; c'est-à-
dire, qu'il est un *être social*. Nous voilà bien
avancés. Je vois dans l'homme deux mouvements opposés l'un à l'autre , deux ins-
tincts, dont l'un le pousse vers la société
et l'autre l'en éloigne. L'un est principe
d'union et de reproduction; l'autre un principe de désunion et de destruction. Par le
premier ont été construits les hameaux,
les cabanes; c'est le second qui a bâti les
villes, les cités. Si l'homme n'étoit qu'un
animal sociable, ses facultés ne se seroient
jamais guères élevées au-dessus de l'instinct
du castor. Content d'un abri grossier, au
milieu d'un terrein suffisant à l'entretien
de ses troupeaux, de sa famille, l'absence
des passions auroit laissé sa tête froide, et
n'y eût laissé germer que le petit nombre
d'idées relatives à la vie rustique et pas-
torale. Amour pour sa compagne et sa
progéniture ; bienveillance pour ses voisins ; c'est à quoi se seroient réduites toutes

ses affections. La terre se seroit ainsi couverte d'habitations isolées et voisines. Une paix profonde, universelle, auroit éteint toute industrie, empêché les arts d'éclorre, condamné à l'inertie les facultés de l'entendement et de l'imagination.

Au contraire, si les hommes n'étoient que des animaux insociables : s'ils ne receloient au-dedans d'eux-mêmes que l'instinct féroce de la destruction : alors se craignant, se fuyant réciproquement, ils n'auroient pu se réunir : leurs mœurs auroient peu différé de celles du tigre, de la panthère et du lion. Ce sont ces deux penchants opposés qui accumulent sur l'homme tant de contrastes, qui en font un être si extraordinaire. C'est à ces deux penchants opposés que sont dûs tous les miracles qui environnent ses inventions, ses établissements. L'état de guerre est aussi naturel à l'homme que l'état de paix et de bienveillance pour ses semblables. Poli par les arts et les sciences, ou agreste : civilisé, ou sauvage ; nous le voyons perpétuellement en guerre. La guerre l'accompagne et le suit ; il parcourt avec elle tous les degrés de son développement, depuis le moment de sa plus

grande barbarie jusqu'à l'organisation savante des grands corps politiques.

Le premier type de l'état social, c'est
une armée. Pour aller à la guerre, il faut
un chef, et c'est l'origine des rois: pour
la faire avec succès, il faut combiner les
moyens; on a recours aux hommes d'expérience et aux vieillards de la peuplade,
et c'est l'origine des sénats et de l'aristocratie: pour battre l'ennemi, il faut des
forces; elles résident dans la multitude
obéissante des combattants, et c'est l'origine de la démocratie, soit que les capi-
taines qui la commandent soient de son
choix ou non. Ainsi les trois éléments sociaux se retrouvent dans la première ébauche d'une armée. L'armée est quelquefois
obligée, pour résister à l'ennemi, de s'en-
fermer dans des camps retranchés; elle
y construit des huttes, plante des palissa-
des, ou élève autour du camp des monti-
cules de terre et des redoutes: elle rassem-
ble dans l'intérieur les femmes, les enfants
et les effets les plus précieux, et c'est l'origine des villes ceintes de muraille et des
places fortifiées. Sans la guerre, je l'ai dit,
les hommes se seroient répandus d'une

manière uniforme sur la terre : jamais ils
ne se seroient avisés de se parquer, de
s'entasser par milliers dans des espaces
étroits : c'est-là une situation forcée qui n'a
pu naître que d'une nécessité vivement
sentie ! Les villes, les citadelles sont dans
leur origine, l'ouvrage de la crainte et de
la férocité de l'homme. Il est impossible
de concevoir sans la guerre, comment les
gouvernements eussent pu se former, s'é-
tablir sur la terre : les armées en sont la
première esquisse, et c'est la raison pour
laquelle la monarchie a été par - tout la
première forme dominante et le premier
des gouvernements. Quels besoins eussent
eu d'être gouvernés des hommes simples
et paisibles, sans querelles au-dehors, sans
inimitiés au-dedans ? Des hommes livrés
à la seule pente sociale, et ne trouvant
dans leurs semblables que des amis et des
frères ! Dès qu'il n'y a plus d'oppresseurs,
les tribuns, ou les représentants du peuple, pour défendre des intérêts qui ne sont
point attaqués, deviennent inutiles. Otez
la guerre, et le grand nombre n'abusera
plus de sa force ; il ne pourroit en abuser
que par la guerre. Otez la guerre, on n'eût

jamais pensé aux Dieux; car les Dieux
n'ont été imaginés que pour balancer les
forces physiques de la multitude, et pour
la contenir par la terreur des châtiments
de l'autre vie. Otez la guerre, plus d'armées, plus de chefs sous le nom de rois
ou d'empereurs, plus de gouvernements ;
l'artifice de la société civile et ses trois éléments s'évanouissent ! Otez la guerre, plus
de procès ; car les procès sont de véritables guerres civiles, le champ où on les
vuide, l'arène où l'on se bat, sont les cours
de justice. Il n'y auroit plus ni hommes de
loi, ni hommes d'épée, ni hommes d'é-
glise; on ne verroit plus ni villes, ni citadelles, ni châteaux forts pour en protéger
les habitants contre des violences auxquelles ils ne seroient point exposés, ni tribunaux pour juger des différents qui ne s'élè-
veroient jamais, et vraisemblablement ni
temples, ni autels, où l'on eût besoin d'aller expier des crimes qui n'existeroient pas.

Voyons maintenant ce qu'est la guerre
en elle-même, et suivons-la dans ses effets.
La guerre se compose de haine, de jalousie, de vengeance, d'ambition et de cupidité : tels sont ses principaux éléments.

Toutes ces passions sont des causes puissantes d'agitation et de tourment : elles irritent les plexus de la sensibilité, et sont comme un foyer ardent qui remplit le siège des affections : c'est ce foyer placé au-dessous de la tête de l'homme qui la met en effervescence et fait bouillonner les idées : c'est le feu intérieur de ces passions qui met en mouvement les fibres intellectuelles, excite l'industrie, fait naître les ressources, donne à l'esprit sa force et son activité. De-là, les chefs-d'œuvres des arts, les découvertes en tout genre, et tous les prodiges des inventions humaines. Sans ces passions, toutes les facultés de la tête restent inertes et comme paralysées. Chose merveilleuse ! que ce soit le principe d'union et de reproduction qui sépare, isole les familles et ne produise rien ! et qu'au contraire, le principe de désunion et de destruction, ou la guerre, soit celui qui rapproche les individus, établisse entr'eux une communication vive et intime, et fasse éclorre tous ces moyens sublimes par lesquels il n'appartient qu'à l'homme de régir et maîtriser le globe! Le premier principe, en le supposant seul, laisse l'homme brut, ignorant, innocent et heureux, mais d'un bonheur purement physique et animal.

Il est donc incontestable que, sans la guerre, nous n'aurions ni flottes marchandes qui unissent les deux moitiés de la terre, ni vaisseaux à trois ponts hérissés de canons pour les protéger, ni astronomie pour diriger leurs cours, ni académie des sciences, ni les grandes et immenses cités de Londres, de Rome et de Paris : que les neuf muses et les trois graces n'eussent jamais orné l'Olympe : que Confucius, Zoroastre ou Minos n'eussent point publié leurs loix, et qu'Horace, Virgile et Newton, au lieu de mesurer les cieux et des vers harmonieux, ou de peser les mondes, eussent été condamnés en naissant à végéter autour de leurs cabanes, et courbés vers la terre pour en tirer leurs subsistances, n'eussent promené sur les objets de la nature et autour d'eux que des yeux stupides.

Si les philosophes ne nous ont pas appris grand chose sur l'homme comme *être social*, les écrivains politiques et les publicistes ne nous ont guères mieux instruits sur l'origine des gouvernements et sur leurs parties constitutives. On a fait grand bruit du principe des trois pouvoirs *législatif*, *exécutif* et *judiciaire* : on l'a regardé comme un principe premier et comme une découverte précieuse : on a cru qu'en organisant ces trois pouvoirs, et en les séparant soigneusement, on auroit une excellente constitution ! Tous ceux qui ont écrit sur la législation ont adopté à l'envi ce principe : l'assemblée nationale de France (16) s'est sur-tout distinguée par la religieuse observation de ce principe : il mérite d'être analysé et discuté.

En général, ce qui coûte le plus, même aux penseurs, c'est de décomposer des idées complexes pour arriver à des idées toujours plus lumineuses à mesure qu'elles sont plus simples. Qu'est-ce que le pouvoir législatif ? C'est le pouvoir de faire des loix, mais tout homme a le pouvoir d'en faire et de les proposer, bonnes ou mauvaises ; comme tout homme a le droit de publier ses réflexions et ses pensées. La plupart des bonnes loix de l'assemblée nationale sont empruntées des

_____

(16) Je parle de la première, et ceci a été écrit avant la chûte du trône.

meilleurs écrivains sur les matières d'économie civile et politique. Le pouvoir législatif n'est donc pas circonscrit à une assemblée législative, et n'est point un droit dont
elle jouisse exclusivement : celui qu'elle a
de les faire observer, séparé de l'action
qui peut contraindre à s'y soumettre, se
réduit à peu de chose. Quant à l'action
réservée au pouvoir exécutif, elle présen-
teroit plutôt l'idée de quelque chose de
physique et de matériel, puisqu'en dernière analyse, lorsque les hommes ne veulent pas se soumettre, il faut les y contraindre physiquement. Ainsi, sous ce point
de vue, le pouvoir législatif appartient à
l'entendement, et le pouvoir exécutif à la
force. Et sous quelque face qu'on envisage
la question, il restera toujours vrai que si
la puissance exécutive consiste à exécuter,
on ne peut pas dire que le premier magistrat en soit revêtu, puisqu'il n'exécute
rien par lui-même ; et dans ce cas, elle
ne peut résider que dans la force armée.
Si ce pouvoir consiste à donner des ordres
d'exécution, alors le premier magistrat le
partage avec tous ceux qui recevant de lui
des ordres les transmettent à d'autres ; si

on insiste, et qu'on veuille que le pouvoir
exécutif soit bien et dûment appellé tel,
parce qu'il est la première origine des ordres, et le point central d'où ils émanent;
je répondrai que dans une constitution où
on a personnifié la loi, où on l'a érigée en
souveraine, où tout doit se faire en vertu
et au nom de la loi, le roi ne peut donner
des ordres qu'en les recevant de la loi; que
c'est de la loi que partent les premiers ordres, et que dans ce sens, ce seroit la loi
qui seroit en possession du pouvoir exécutif; et comme l'assemblée législative s'est
réservé le droit exclusif de faire la loi; que
c'est elle qui a créé cette souveraine, qui la
fait parler, lui dicte ses arrêts; que de plus,
elle se regarde comme la tête qui commande, et le premier magistrat comme le
bras qui obéit (*a*); il est bien évident que
l'assemblée nationale de France, en parlant
sans cesse de la séparation des pouvoirs, a
réuni tous les pouvoirs.

J'ouvre la constitution Françoise, je ne
sais si je m'abuse, mais je vois autant et
plus de pouvoir exécutif du côté de l'assem-

_____

(*a*) Voyez page 458 de la *Correspondance*, &c.

blée législative que du côté du roi : car si l'on
veut que nommer des ministres, conférer
des commandements, et donner des ordres,
soient les attributions caractéristiques du
pouvoir exécutif, je soutiendrai que pour-
suivre la responsabilité, décerner les honneurs, établir les contributions publiques,
décréter d'accusation, sont des actions et des
exécutions encore plus fortement prononcé-
cées, plus directes et plus immédiates que
les fonctions laissées au roi. Je demande,
en outre, si les pouvoirs que s'est réservés
l'assemblée, de disposer d'une force pour
sa garde, de fixer des délais, de requérir,
ratifier, autoriser, proroger, ordonner des
aliénations, sont des pouvoirs purement
législatifs ; si, au contraire, ils ne sont pas
tout aussi exécutifs que ceux de nommer,
conférer, ordonner, etc., annexés au pouvoir exécutif (a).

Si la théorie sépare les pouvoirs, la nécessité des choses les rapproche. A quoi
serviroit en effet le pouvoir de faire des
loix, si l'on n'y joignoit le pouvoir de les
faire exécuter ? Cette seule considération

_____

(a) Voyez la constitution de 1791.

doit éclairer sur le vice de la séparation des deux pouvoirs législatif et exécutif. Que conclure de tout cela? Que si la constitution Françoise qui s'est étudiée à séparer les pouvoirs plus qu'aucune autre, a néanmoins tout brouillé, tout confondu; c'est que le principe est faux, la division vicieuse, et la séparation impossible.

Le principe des trois pouvoirs *législatif*, *exécutif* et *judiciaire* est évidemment une conséquence éloignée et mal déduite, une émanation confuse d'un principe antérieur auquel personne n'a ni songé ni remonté; c'est celui des trois éléments sociaux et de la division de la souveraineté en trois pouvoirs, *démocratique*, *aristocratique* et *monocratique;* principe qui tient à un autre dont il n'est que la conséquence, savoir, que la partie doit commander au tout : ce dernier principe est anti-naturel, et le vrai fondement de la société civile. Le principe social de la partie commandant au tout n'est encore que la conséquence d'un principe antérieur que je n'énonce point ici. Le principe méconnu des trois éléments sociaux, ou formes radicales, a réfléchi un faux jour, sur lequel s'est faite la division vicieuse des trois pou-

voirs *législatif*, *exécutif* et *judiciaire*. On voit
que l'élément démocratique a fourni le
pouvoir législatif, parce que les loix doivent être faites pour l'avantage du plus
grand nombre : que de l'élément monarchique est sorti le pouvoir exécutif, parce
qu'on a pensé que c'étoit au premier magistrat à faire exécuter les loix : et quant
au pouvoir judiciaire, on a cru ne pouvoir
mieux le confier qu'à la portion la plus
éclairée et la plus considérable d'une nation, c'est-à-dire, à l'aristocratie. De-là
vient qu'autrefois dans Athènes, l'Aréopage
étoit le premier des tribunaux et la haute
cour nationale, et qu'aujourd'hui en Angleterre, il en est encore de même de l'aristocratie des Pairs ou chambre haute.

Réduisons tout ce qui précède à des idées
plus simples ; je ne connois dans toute association politique que deux pouvoirs, l'un
physique, c'est celui du peuple, ou de la
démocratie, ou de la force ; l'autre moral,
c'est celui de l'aristocratie' et de la mono-
cratie : et comme le pouvoir physique est
un pouvoir aveugle, et le pouvoir moral
un pouvoir éclairé, il est de toute évidence que le pouvoir moral doit être à la

tête du pouvoir physique, le conduire et
et le guider.

Si le tout étoit également aveugle, ou le
tout également éclairé, il n'y auroit aucune
raison pourquoi la partie dût commander
au tout : ces deux touts rentreroient sous
l'empire de la loi naturelle : mais le tout
social est un mélange de lumière et de
ténèbre. Telle est l'origine de la division
des trois pouvoirs de la souveraineté : les
deux premiers sont des pouvoirs moraux,
et le troisième un pouvoir physique. A ce
dernier pouvoir, qui est la force de la multitude, on ne peut opposer que des forces
morales. Il est donc bien que chacune
des deux contre - forces aristocratique et
monarchique jouisse d'un pouvoir égal en
droit au pouvoir démocratique. D'ailleurs
chez les nations opulentes et anciennement
civilisées, les deux tiers et plus du territoire appartiennent à la monarchie, et à
l'aristocratie prise dans sa grande acception : or, les possessions territoriales doivent influer sur le partage de la souveraineté; et rien ne paroît plus convenable et
plus juste, que les deux tiers du territoire
jouissent des deux tiers de la souveraineté.

Ces grandes inégalités sont les résultats inévitables de l'état social ; elles sont les effets
du tems, et se renforcent à mesure que
le corps politique se perfectionne et se corrompt, deux choses qui marchent toujours
de front.

La réunion de tous les habitants d'un
pays est le souverain sans doute, puisque
cette réunion est la nation, et qu'on ne peut
contester à une nation la souveraineté sur
son territoire : mais comment une nation
est-elle souveraine ? Elle ne peut l'être qu'en
attribuant à chaque membre de la réunion
une portion de souveraineté qui soit en
raison composée de ses propriétés, de sa
place, de sa naissance et de ses lumières.
Un seul individu considérable par tous ces
avantages peut posséder dix mille portions
de souveraineté, pendant que tel autre qui
en sera dénué n'en possédera qu'une, et que
tel autre n'en possédera point du tout. Les
droits à la souveraineté se mesurent sur
l'influence qu'on peut avoir sur la chose
publique, et sur l'intérêt qu'on a d'en maintenir l'intégrité et l'harmonie. Celui qui
dénué de tout ne peut exercer d'influence
que par ses deux bras, n'est point un ci-

toyen; il ne peut concourir à l'élection des représentants du peuple : il est bien membre de l'association politique pour en être protégé, mais il n'est pas un membre de la nation souveraine, ou, du moins, n'en est membre que comme portion de la force démocratique. Il a en perspective le droit précieux de souveraineté pour prix de son industrie, de sa capacité et de sa bonne conduite : il devient citoyen aussitôt qu'il est parvenu par ses talents et son mérite à la propriété territoriale ou mobiliaire fixée par la loi : son sort est dans ses mains. C'est là un grand encouragement, un puissant aiguillon : c'est le seul et le véritable moyen de diriger tous les habitants d'un Empire vers sa prospérité et vers l'utilité publique. Les hommes qui n'ont pour tout bien que deux bras, ne peuvent être admis aux droits de cité sans le plus grand danger : ces hommes, n'ayant rien à perdre, gagnent aux bouleversements, et sont des artisans de trouble et d'insurrection.

Je reviens à la séparation ou division vulgaire des trois pouvoirs : je crois avoir démontré combien tout y est vague et arbitraire. J'ajouterai que si les bases de l'état social sont opposées aux loix naturelles, il faut du moins s'en rapprocher, autant qu'il est possible, dans les institutions qu'on élève sur ces bases : elles doivent réparer l'inégalité nécessaire des conditions, par les sentiments de bienveuillance et de fraternité entre tous les citoyens. Tout doit être fondu dans une bonne constitution comme dans la nature : les divers pouvoirs doivent y être en harmonie, s'y unir, se toucher, s'entrelasser. Les germes de dissention sont si nombreux dans l'Etat le mieux constitué, que rien ne seroit moins politique que de diviser et séparer les pouvoirs avec cette rigueur pédantesque : ce seroit les mettre aux prises et en état de guerre.

Tous doivent concourir par leurs lumières à la formation de la loi; elle doit donc être l'ouvrage des pouvoirs moraux réunis. L'élément démocratique, ou le pouvoir physique, s'élève à la dignité de pouvoir moral par ses représentants; et c'est ainsi que le peuple participe au pouvoir législatif. On pourroit considérer l'exécution des loix, comme répartie entre trois classes de citoyens; celle de qui émane l'ordre de s'y soumettre, celle qui s'y soumet et les observe;

observe ; et celle qui en provoque l'obéissance. Il est mieux, ce me semble, de la
diviser en deux branches, l'exécution morale et l'exécution physique : celle-ci appartient évidemment à la force ; mais l'aristocratie populaire, dépositaire de la portion
de souveraineté qui appartient au peuple,
est le garant de l'obéissance du peuple, ou
de l'exécution physique des loix : cette aristocratie populaire est le lien qui unit la force
physique à la force morale. Quant à l'exécution morale des loix, qu'on appelle si
improprement *pouvoir exécutif,* elle se trouve
divisée comme la conception des loix entre
les représentants du peuple, l'aristocratie
proprement dite, et le monarque, c'est-à-
dire entre les divers pouvoirs moraux. D'où
l'on voit que les deux pouvoirs exécutif et
législatif se trouvent disséminés et répartis
entre les trois pouvoirs dont se compose la
souveraineté : ce qui n'empêche point que
le premier magistrat ou les chefs de l'Etat
ne soient chargés d'imprimer le premier
mouvement à la machine politique et de le
perpétuer.

La justice est d'un ordre à part, et ne
peut point être mise sur la ligne des pou-

voirs souverains. Elle est le premier besoin des nations civilisées : elle atteste leurs vices et leur dépravation, et la nécessité des contre-forces morales et religieuses, et de l'interversion des loix naturelles par la soumission du grand nombre au petit : le droit de la rendre n'appartient qu'au souverain ; elle leur est subordonnée ; elle est une portion importante du pouvoir exécutif, et se divise comme lui, en pouvoir moral, et en pouvoir physique. S'il lui faut des lumières pour appliquer la loi, la force lui est aussi nécessaire pour la faire exécuter. La justice s'exerce sous les auspices de la nation ou du souverain.

Le souverain est le milieu par lequel passent et pénètrent les loix pour aller atteindre d'une manière uniforme tous les citoyens de l'empire. Le magistrat rend la justice au nom du souverain, et le souverain la fait rendre au nom des loix ; ensorte que le souverain interposé entre la justice et les loix, voit la justice au - dessous de lui, et la loi au - dessus, veillant sur l'une, la dirigeant, et dirigé par l'autre. 16)

---

(16) Lorsque le Préteur rendoit la justice à Rome, il appliquoit la loi à laquelle étoit soumise la républi-

La meilleure des constitutions seroit celle où les loix se feroient et s'exécuteroient de concert, et où les trois pouvoirs radicaux, conservant entr'eux un juste équilibre, présideroient ensemble à la distribution des peines et des récompenses, et à l'administration de la justice.

Le gouvernement civil est un établissement formé par l'art; il est une chose toute factice: il est fondé sur la division non naturelle de la souveraineté, puisque les pouvoirs y suivent la loi inverse du nombre et de la force physique.

Toute nation, pour déployer ses facultés, et jouir d'une puissance réelle, doit être composée d'hommes libres: or, il ne peut y avoir de liberté au milieu d'une nation, ni de solidité dans une constitution, qu'autant que l'une et l'autre reposent sur le fondement de la souveraineté divisée en trois pouvoirs: ces trois pouvoirs étant les éléments même de la seule idée distincte qu'on puisse se faire d'une nation. L'inégalité po-

---

que; et il avoit pour juge de ses jugements, le sénat, le peuple et les consuls, c'est-à-dire, les trois parties de la souveraineté.

litique est donc la base essentielle du corps
politique. La force est de droit naturel; la
loi est de droit conventionnel, et le corps
politique est le résultat du passage de la
force à la loi. Toute constitution où entre-
roient des esclaves ou des serfs, ou bien
qui ne seroit composée que d'êtres égaux,
dont la volonté du plus grand nombre exer-
ceroit le despotisme, ne seroit, dans le premier cas, qu'un état de force contre force,
et dans le second, que le règne de la force,
deux états violents qui ne peuvent subsister, et finissent toujours par des catastrophes.

Un gouvernement légitime est donc celui
qui exclut d'un côté l'esclavage et de l'autre
le despotisme. L'esclave et le despote sont
les limites de l'inégalité. L'inégalité ne doit
parcourir que l'intervalle qui sépare l'un
de l'autre, et ne se promener que sur des
hommes libres ; mais tellement distingués
entr'eux, que par une considération inhérente aux rangs supérieurs, ces rangs commandent le respect et l'obéissance aux rangs
inférieurs. Il y a deux sortes de liberté, la
liberté politique et la liberté civile : la première est précieuse au peuple, parce qu'elle

lui assure la seconde. S'il jouit de celle-ci,
il ne pense guères à l'autre ; c'est le cas de
Venise et de Berne : mais la constitution
est beaucoup plus parfaite lorsqu'elle réunit les deux libertés. Pour les réunir, il
faut absolument que le peuple soit représenté. Dans les grands Etats, la chose est
sur-tout indispensable ; et il est impossible
qu'il soit heureux et bien gouverné, s'il
n'est pas représenté. Lorsque le peuple est
représenté, il participe à la chose publique.
Tout Etat où le peuple participe à la chose
publique est une république. D'un autre
côté, nous avons vu que le caractère d'un
gouvernement légitime est de n'avoir ni
esclaves ni despotes, et par conséquent de
n'être composé que d'hommes libres ; mais
le peuple ne peut être libre que lorsqu'il est
représenté, donc tout gouvernement légitime est une république : vérité aussi précieuse qu'inconnue, et aussi favorable aux
rois qu'aux peuples.

Le despote jouit d'un pouvoir énorme,
qui, pour être sans partage, ne tient aussi
qu'à un filet. Semblable à ces protubérances
végétales qui, dépourvues de racines, ne
portent que sur une frêle tige, et que le

premier coup de vent jette à terre. Il n'y
a de véritablement puissant que le mo-
narque légitime, parce qu'il est la tête
d'une république, et qu'il fait partie d'un
tout assujetti et affermi sur sa base par les
trois grandes racines de l'arbre social.

On a dit que la république étoit faite
pour le ciel, la monarchie pour la terre,
et le despotisme pour les enfers. On auroit
mieux parlé, ce me semble, en disant que
la république, qui s'allie très-bien avec la
monarchie, est faite pour la terre; l'égalité
pour les enfers ou pour le ciel; et que lorsque les hommes l'évoquent follement parmi
eux, c'est le ciel même qui châtie la terre,
en y transportant l'enfer; et qu'il n'y a plus
que le despotisme, remède aussi violent
que dangereux, qui puisse en éteindre les
flammes.

La liberté du peuple consiste à obéir aux
loix auxquelles ses représentants ont concouru: il ne peut obéir aux loix sans reconnoître la supériorité de ses magistrats qui en
sont les organes et sans les respecter; et il
ne les respectera jamais tant qu'il ne verra
en eux que des êtres égaux à lui; car il est
dans la nature de l'homme, je le répète,

de ne pouvoir supporter le joug de ses égaux:
ne dites pas, c'est le joug de la loi : la loi
par elle-même ne pèse pas ; elle ne fait sentir son joug et sa contrainte que par l'intermédiaire des magistrats chargés de la faire
exécuter. L'excès de la liberté la détruit, et
tout peuple qui aspire à la souveraineté,
annulle et rompt le contrat social : il rentre
sous son propre empire, c'est-à dire, sous
celui de la force : c'est là que l'attendent les
malheurs et les tempêtes de l'anarchie. Son
plus mortel ennemi est donc celui qui le ber-
ce des illusions funestes de la souveraineté.

Dans un état où la souveraineté indivisible seroit toute entière entre les mains
du peuple, la souveraineté ne seroit autre
chose que la force, puisque le peuple est
dépositaire de la force, et que c'est en lui
qu'elle réside essentiellement. Lorsqu'on ne
seroit pas d'accord dans cet Etat ; qu'il s'y
élèveroit des troubles, il y auroit scission
dans la souveraineté, et le souverain seroit
aux prises avec lui-même. Il y auroit donc
combat entre des forces physiques, et ce
combat feroit rentrer l'Etat sous la loi de
nature, qui est l'opposé de la loi sociale.

C'est une observation constante, et une

H 4

des choses les plus attachées à la nature
de l'esprit humain, qu'en tout genre, les
hommes commencent presque toujours par
la vérité; une espèce d'instinct les y conduit d'abord : ils s'en écartent ensuite, et
parcourent un long circuit d'erreurs, d'essais et de méprises : ils reviennent enfin au
point d'où ils étoient partis. Nous avons vu
que la première ébauche d'un gouvernement se trouvoit dans la première armée
qui avoit été formée : et en effet, les trois
formes et les trois pouvoirs s'y rencontrent.
Le génie du général conçoit les plans, la
sagesse du conseil de guerre les discute, et les
soldats les exécutent. Dans le chef réside la
portion monarchique, l'aristocratie est dans
le corps des officiers interposés entre le chef
et les soldats, et ceux-ci sont la démocratie
ou la force de l'armée. Donnez une représentation à cette force, vous l'élevez à la
dignité de force morale : celle-ci vous assure, d'un côté, de l'obéissance de la force
physique des représentés, et de l'autre, que
la force physique ne sera jamais tournée
contre elle-même, ni employée à la vexer
ou à l'asservir. Alors, d'un gouvernement
militaire, vous aurez fait le meilleur des

gouvernements civils, et ce gouvernement sera une république.

Si cette armée vient à occuper un pays vacant, et qu'elle s'y établisse avec ses femmes et ses enfants, la voilà changée en nation. Les soldats sont le plus grand nombre ou le peuple; les officiers, le petit nombre des hommes les plus opulents et les plus éclairés de la nation; et le général, un chef puissant qui fait partie de la nation, et en qui elle a mis sa confiance. Dira-t-on qu'au plus grand nombre, ou au peuple, appartient la souveraineté? Ce seroit dire qu'elle appartient à la force, et rien n'est plus vrai dans l'ordre physique; mais dans l'ordre moral et politique, créateur et conservateur de l'état social, cette assertion peut-elle être soutenue? Je le demande à la candeur, à la probité des vrais philosophes. Non, certainement, le peuple n'est pas souverain, ni l'aristocratie, ni la monarchie ne sont souveraines. Aucun de ces pouvoirs n'est souverain séparément : ils le sont tous ensemble; parce qu'ensemble ils sont la nation, et que la souveraineté appartient à la nation toute entière. La république est en harmonie, quand ces trois pouvoirs s'y

balancent de manière à ce qu'aucun d'eux
ne soit prépondérant. La souveraineté reste
une et indivisible ; mais l'artifice du corps
politique exige la division du souverain en
trois pouvoirs. Cette division n'est qu'une
fiction , à l'aide de laquelle la partie puisse
commander au tout. C'est au moyen de
cette fiction heureuse qu'on parvient, par
une gradation de rangs , de distinctions et
de pouvoirs, à construire la pyramide sociale. On ne doit pas craindre que les deux
éléments supérieurs de la pyramide puissent jamais rien entreprendre au préjudice
de la démocratie qui en est la base, le soutien et l'appui. On n'opprime point un peuple
lorsqu'il est représenté. Il est facile d'asservir un pouvoir purement physique, parce
qu'il est aveugle : on lui impose le joug de
l'ignorance ; on le charge des chaînes de
la barbarie et de la superstition : c'est avec
ces moyens si connus qu'on le subjugue
avec une partie de lui-même ; mais la chose
est impossible, lorsque , par une représentation légale et constitutionnelle , il a été
élevé au rang de puissance morale , et par
conséquent de pouvoir éclairé.

La réunion des deux autorités supérieures,

pour attenter au droit du peuple, est encore une chose impossible : la crainte que
le ressort démocratique trop comprimé, ne
vienne à se détendre, est une digue contre
leurs usurpations; et nous avons vu d'ailleurs
que l'aristocratie et la noblesse sont les victimes ordinaires des gouvernements absolus : que dans l'Orient, le despotisme n'est
fatal qu'aux riches et aux grands de l'Empire : il suit de-là que la liberté de l'aristocratie dépend de la puissance du peuple,
et que la puissance de l'aristocratie est attachée à la liberté du peuple. Chacun des trois
pouvoirs est donc invinciblement porté à
procurer aux deux autres liberté, sûreté
et puissance, pour jouir lui-même de tous
ces avantages : leurs intérêts sont étroitement liés : mais comme les deux pouvoirs
supérieurs présentent plutôt des résistances
morales que physiques, il faut que réunis,
ils soient comme deux dans la balance politique, pendant que la démocratie n'y doit
peser que comme un.

Les premiers peuples organisés en guerre
ont eu sous la main ce balancement, cette
harmonie des trois pouvoirs, et n'ont pas
su les reconnoître. Aujourd'hui, les idées

d'égalité qui leur sont diamétralement opposées et qui paroissent prévaloir, réser-
vent peut-être aux malheureux humains,
un nouveau cercle de fautes et de calamités à parcourir. Mais, j'ose le prédire, le
cercle sera petit ; car ces bouleversements
seront terribles ; et l'on sera bientôt forcé de
revenir à ces notions si simples, si vraies,
si conformes à la nature de l'homme, et que
j'ai retirées de dessous les décombres des
premiers âges.

Si les hommes pouvoient se gouverner
eux-mêmes ; s'ils n'avoient pas besoin d'être
gouvernés, il n'y auroit point de gouvernements sur la terre : la chose et le mot
seroient également inconnus. Un gouvernement suppose la supériorité du petit nombre qui commande sur l'infériorité du grand
nombre qui obéit ; or, la plus grande inégalité imaginable est celle qui existe entre
celui qui commande et celui qui obéit.
Cette distance s'établit d'abord par l'effet
de la confiance qu'inspirent les qualités per-
sonnelles de ceux que la peuplade ou l'armée a constitués en dignités. Bientôt la considération s'attache à la possession des
magistratures, et le respect aux services
rendus. La société s'affermit sur la subor-

dination qui en résulte. Le préjugé s'établit que les enfants doivent ressembler à ceux dont ils ont reçu le jour ; ce qui n'est vrai que quelquefois devient maxime générale : la reconnoissance se joint à la maxime, et le fils passe à la place du père sans en avoir le mérite ni les vertus ; c'est-là, entre tant d'autres, une des défectuosités de l'état social ; et telle est l'origine de l'aristocratie et de ses différents degrés.

L'aristocratie se resserre ou s'étend selon les progrès qu'une nation a faits dans la carrière civile. Les ordres de citoyens s'y multiplient, leurs divisions et subdivisions y deviennent d'autant plus nombreuses que l'État a plus d'antiquité, d'étendue et de richesses. Il sera d'autant mieux organisé que ces ordres ne seront séparés que par de légères différences, et qu'il sera plus difficile d'en marquer les limites. Des diverses classes du peuple, on s'élèvera insensiblement à l'aristocratie qui le représente ; celle-ci viendra s'unir à l'aristocratie nobiliaire, dont les rangs supérieurs toucheront à la monarchie. La distance sera grande de la dernière classe à la première, mais l'on ira de l'une à l'autre par demi-teintes et par nuances.

Dans une république bien instituée, les trois pouvoirs entre lesquels se divise la souveraineté ne doivent point se heurter ; mais se confondre et s'embrasser. Une condition essentielle et sans laquelle il n'y a point de république, c'est que le dernier des citoyens doit pouvoir parcourir sans obstacle la longue chaîne qui unit toutes les conditions, et s'élever par son mérite personnel des derniers rangs de la société aux premiers. Les transitions brusques d'une classe ou d'un citoyen à l'autre, sont la marque d'un mauvais gouvernement : il ne faut point qu'on voie dans un Etat, comme en Pologne, comme en Russie une chaumière à côté d'un palais, un noble sans intermédiaire à côté de l'esclave, et le luxe effrené à côté de la profonde misère. Il semble qu'il ne devroit y avoir aucun rapport entre un Empire despotique et une république, et cependant rien ne se ressemble davantage que la Pologne et la Russie. Dans l'un et l'autre pays, il n'y a en général que deux classes d'hommes, des seigneurs et des serfs ; c'est-là ce qui fait le gros des deux nations : les classes mitoyennes n'y existent présque pas. Les sei-

gneurs russes ne sont que des esclaves titrés;
ils règnent sur leurs paysans enchaînés à la
terre, sous le bon plaisir du maître qui les
tient eux-mêmes attachés à la grande glèbe
de l'Empire; ils n'osent en sortir sans per-
mission, et peuvent rentrer dans la pous-
sière à la voix du despote. La Pologne est
un immense assemblage de petites Russies,
ou une république de despotes; et la Russie, l'image en grand de l'autorité arbitraire qu'exerce le noble Polonois sur ses
sujets. Le czar est un puissant magnat,
et chaque noble Polonois un petit czar (17).

_____

(17) La Pologne, sous un roi éclairé, juste et
bon, s'est vue à la veille, sans secousse, sans effusion de sang, de recevoir une forme régulière de
gouvernement. Le sort en a disposé autrement. Sa
révolution de 1791, chef-d'œuvre de prudence et
de sagesse, fut précisément l'inverse de celle de
France. Dans celle-ci, on a passé rapidement de la
monarchie à l'anarchie: dans celle-là, au contraire,
on s'élevoit de l'anarchie féodale à une monarchie
tempérée, à laquelle il ne manquoit plus qu'une
représentation populaire pour en faire une véritable
république. Cette révolution n'en a pas moins été
chantée et célébrée en France; tant les hommes se
piquent d'être conséquents. L'aristocratie Polonoise

Nous obtiendrions encore une perfection politique supérieure à la république la mieux instituée, dans deux extrêmes à cha-

rentroit dans de justes limites. Son autorité, auparavant sans bornes, se trouvoit contenue d'un côté, par le pouvoir acquis au roi dans la nouvelle constitution, et de l'autre, par l'érection des communes, l'abolition graduelle de la servitude, et la formation d'un corps de bourgeoisie, qui chaque année auroit fourni un certain nombre de membres à la noblesse.

Quant à la Russie, son gouvernement est despotique, et ne pourra sans danger être autre de longtems. Le peuple y est bien loin d'être mûr pour une république. Le Russe, encore barbare, tient beaucoup du caractère des Tartares dont il tire en grande partie son origine. Il est bon, simple, brave, hospitalier voleur, paresseux et de mauvaise foi. Il lui faut un maître absolu. Le génie d'un grand homme a créé cet empire et le gouverne encore. Ce génie a passé successivement par quatre femmes, toutes animées, et sur-tout la dernière, de ce principe qui fait les grandes choses, et qui caractérisent les grandes ames, l'amour de la gloire. Elles ont su connoître les hommes, distinguer le talent; et la Russie n'a vu, depuis près de cent ans, à la tête des affaires que d'habiles gens et de bons politiques. Je doute fort que cet empire, tombé si glorieusement en quenouille, adopte jamais la loi salique.

cun

cun desquels viennent se toucher et se réunir les deux excès du bien et du mal. L'un

---

La noblesse indocile gênoit et retardoit la marche
du gouvernement. Pierre I ne la supprima pas ; mais
il fit de ses titres le même usage qu'en a fait depuis
la démocratie Françoise : il les livra aux flammes ,
afin de pouvoir accorder tout au mérite et rien à la
naissance. Une chose assez singulière , c'est que ces
deux opérations violentes, exécutées par le despotisme d'un seul et par celui de tous, ont eu le même
résultat. On vit aussi-tôt en Russie, comme on a
vu en France, deux hommes obscurs, parvenir par
leurs talents au faîte des grandeurs; l'un élevé à la
dignité de prince, l'autre à celle de démagogue.
Tous les deux garçons pâtissiers dans l'origine, jouï-
rent du plus grand crédit , et devinrent l'arbitre du
pays qui les avoit vu naître ; et tous les deux se res-
semblent encore par leur fin déplorable et une même
catastrophe. L'un est *Brissot* , et l'autre *Menzicoff* ,
que la Sibérie et la guillotine ont fait également rentrer dans le néant. Tant il est vrai que les deux
extrêmes de la démocratie et du despotisme se touchent et se rencontrent dans tous les points.

Pierre , en homme supérieur, remplaça la noblesse
qui éteignoit l'émulation , par une institution qui l'a
fait naître et l'entretient : je veux parler de l'*échelle
militaire* , elle assigne les rangs : on n'existe en
Russie que par la place qu'on y occupe. Minis-
tère, magistrature , emplois civils, tout s'y rapporte :

est le despotisme le plus détestable ; et le plus parfait des gouvernements, si on pou-

tout est gradué militairement. Le grade de conseiller d'État correspond à celui de général - major. J'ai vu M. *Pallas*, célèbre naturaliste ; avoir rang de colonel par celui de conseiller de collège. Cette échelle, l'une des belles conceptions de Pierre-le-Grand, produit en Russie deux effets qui paroissent inconciliables : elle donne une grande force à l'administration, tout en servant de correctif au pouvoir arbitraire.

Les nations, comme les hommes, comme les livres, sont exposés aux jugements les plus contradictoires. Les uns et les autres sont placés entre les mécontents, les frondeurs, les esprits chagrins et jaloux ; et les admirateurs outrés, les enthousiastes. L'intérêt particulier et la passion obscurcissent, brouillent et confondent tout dans ce genre. De - là vient qu'il y a si peu d'histoires, de journaux, et de voyages aux jugements desquels on puisse ajouter foi. L'immortel *Jean-Jaques* n'étoit pour *Voltaire* qu'un *polisson*. L'Egypte a été décrite en dernier lieu par deux hommes (a) qui se sont contredits et n'ont été d'accord sur rien. Long - tems avant la révolution, rien n'étoit plus commun d'entendre dire en France d'un même ouvrage ; *il est admirable, et il est détestable.* C'est ainsi que la Russie u

(a) *Savari et Volney.*

voit s'assurer de n'avoir pour despotes que
des Marc-Aurèle et des Titus. L'autre est

été observée et jugée. Des hommes, dont l'amour-
propre y avoit été flatté et caressé, la présentoient
à Paris, il y a vingt ans, comme la patrie des arts,
du goût et de la politesse : on croyoit entendre parler d'Athènes et de la Grèce. J'arrive à Pétersbourg,
et des gens moins indulgents, ou plutôt moins satis-
faits, y tenoient un langage tout opposé. J'avois l'intention de publier, sur les pays du nord de l'Europe
que j'ai parcourus, non un voyage, mais quelques
observations impartiales ; lorsque la révolution de
France est survenue : elle m'a aussi-tôt absorbé tout
entier : j'ai concentré en elle toutes mes facultés de
réflexion.

Je n'ajouterai qu'un mot sur la Russie. C'est qu'un
pays qui pèse sur l'Asie et agit sur l'Europe, et sur
lequel l'Europe ne peut agir : qui n'en tire que des
superfluités, et lui fournit des choses nécessaires :
dont les exportations, très-supérieures aux importa-
tions, déterminent en sa faveur la balance du commerce : un pays qui, comme l'Amérique, ne peut que
gagner aux troubles, aux malheurs, et aux révolutions des Etats policés de l'Occident, qu'en accroî-
tre la population de ses déserts, s'instruire et se
civiliser : un pays qui fait avec ses serfs tout ce que
la Grèce et Rome libres faisoient avec leurs citoyens,
qui en obtient la même énergie : un pays qui a eu
l'art de convertir en moyens de force, les vices même

la démocratie absolue, destructive du corps
social, et sa plus grande perfection avec

---

de sa constitution et de son administration : pour qui
l'altération du numéraire, le prix fictif de ses mon-
noies, et le papier qui en fait les fonctions, au lieu
de le ruiner, d'altérer son crédit, sont pour lui des
sources d'économie et de richesse: qui construit un
vaisseau à trois ponts avec la dixième partie du prix
qu'il coûte à l'Angleterre et à la France: un pays qui
confie des soldats invincibles aux plus habiles officiers
étrangers et de terre et de mer: qui fait commander
ses armées par des Allemands, et ses flottes par des
Anglois, en attendant que les leçons qu'il en reçoit,
et les lumières qu'il en emprunte, le mette dans le
cas de s'en passer : un pays qui a su allier à la puissance du despotisme, les institutions les plus utiles
des monarchies tempérées, et placer à côté de la
superstition, la tolérance la plus illimitée : qui a su
extraire et de l'une et de l'autre les plus solides comme
les plus brillants avantages : un pays, où tout homme
qui se présente pour le servir est bien reçu, et où
l'on ne s'informe que des talents et de la capacité
du nouveau venu, jamais de sa patrie ni de sa religion, et encore moins de sa couleur; (j'y ai vu un
général nègre (M. Aannibal) homme de sens et de
mérite) : un pays, devant lequel tremble la puissance
qui, si long-tems, fit trembler tous les princes de
l'Europe chrétienne : un pays qui ne fait que de naître, et qui déjà est un géant; je dirai de ce géant,
qu'il n'est pas difficile de tirer son horoscope.

des êtres égaux en raison, en sagesse, en lumières et en modération.

Notre globe présente aujourd'hui à nos regards deux Etats, situés à ses deux extrémités opposées, dont l'un despotique est le pendant de l'autre qui se gouverne en république. Tous deux se trouvent dans une position unique sur la terre. Pour s'aggrandir et conquérir, des armées leur sont très-inutiles : ils n'ont besoin l'un et l'autre que d'attendre et profiter des circonstances. Les calamités de l'Europe, ses bouleversements, doivent ajouter beaucoup à la puissance et à la grandeur de la Russie et des Etats-Unis, et conspirer à leur prospérité. (*Note ajoutée pendant l'impression de l'ouvrage*).

Fin du premier Livre.

DE L'ÉGALITÉ
LIVRE SECOND.

APRÈS avoir, dans la onzième lettre de la *Correspondance*, etc. traité la question de l'égalité dans son rapport avec la liberté et le bonheur des hommes réunis en société, j'ai analysé de nouveau la notion d'égalité, et j'ai fait voir jusqu'à présent dans cet ouvrage tout ce qu'elle a d'anti-social; combien sa liaison intime, et son identité avec les deux principes de la volonté générale et de la souveraineté du peuple, la rendoit dangereuse. Il me reste à examiner ce qu'elle est en elle-même, ce qu'elle a de chimérique ou de réel; à l'élever, s'il m'est possible, au rang d'idée distincte, et sur-tout à déterminer quelle est l'espèce d'égalité compatible avec l'action régulière des gouvernements et le maintien de l'ordre social. C'est ici une nouvelle face de cette idée, et un nouveau jour sous lequel on ne s'est point encore avisé de la considérer.

L'égalité est un sujet de la plus haute philosophie : les circonstances actuelles lui donnent un nouveau degré d'intérêt ; et peut-être que depuis que le monde existe, il ne s'y est pas agité une question plus importante. L'égalité ! Oh nom bien doux, ou bien amer qui doit consoler ou ravager le globe, selon la manière de l'expliquer et de l'entendre !

Qu'est-ce donc que cette *égalité* que deux religions ennemies se disputent, adoptent à l'envi, comme principe fondamental de leur doctrine divergente. Le christianisme prêcha l'égalité : une nouvelle religion sous le nom de *philosophie* vient de le renverser (1), et cherche de même à rallier les nations sous l'étendard de l'égalité. Mais ô vicissitude étrange ! Le christianisme cimenta la puissance des rois, et la philosophie menace aujourd'hui les trônes de subver-

---

(1) On peut regarder le christianisme comme détruit en France, dès qu'il y est attaqué publiquement et persiflé jusques dans les assemblées nationales : qu'on ne parle plus que de proscrire le baptême, de prendre des noms payens, et de relever des temples aux anciennes divinités.

I 4

sion (2). Les rois s'emparèrent de l'ancienne
religion pour opprimer les peuples ; et les
peuples s'emparent de la nouvelle pour
opprimer les rois. Hélas ! c'est qu'il n'y eût
jamais autre chose sur ce malheureux
globe : *des oppresseurs et des opprimés* ; je l'ai
prouvé dans l'éloge de J. J. Rousseau.

On ne produit de grands effets sur les
hommes qu'à l'aide de l'obscurité et du
mystère. C'est toujours du mystère que
s'échappe le fanatisme pour promener ses
fureurs. La géométrie n'a jamais fait de
fanatiques, et l'on sait assez combien les
disputes qui se sont élevées sur des mots
voilés, indéfinis , ont de fois ensanglanté la
terre.

Egalité est un de ces mots vagues et

---

(2) Voltaire ne cessoit de dire que les philosophes sont les appuis de la royauté , et que les rois
n'ont point de sujets plus fidèles. Platon regardoit
les rois comme les lieutenants de Dieu , et vouloit
qu'on obéît même aux plus injustes d'entr'eux ; *car ,
dit-il ; rien de plus criminel et de plus honteux que
de désobéir à ce qui est au-dessus de nous , soit
Dieu , soit homme.* Voilà deux grands philosophes
qui font le procès à la révolution de France , laquelle
s'est faite cependant au nom de la philosophie.

magiques, propre à toucher les cœurs, à
exalter les têtes : il possède au souverain
degré une vertu attirante : il est, de tous
les hameçons mystiques, celui dont l'emploi est le plus universel ; celui auquel tous
les hommes viennent le plus en foule se
laisser prendre : aussi les fondateurs de
religion, les chefs de secte ; tous ceux enfin qui ont voulu faire révolution ont rare-
ment manqué d'en faire usage et d'en tirer
parti. L'égalité est l'échelon banal des ambitieux pour parvenir à la domination.

Le christianisme avoit associé à l'égalité
les vertus de l'humilité et de la pauvreté
d'esprit : le fondateur d'origine divine pla-
noit au-dessus de ses humbles disciples.
Qu'en est-il arrivé ? D'habiles gens sont
venus, et ont fait un tirage fort adroit : ils
ont dit : » Nous laisserons aux fidèles les
« vertus chrétiennes, et nous garderons
« pour nous la puissance du Christ : nous
« préconiserons l'humilité, nous multiplie-
« rons les pauvres en esprit : quand la
« terre ne sera couverte que d'êtres abjects
« et d'idiots, nous règnerons. Vicaires du
« fils de Dieu égal à Dieu, nous serons
« des vice-dieux. « A ce titre sacré, ils ont

en effet long-tems distribué les sceptres ; disposé des empires ; ils ont fini par transiger avec les rois, et par les obombrer de leur divinité : c'est alors que les peuples ont gémi sous le poids des deux puissances temporelle et spirituelle : c'est alors que l'autel et le trône se sont ligués pour asservir, pour abrutir le genre-humain. Ainsi du sein même de l'humilité et de l'égalité chrétienne, s'éleva ce double colosse d'orgueil et d'imposture.

La philosophie, cette fille du ciel, la véritable philosophie est venue ; elle a brisé ce joug honteux, elle a renversé le colosse ; mais ce n'est pas avec le talisman de l'égalité, ni avec la religion des droits de l'homme, nouvelle superstition substituée à l'ancienne, et qui peut devenir mille fois plus funeste. Fasse le ciel qu'après avoir été foulés, écrasés pendant dix-sept siècles par le despotisme des prêtres et des rois au nom de l'égalité religieuse, nous ne le soyons pas encore autant de tems par le despotisme des peuples au nom de l'*égalité philosophique* (3).

---

(3) Nous verrons plus bas que c'est bien improprement que cette égalité reçoit ici l'épithète de *philosophique.*

Il est un phénomène qui appartient à l'époque où nous sommes (*a*). Il motive mes craintes. Il est le précurseur des maux que je prévois. Le meurtre, le vol et l'incendie étendent leurs ravages sur toute la France ; les scélérats s'y multiplient ; l'impunité, les amnisties accroissent leur audace. Du milieu des cris du désespoir, et des gémissements de tant de victimes immolées, partent, comme en concert, des voix douces qui parcourent tous les tons de la sensibilité, et qui modulent les noms touchants d'égalité, de liberté et de concorde. De tous côtés retentissent les accents enchanteurs de la fraternité et de l'humanité. C'est au milieu des barbaries dignes d'appartenir à un siècle de fer, qu'on entend éclater de toutes parts les chants de l'âge d'or.

A ces disparates, à ces effets en contradiction avec la cause, on reconnoît que certains mots sont pris dans un sens tout mystique et voisin de l'extase ; qu'ils ont produit dans les têtes d'étranges aberrations d'idées et de jugements : il n'est plus

_____

(*a*) En 1792,

possible alors de calculer l'intensité de ces
effets, ni le degré et la grandeur de l'explosion que ces mots peuvent occasionner.
Quand l'extaxe et le fanatisme sont devenus
des affections dominantes ; qu'ils ont modifié dans leur sens les fibres du cerveau ;
il n'y a rien à quoi on ne puisse s'attendre.
On a entendu des chants d'allégresse partir
du milieu des flammes. Si le plus cruel des
supplices, celui du feu, peut, dans une
situation donnée, ne renvoyer à l'ame que
des sensations agréables ; la plus douce des
idées, celle de l'égalité, peut, par le même
contraste, devenir féconde en cruautés et
en forfaits.

Quel est l'homme qui sent et pense d'une
manière un peu élevée, et qui ne se pros-
terne devant les mots sacrés de *liberté, égalité, fraternité ?* Je les ai célébrées d'un bout
à l'autre de la *Correspondance*, etc. : mais j'ai
prouvé aussi que nos foiblesses et nos imperfections ne nous permettent pas, sans
le plus grand danger, de leur donner un
sens illimité et absolu.

Cependant on ne parle que de philosophie et de son règne, et l'on persécute au
nom de la tolérance : on divise au nom de

la concorde : on enchaîne au nom de la liberté ; on domine , on tyrannise au nom de
l'égalité, et on égorge au nom de la fraternité.
La philosophie ne peut appercevoir, dans
ce triste phénomène voilé de son saint nom ,
qu'orgueil, vengeance et ambition d'un côté ;
fanatisme , égarement de l'autre.

Reprenons sous œuvre la notion de l'é-
galité. Dans un monde où tout est enchaîné
et nécessaire, où chaque être a sa fonction
particulière , et occupe une place distincte
de toute autre ; il est impossible de concevoir deux particules égales : on ne pourroit
rendre aucune raison pourquoi l'une seroit
semblable à l'autre : leur identité seroit un
double emploi , et la nature ne les connoît
pas : la nature ne connoît pas les pièces de
rechange, parce qu'elle ne renferme en elle
que des éléments indestructibles : chaque
élément est lié à l'élément qui le précède ,
comme à celui qui le suit. L'un agit , et
l'autre réagit ; et remontant ainsi d'action en
réaction, on parvient au premier moteur,
au-dessus duquel il n'y a plus d'action , et
qui nous est parfaitement inconnu. Les ouvrages de la nature sont infiniment variés ,
et leur assemblage sans borne forme une

harmonie universelle , où deux atômes ne
rendent pas le même son. L'égalité est donc
une notion repoussée et rejettée par la nature.

Ce n'est point par cette considération élevée que les adversaires de l'égalité ont com-
battu la loi de l'assemblée constituante. On
n'a de part ni d'autre approfondi la question : elle a été considérée avec la même
légèreté que les deux autres loix fondamentales de la volonté générale et de la souveraineté du peuple. Quant aux loix consécutives
et secondaires , je n'ai cessé de leur rendre
justice ; la plupart ont été traitées et discutées avec beaucoup de sagesse et de sagacité. Les adversaires de l'égalité n'ont
opposé à l'assemblée que des lieux communs ; ils ont dit : « Pourquoi voulez-vous
« rendre tous les hommes égaux, lorsque
« la nature a mis entr'eux une si grande
« inégalité? lorsqu'elle a fait les uns foibles,
« timides ou stupides; et doué les autres
« de force, d'intelligence et de courage?
« Votre loi est absurde ; elle est contraire.
« à la nature».C'est précisément, (auroit pu
répondre l'assemblée constituante à cette
objection superficielle) parce que les

« choses sont ainsi ; c'est parce que la na-
« ture s'est montrée si libérale envers les
« uns, si dure et si marâtre envers les au-
« tres, que nous avons dû réparer ses in-
« justices ou ses écarts, en établissant la
« seule égalité qui puisse dépendre des lé-
« gislateurs ».

Mais, avant d'aller plus loin, il est entre
l'objection et la réponse une observation importante à placer, et qui rapproche un peu
la question des points qui peuvent l'éclairer.
Les inégalités qu'on attribue à la nature appartiennent beaucoup plus aux institutions
sociales, et aux progrès que les hommes ont
faits dans la carrière civile. Plus ces progrès
sont grands, plus sont frappantes les dispari-
tés d'homme à homme. Ce n'est que dans nos
grandes sociétés politiques, perfectionnées
par les sciences, le luxe, les arts et le commerce, qu'il est commun de rencontrer
des êtres brillants de santé, de beauté ; environnés de considération, d'honneurs et
de richesses, et qui, mis en regard avec
d'autres accablés, en naissant, d'infirmités,
d'opprobre et du mépris que suit la pauvreté, donneroient lieu de croire qu'ils ne
sont pas de la même espèce. Les hommes,

dans leur état agreste et primitif, sont à
peu près égaux en propriétés, en force et
en intelligence. Ces intervalles immenses
qui les séparent ne s'apperçoivent que chez
les peuples policés : ces inégalités monstrueuses sont un de leurs caractères, et ne
se remarquent nullement dans les nations
encore sauvages. La nature ne devient véritablement partiale et injuste dans ses dis-
pensations, que lorsqu'elle se combine avec
les institutions politiques : c'est alors qu'on
la voit prodiguer ses bienfaits à quelques-
uns, les refuser totalement à d'autres.

Et reprenant la défense de l'assemblée
constituante, nous dirions donc aux nobles,
adversaires de l'égalité : « Puisque vous in-
« voquez la nature, soyez du moins con-
« séquents, et ne nous reprochez pas de
« nous en être rapprochés. Malgré tous nos
« efforts, les hommes réunis en société se-
« ront toujours assez inégaux entr'eux par
« le fait de la nature, des circonstances et
« du hasard : la malheureuse contexture de
« l'état social ne nous offrira toujours que
« trop de ces tableaux déplorables, et les
« moins faits pour servir de pendants l'un
« à l'autre. On n'y verra pas moins, avec
un

« un étonnement mêlé d'indignation, arri-
« ver pêle-même à la vie des privilégiés
« sans mérite, ayant tout pour eux, excepté
» des mœurs et de la probité; et des hommes
« dénués, disgraciés; à qui tout a été refusé,
« excepté l'honnêteté et la vertu. L'un y naît
« avec cent mille écus de rente; à l'autre
« tombent en partage de belles formes, la
« vigueur du corps et de l'esprit; le lot
« du troisième est l'indigence, la foiblesse
« et l'incapacité : ce sont là des inégalités
« que nous ne pouvons empêcher : mais les
« deux premiers réunissoient encore à tous
« leurs avantages, le hasard de la naissance,
« le bonheur d'appartenir à une caste su-
« périeure, plus honorée; nous leur avons
« ôté cette qualité factice et d'opinion, qui
« humilioit le troisième déja assez humi-
« lié. En un mot, nous avons cherché à
« corriger à-la-fois les erreurs de la na-
« ture, et les influences de la société civile;
« et à balancer, par notre loi sur l'égalité,
« les prédilections iniques et aveugles de
« l'une et de l'autre ». Voilà, ce me semble,
tout ce que l'assemblée constituante pouvoit avancer de plus spécieux pour justifier
sa loi, et ce que ni elle ni ses partisans n'ont

cependant point dit. Elle auroit pu encore
ajouter le dilemme suivant, en accabler les
foibles défenseurs de la noblesse, et les y
renfermer : « Ou la nature, derrière laquelle
« vous vous retranchez, a départi ses dons
« dans une mesure trop inégale, et alors l'ins-
« titution doit corriger ses écarts : ou elle a
« distribué ses faveurs d'une manière assez
« uniforme, et dans ce cas, nous ne pou-
« vons rien faire de mieux que de la pren-
« dre pour modèle ».

Cependant, tranchons le mot : des deux
°côtés on a mal raisonné, et les réponses et
les objections sont également vicieuses. Je
dirois à l'assemblée constituante : « Je n'ai
« qu'un mot à vous opposer. L'existence
« doit marcher avant la perfection ; et pour
« perfectionner une chose, il faut qu'elle
« existe : si la perfection qu'on veut donner
« à cette chose est contradictoire à son exis-
« tence, si elle l'anéantit, alors la perfec-
« tion est une extravagance ». Faisons l'application. L'égalité ajoute à la perfection
du corps politique, mais elle le détruit :
l'inégalité des conditions et la distinction
des rangs sont une imperfection du corps
politique, mais elles en sont les soutiens

nécessaires : on me dispensera, je pense, de tirer la conséquence. Si ce qui perfectionne détruit, et ce qui vicie conserve; la perfection est aussi folle et dangereuse que la défectuosité est précieuse et sensée.

Pourquoi les animaux, même les plus sauvages, se laissent-ils aisément apprivoiser et subjuguer? C'est qu'ils reconnoissent sourdement et par instinct la supériorité de notre espèce : et si l'homme est naturellement indocile au joug; s'il ronge en frémissant le frein qui le retient; s'il est si difficile à conduire, c'est qu'il ne voit point sur la terre d'êtres supérieurs à lui. Pour le gouverner, c'est malheureusement à ses égaux, c'est à des hommes comme lui, au défaut d'anges, qu'on est forcé d'avoir recours; il faut donc emprunter le secours de l'art; il faut lui faire illusion, et qu'un heureux prestige transforme à ses yeux l'égal en supérieur. De là, l'utilité des séparations et de la gradation des conditions et des rangs. De-là, l'intervention des Dieux, le besoin des religions et des révélations; et cette nécessité, reconnue universellement, de recourir, pour diriger les hommes, à des moyens surnaturels.

K 2

Tel est l'homme; l'égalité de tout tems le rendit l'ennemi de son semblable, et fut pour lui un signal de discorde. Il s'est toujours reposé des orages de la démocratie dans le sein des gouvernements absolus; et les démocraties ne lui ont été si funestes, que parce qu'elles sont plus ou moins fondées sur l'égalité, et qu'un de ses caractères indélébiles est de ne pouvoir plier que sous ce qu'il imagine être plus haut, plus excellent que lui. Aussi combien compte-t-on de démocraties sur ce globe? C'est d'après ce caractère que nous venons de reconnoître à l'homme, qu'il ne porte guères ses regards sur ce qui n'est pas à sa portée, et qu'il ne convoite point ce qui est éloigné de lui. Le bourgeois, le fermier laisse un roi être ce qu'il est : il ne l'envie point, ni lui, ni les grands seigneurs qui composent sa cour. S'il s'occupe de ces rangs qui le dominent, c'est moins pour y diriger ses desirs que pour y concentrer sa soumission. Mais ce même bourgeois, dans sa petite ville; ce fermier, dans son village, vouera une haine implacable à son voisin de même état, s'il le voit s'élever au-dessus de lui par plus de considération et de richesse.

D'où il suit que si la guerre, comme
nous l'avons vu, réunit les hommes au lieu
de les disperser, l'égalité, qu'on a fait sy-
nonime de la fraternité, divise les hommes
au lieu de les réunir. Ce sont les inégalités,
tant naturelles que factices, qui sont le grand
lien de la société. Par les premières, le foible
se rapproche du fort pour en être protégé;
l'idiot a besoin de l'homme d'esprit, et le
timide de l'intrépide. Les secondes, par le
rapport d'obéissance et de respect qu'elles
établissent entre le grand et le petit, par
la subordination qui en résulte, impriment
un mouvement régulier au corps politique,
et facilitent le jeu des fonctions sociales.
L'égalité au contraire est une source inta-
rissable de rivalité, d'aigreur, d'animosité
et de haine. Les hommes, à l'égard de
l'égalité, sont entr'eux comme les sectes
religieuses, qui moins elles diffèrent, plus
elles se détestent. Aussi, comme nous l'a-
vons déjà fait observer, la loi de l'égalité
ne peut subsister avec l'artifice du corps
politique; elle tend à en dissoudre tous les
liens, et à rappeler les hommes à l'état
primitif qui a précédé la formation des sociétés, état plus naturel en effet, plus rap-

proché de l'égalité, et où les différences
d'homme à homme sont beaucoup moins
sensibles.

Tout gouvernement qui adoptera pour
loi fondamentale l'*égalité*, ou sera promptement renversé, ou doit s'attendre à marcher au milieu des ouragans et des tempêtes,
jusqu'à ce que la force des choses, et la
nature de l'homme qui avoit été méconnue,
le rasseyent sur ses vrais fondements. C'est
parce que ces fondements sont défectueux,
qu'ils sont convenables aux institutions
humaines; et ils sont vrais, parce qu'ils
sont défectueux, comme le portrait d'un
mortel sans défaut, est une fausse image,
parce qu'elle est parfaite. Nous ne saurions
trop le répéter, c'est à la politique à fournir les principes d'une constitution; c'est
ensuite à la philosophie à en mitiger les
conséquences, et à les rapprocher de la
nature; c'est au législateur à corriger les
vices de la base, et à élever sur cette base
des loix douces et humaines qui unissent,
autant qu'il est possible, tous les membres de la société: c'est ici que le droit
naturel trouve son emploi: il doit être enté
sur le droit politique, et non le droit poli-

tique sur le droit naturel. Il y avoit quatre
choses à égaliser en France, ou quatre
droits à rendre communs à tous, et qui
auroient fait de tous les habitants de l'Empire un peuple de frères : 1°. celui d'être
jugé d'une manière uniforme ; 2°. celui d'é-
crire, de penser et d'agir sans aucune
contrainte que celle imposée par la loi
générale ; 3°. celui de parvenir à tout par
le mérite et les talents ; et 4°. enfin, celui
de n'acquitter que des contributions pro-
portionnelles aux facultés : ou, avec plus
de précision, quatre égalités à introduire,
les loix, les honneurs, les impositions, et
la liberté.

Il est deux divinités tutélaires qui, au
milieu des distinctions de rangs et de conditions, égalisent tous les membres d'une
société bien constituée, la *liberté* et la *loi*.
Les hommes sont tous frères dans le culte
uniforme qu'ils rendent à ces divinités, tous
égaux par la protection qu'ils ont tous également droit d'en attendre. Et, si d'ailleurs
les rangs sont perméables ; si le mérite personnel, les services rendus ouvrent sans
cesse aux classes inférieures l'accès des
classes supérieures : alors, il y aura de plus

K 4

entre les citoyens ce rapport d'égalité, que
les places occupées conviendront également
à chacun d'eux. Le passage d'une classe
à l'autre excite une émulation qui anime
et vivifie le corps politique, et qui est en
même tems le meilleur préservatif et contre
l'oppression et le dédain des rangs supérieurs, et contre la jalousie des inférieurs.
On ne méprise jamais ceux qui peuvent
devenir nos égaux, et l'on n'envie point
ceux à la hauteur de qui on a droit de
s'élever et de prétendre. Cette émulation
est vicieuse sans doute, puisqu'elle n'est
qu'orgueil et aversion de l'égalité ; et sous
ce point de vue, la politique est la plus
belle des sciences, puisqu'elle transforme les
défauts en qualités utiles, et qu'elle sait
faire du vice même, un instrument de félicité et de concorde entre les hommes.

Il y a cette différence entre le législateur qui institue sur les principes conventionnels de l'inégalité, et celui qui leur pré-
fère les principes naturels de l'égalité : entre le législateur qui établit parmi les membres de la société des démarcations de
vanité et d'orgueil, et celui qui les rejette ;
que le premier connoît le cœur humain ;

et que le second ne le connoît pas : que
le premier prend l'homme comme il est ;
le second comme son imagination le lui fait
voir : que l'un traite avec un être réel ; l'autre avec un être fantastique. L'inégalité des
conditions est un tribut payé par le législateur aux imperfections de la nature humaine ; et le chef-d'œuvre de la politique
consiste à faire de la foiblesse de chaque partie du tout social la force de l'ensemble.

Il y a bien peu de mérite à dire, *les hom-*
mes sont égaux en droit : oui, ils le sont sans
doute ; mais comment? Ce n'est pas sous
l'acception individuelle, mais sous l'acception générique : c'est en grand que ce sujet
doit être vu et traité. Les hommes pris en
masse sont égaux les uns aux autres, mais
non un homme à un autre homme. L'égalité individuelle est une conception aussi
dangereuse que mesquine et absurde : c'est
l'espèce humaine qu'il faut considérer ; là
tout est égal. Une philosophie plus profonde apperçoit derrière toutes les inégalités naturelles et factices qui existent entre
les hommes réunis en société, une véritable égalité entr'eux ; une égalité fondée sur
la nature des choses ; une égalité qui, bien

loin d'ébranler ou dissoudre le corps social ;
lui sert d'appui et l'affermit.

·S'il faut remonter à la guerre pour rendre raison de la réunion intime des hommes en société, les effets de cette réunion
sont dignes de leur origine. L'état social né
de la guerre, la fait naître à son tour, et
n'est lui-même qu'une guerre continuelle
entre tous les membres de l'association :
guerre sourde au-dedans, éclatante au-
dehors, il vit et s'entretient par elle.

Le plus grand principe d'activité dans
l'état social est en même tems un principe
commun à chacun des individus qui le
compose : c'est la tendance de tous à rompre l'égalité. Les mobiles de cette tendance
sont la cupidité, la vanité, l'orgueil, c'est-
à-dire l'horreur de l'égalité. L'hypocrisie
peut bien en feindre d'autres, ou les couvrir des beaux noms de noble ambition et
d'amour de la gloire; ils n'en sont pas
moins les seuls qui aient de la réalité. Tout
seroit mort dans l'état social sans ces passions : or ces passions mettent tous les hommes civilisés dans un état de guerre les
uns contre les autres : chacun cherche à
se tirer de la foule, à s'élever au-dessus

de son voisin et à le supplanter. Et c'est aussi de la diversité des rangs et des conditions, des mesures variées de considération et d'honneur, que résultent le mouvement même et la vie de la société civile. Qu'est-ce donc qu'un principe de constitution qui est la cible à laquelle s'adressent tous les coups, et que tous les membres du corps politique ajustent pour la renverser? Qu'on ne nous dise point; l'égalité n'exclut pas l'émulation. Vain sophisme! Pure argutie! ce n'est pas en désintéressement; ce n'est point en sacrifices que les hommes cherchent à l'emporter les uns sur les autres; ce n'est point la palme des vertus civiques qu'ils se disputent: ils se battent pour la domination, pour les richesses, pour des décorations et des titres qui puissent en imposer et annoncer de loin leur supériorité. C'est bien moins pour valoir mieux qu'ils font effort, que pour pouvoir davantage.]

Dans cette lutte continuelle, les succès s'entremêlent aux revers: tantôt les uns, tantôt les autres ont le dessus ou le dessous: les vicissitudes du sort placent et déplacent alternativement les hommes et les

générations. L'on n'a pas observé qu'il se
fait dans la société civile un mouvement
plus ou moins lent d'échange et de circulation, par lequel les illustrations et les
richesses passent des vainqueurs aux vaincus. Pendant que des hommes obscurs s'é-
lèvent insensiblement, et des derniers dans
l'ordre civil, deviennent les premiers ; d'autres tombent par l'abjection, des premiers
ordres au dernier rang. Les instruments de
cette circulation, sont d'abord le tems et
les révolutions ; puis, d'un côté, l'esprit
de calcul, les talents, le génie ; et de l'autre les travers, la nullité, les profusions et
l'inconduite. Au bout d'une longue période,
il se trouve que la plus parfaite égalité a
régné entre tous les hommes (4).

———————————

(4) D'où sortent les nouveaux nobles ? Du Tiers-
Etat. Que seront - ils un jour ? Ancienne noblesse.
Qu'étoient autrefois les rois, les empereurs et les
grands seigneurs de l'Europe ? Tiers-Etat ; on ne peut
en douter. Et le Tiers-Etat lui-même, dont la formation suppose déjà de grands progrès dans la carrière civile ; d'où sortoit-il ? De quelques hordes de
sauvages qu'un concours extraordinaire de circonstances a civilisés. Que sont aujourd'hui les descen-
dants des Gaulois les plus illustres ? Peut - être des

Tout vient du peuple et tout retourne
au peuple. Les rois, les grands, les princes en sont tirés, et finissent par s'y confondre. Détruire les castes supérieures auxquelles le peuple a droit, quisqu'elles viennent originairement de lui, n'est pas servir le peuple, c'est l'avilir, c'est l'opprimer.

Accordons un moment la pensée aux
sauvageons qui peuplent nos forêts. Si un

---

serfs du Mont-Jura. Et comme trois ou quatre mille
ans ne sont qu'un point comparés à la durée des siècles, nous touchons à toutes ces métamorphoses ; et
rien sans doute n'est plus moderne que ce que nous
appellons ancien.

Epomandadurum, colonie Romaine, et l'une des
grandes cités de la Gaule après la conquête, n'est
à présent qu'un méchant petit village nommé Man-
deure à deux lieues de Montbelliard, et habité
en grande partie par des mains-mortables de corps
et de bien. J'ai vu dans ce village des familles qui
de toute ancienneté se sont alliées entr'elles, sans
jamais se mêler avec aucune autre. Elles sont certainement d'origine Romaine, et malgré leur état d'abais-
sement, elles conservent une certaine fierté de tradition. Les noms corrompus qu'elles portent, comme
Memmes (de Memmius) Vouron (de Varon) Lentule
(de Lentulus) ne permettent guères de douter qu'elles
appartiennent à ces anciennes et illustres souches.

jardinier venoit leur dire : » Mes amis,
« j'avois dans mes jardins un grand nom-
« bre d'arbres de votre espèce ; ils en fai-
« soient l'ornement et les délices. L'art,
« la culture et l'ente les avoient élevés fort
« au-dessus de vous ; et pendant que vous
« ne portez que des bayes âpres et gros-
« sières ; ils jettoient autour d'eux de su-
« perbes rameaux, au bout desquels pen-
« doient des fruits salutaires et délicieux.
« J'ai pensé que cette différence d'eux à
« vous étoit une injustice, que leur supé-
« riorité vous humilioit ; et que d'ailleurs,
« rien n'étoit plus beau, plus touchant et
« plus naturel que l'égalité : je les ai tous
« arrachés et je les ai livrés aux flammes.
« Arrête, s'écrie l'un des sauvageons : qu'as-
« tu fait ? Les arbres que tu as détruits,
« n'étoient-ils pas originairement nos frè-
« res ? Ne pouvions-nous pas, nous aussi,
« nous élever et nous perfectionner par
« la culture, par l'art et par la greffe : ne
« pouvions-nous pas porter comme eux,
« à notre tour, et des fleurs et des fruits,
« et devenir aussi les délices, l'ornement
« des jardins. Ne sommes-nous pas fils de
« la terre comme eux, et destinés à les

« remplacer, quand les accidents ou le
« tems les font rentrer dans le sein de notre
« mère commune? Va, ta pitié nous est
« cruelle, et ce n'est qu'à nous que ton éga-
« galité va devenir funeste ».

Les sauvageons sont le peuple, et les
arbres fruitiers, les ordres supérieurs de
la société. La suppression des distinctions
et des castes frappe le peuple de stérilité
morale. Ce sont ces différences de conditions, ces distances de l'une à l'autre, habilement ménagées et mises en perspective
par le législateur, qui, attaquant l'homme
par la racine de toutes ses affections, par
la vanité et l'amour - propre, triomphent
de l'inertie et de la paresse qui lui est si
naturelle, et lui arrachent les chefs-d'œuvre du génie, les actions éclatantes et tout
ce qui fait la puissance et la gloire des
sociétés policées.

La noblesse et les ordres de chevalerie,
considérés comme récompenses du mérite et des services rendus, accordés avec
choix et discernement à des hommes de
lettres distingués, aux grands artistes, à
d'illustres commerçants, produiront toujours des effets merveilleux, sur-tout dans

une république, et lorsqu'ils serviront de véhicule pour s'élever successivement jusqu'aux premières dignités de l'Etat. Il vous plait d'appeller tout cela des *hochets* et de regarder en pitié les enfants qui les convoitent : mais si ces hochets tournent au profit de la société ; s'ils attachent au service de la patrie ; s'ils enfantent des prodiges ; ce sont, il faut l'avouer, des hochets bien sérieux, bien respectables et bien précieux : et ceux qui tournent ces hochets en ridicule (5) en les appellant des hochets, sont, ou de tristes philosophes, ou de froids spéculateurs, ou des hommes bien superficiels, ou de bien mauvais citoyens.

Entre mille traits je n'en citerai qu'un sur la vertu de ces hochets. Croit-on qu'un négociant enrichi par le commerce, iroit s'occuper tout entier de la direction des hôpitaux, y employer ses veilles et sa fortune, s'il ne voyoit en perspective l'échevinage qui donne la noblesse pour terme de ses travaux, et pour prix de ses sacrifi-

(5) Les membres de l'assemblée constituante ne faisoient autre chose, et n'avoient pour soutenir leur ineptie d'égalité, que le mot de *hochet* à la bouche.

ces.

ces. Quel hochet que celui qui fait sacri-
fier cent mille écus au soulagement des
pauvres et des malades ! (6)

Rapprochons de ce trait, les plaintes
qui s'élèvent de toutes parts (*a*) sur les
gains énormes et usuraires des fournisseurs
infidèles de la république Françoise. Quelles fonctions cependant plus importantes
et plus sacrées ! Elles ont pour but la sub-
sistance et le maintien des armées d'où
dépend le salut de l'Etat ! Quoi ! des enfants
pour avoir des *hochets* se pressent autour
des lits de leurs pères malades, se disputent à qui leur sacrifiera ses petites épar-
gnes et leur prodiguera le plus de tendresse
et de soin : et des hommes faits, contemp-
teurs de ces hochets, des adorateurs de

----

(6) C'étoit le cas de tous les commerçants de
Lyon qui vouloient parvenir à l'échevinage : et il est
assez singulier qu'on retrouve au nombre des enfants
qui courent après les *hochets*, le premier philosophe
de notre siècle, l'immortel Voltaire, qui dans un
âge avancé soupiroit encore après une clef de cham-
bellan, et la redemandoit au roi de Prusse qui la lui
avoit reprise.

(*a*) Voyez les Moniteurs de 1792.

Tome I.   L

l'égalité usent de fraude et de mauvaise
foi pour s'enrichir aux dépens du trésor
public et s'approprier les dépouilles de
leurs concitoyens : ils disputent au fer de
l'ennemi à qui entassera le plus de victimes, et ces victimes sont leurs malheureux
frères, manquant de tout , combattant pour
la liberté , prodiguant leur sang pour la
patrie ! quel contraste ! Ah , bénissons les
hochets , bénissons leur heureuse influence !
adorons , sans les sonder , toutes les sources
qui peuvent fertiliser le champ malheureusement trop aride de la bienfaisance et
des vertus ! Je ne connois de philosophie
que celle qui peut rendre l'homme meilleur, et qui , saisissant habilement les mobiles secrets qui le déterminent , sait exprimer de ses défauts mêmes des remèdes à
ses misères , et le subjuguer par ses propres foiblesses : et puisqu'il n'est que trop
sujet à fermer son cœur aux infortunes de
ses semblables ; ce cœur, qui pour sa dureté a été si souvent comparé à un rocher; que ce soit un hochet, une simple
baguette comme celle d'Aaron , ou telle
autre magie qui le touche, l'entr'ouvre et
le fasse jaillir en rosée bienfaisante; qu'importe? pourvu que le bien s'opère,

Loin de moi les théories et les principes inflexibles. Loin de moi ces hommes à système qui veulent traiter la morale et la politique comme des théorèmes de géométrie : on ne compose pas avec ceux-ci, je le sais : mais la géométrie peut bien soumettre à ses opérations la pierre et les métaux, elle n'y soumettra jamais le cœur humain. Il faut sans cesse composer avec les foiblesses et les inconséquences de la nature humaine ; et les passions ne seront jamais géomètres. J'aime mieux une imposture qui console, qu'une vérité qui désespère.

Si les hommes étoient aussi sagés qu'ils le sont peu ; si la modération faisoit leur caractère distinctif, le système naturel, fondé sur l'égalité, leur fourniroit, dans la démocratie absolue, un gouvernement simple et parfait. Mais prenant l'homme tel qu'il est, et jusqu'à ce que par un miracle, il change de nature, il restera constant que le despotisme et la démocratie absolue se touchent, qu'ils se transforment aisément l'un dans l'autre ; que l'un est le despotisme d'un seul sur tous ; l'autre celui de tous sur chacun des éléments du tout ;

qu'ils sont tous deux le règne de la force
ou factice (7) ou réelle; et qu'enfin tous
les deux ont pour base commune l'égalité.
Ce sont - là des vérités que nous croyons
avoir le premier développées, et auxquelles nous pensons avoir imprimé le sceau
de l'évidence (8).

Si on jette un coup - d'œil sur la face
politique du globe, on verra que Rome et
Athènes exceptées, rien de tout tems n'a
été si rare sur la terre que la démocratie :

----

(7) Nous disons *factice*, parce que dans le despotisme proprement dit, la moindre partie de la force
réelle y est employée à contenir l'autre, et que le
grand nombre y est soumis physiquement au petit,
ce qui est un renversement de l'ordre naturel.

(8) Nous avons publié la *Correspondance d'un
habitant de Paris*, etc. en avril 1791. Nous rappel-
lons cette date pour réclamer nos foibles propriétés, et constater la priorité de nos idées bonnes ou
mauvaises. Nous en avons retrouvé plusieurs dans des
écrits postérieurs, tirées sur - tout des lettres neuvième et onzième, sans que leurs auteurs aient fait
la moindre mention de la source où ils avoient puisé.
Un autre peut-être n'y feroit pas attention; mais
moins on est riche, et plus on tient à de petites
valeurs.

qu'on n'en trouve çà et là que de légers vestiges : que la démocratie absolue n'y a jamais existé : qu'une véritable république y est encore à paroître : que le pouvoir plus ou moins arbitraire y a étendu ses chaînes d'un pôle à l'autre, et de toute la vaste étendue de notre hémisphère jusqu'au Mexique et au Pérou dans l'autre, seules contrées qui, dans le Nouveau Monde, ne fussent pas peuplées par des sauvages.

Les causes de ce phénomène sont en partie connues ; et on sait assez qu'il faut les chercher dans l'ignorance et la superstition ; la ligue des prêtres et des tyrans ; des armées victorieuses et des conquêtes ; la corruption qui suit le luxe et de grandes richesses inégalement réparties, etc, etc. Ce sont bien là sans doute les diverses causes tant matérielles que morales de ce phénomène : il en est peut-être quelques autres moins apperçues, plus réelles, et qui ont concouru plus puissamment encore à maintenir le despotisme, et les voici.

L'observation sur l'homme la plus constante et la plus universellement vraie, c'est sa pente à tout exagérer. Il lui est aussi difficile de se fixer dans un juste milieu, qu'il lui est naturel de se précipiter dans les extrêmes. Il semble que par sa nature, il soit condamné à n'éviter l'un que pour tomber dans l'autre. Telle est la source de toutes ses misères, tant individuelles que collectives. L'*égalité démocratique* et l'*égalité despotique* sont situées aux deux points opposés de l'axe politique : elles sont également dangereuses. Placé entre ces deux dangers, sa destinée fut de tout tems d'être poussé et renvoyé de l'une à l'autre. Veut-il se soustraire au joug du despotisme ? Il se jette dans la démocratie. Veut-il échapper aux orages de la démocratie ? Il se rejette dans les fers du despotisme : et c'est ainsi que baloté entre ces deux excès, on le voit sans cesse aller donner contre l'un ou l'autre de ces écueils. C'est contre ces écueils que la félicité publique a toujours fait naufrage. Ajoutez à ces considérations, l'erreur fatale qui lui a fait croire qu'il n'y avoit de liberté que dans l'égalité démocratique (lorsque dans le fait elle n'y existe pas plus que dans l'égalité despotique) ; et l'ignorance des vrais principes d'une bonne république, laquelle ne peut êtr e établie que dans les espaces moyens de l'axe

politique , et fondée que sur le juste mélange des trois formes élémentaires de toute
société. Ce n'est que là qu'on rencontre une
liberté durable et sans licence , et une égalité conservatrice sans confusion et sans
désordre.

Mais puisque l'égalité est un principe sub-
versif de tout ordre social, pourquoi ne
détruit-elle pas également et le despotisme
et la démocratie? Pourquoi tant d'Etats
despotiques et si peu de républiques ? Pourquoi le despotisme dure-t-il; et les démocraties n'ont-elles qu'un moment ? Pourquoi les démocraties semblables à certains
météores ne font-elles que passer avec fracas sur la terre, pendant que le despotisme y cramponne ses serres hideuses ? La
raison en est simple : c'est que les hommes se lassent plus vîte de l'anarchie qui
les déchaîne les uns contre les autres et les
laisse sans frein , que d'un joug qui les rallie
et les contient : c'est que le despotisme en-
gourdit, et que l'anarchie verse sur tous
des souffrances aiguës ; que le despotisme
frappe de stupeur, et l'anarchie de douleur ;
et que les hommes ont toujours préféré et
préféreront toujours l'engourdissement à la
douleur.   L 4

L'inégalité des conditions et la division des citoyens en différents ordres sont les plus fermes appuis et des républiques et des monarchies : elles empêchent la république de dégénérer en une démocratie anarchique, et servent dans la monarchie de digues contre le despotisme. On y fait corps, on se rallie : ces distinctions donnent des droits, on les défend, et on oppose au pouvoir arbitraire des masses qu'il est forcé de respecter.

Les distinctions politiques sont en même tems le plus sûr garant des bonnes mœurs, et rien n'en présage autant la décadence que la confusion des rangs. Dès que les séparations sont abattues, la considération s'attache à la richesse ; bientôt l'or marque les rangs, la soif s'en allume dans tous les cœurs : on se presse autour d'un signe précieux qui représente tout, jusqu'aux honneurs et à la gloire : les voies illicites à la fortune se multiplient chaque jour : les succès couvrent l'infamie des moyens ; la probité se perd : le désintéressement n'est plus qu'une vertu de dupe : le vice marche tête levée ; les concussions, le péculat sont impunis : l'avarice et la cupidité soufflent leur

haleine empestée sur les mœurs expiran-
tes ; et le tombeau des mœurs devient celui
des loix.

L'égalité est la plus épouvantable source
de corruption qu'il soit possible d'ouvrir sous
un Empire. Dès que les richesses eurent introduit l'égalité dans Rome : que les barriè-
res qui, dans une république, ne doivent s'é-
lever qu'à la voix de la vertu , se laissèrent
ouvrir par leur influence : qu'on y vit des
hommes obscurs parvenir par leur opulence
aux premières places : que les honneurs furent moins accessibles au mérite qu'à l'or :
qu'un grand homme comme Ciceron fut re-
poussé du consulat parce qu'il n'avoit pour
cortège que ses talents ; que les suffrages s'a-
chetèrent : que les dignités furent mises à
l'enchère : que tout y fut vénal : qu'on y
vit des personnages illustres par leur naissance, tels qu'un Clodius , aspirer à descendre, s'effacer volontairement du rang de
patricien , et devenir par la plus crimi-
nelle ambition l'égal d'un plébéien : c'est
lorsque toutes les distinctions furent effacées entre le peuple et les grands ; que tous
les rangs furent confondus : c'est alors que
la république cessa d'exister, et que de la

démocratie, au lieu de tomber dans l'anarchie, les Romains passèrent rapidement
sous la tyrannie des Octave, des Tibère et
des Néron.

L'égalité si funeste aux Romains ne le
fut pas moins aux Grecs. Aussi long-tems
que la démocratie Athénienne fut balan-
cée et contenue par l'aristocratie nobilière,
qui seule avoit droit de composer le sénat
dirigeant de l'aréopage, et de fournir, sous
le nom d'archontes, les premiers magistrats et les chefs de l'Etat, la république fut
florissante. Tous ses grands hommes, toutes les actions éclatantes, tous les exploits
immortels de ce peuple unique sur la terre,
tous les chefs-d'œuvres du génie et des arts,
tout vécut, tout se passa, tout se fit sous le
régime de la noblesse.

En 478 avant J. C·, la loi de Solon qui fermoit au peuple l'entrée du sénat et des hautes magistratures fut abrogée par Aristide:
l'égalité politique fut établie, de droit cependant et non de fait; parce que, comme à
Rome, le peuple eut le bon esprit de ne
pas d'abord s'en prévaloir. Ce ne fut que 50
ou 60 ans après, que Periclès, personnage
illustre par sa naissance, trahit la cause

de son ordre, abandonna la noblesse, flatta le peuple pour s'en rendre le maître, l'excita, le poussa, lui ôta et la bride et le frein qui jusqu'alors, pour son bonheur, avoient su le contenir et le conduire, lui partagea les terres des vaincus, l'introduisit dans les hautes magistratures, lui prodigua les deniers publics, l'occupa de spectacles et de jeux pour le trouver plus docile et le mieux gouverner.

Périclès ne travailla que pour sa gloire et sa puissance. Aristide n'eut au contraire jamais en vue que le bien de la république. Il la sauva par son désintéressement et ses vertus. Periclès la perdit par son ambition (9). Tant il est vrai que les grands

_____

(9) Aristide, dans un moment terrible pour la Grèce; dans le plus grand danger qu'elle eut jamais couru; prête à être envahie par l'armée de Mardonius, nombreuse, aguerrie, enflée de ses succès, ayant à combattre en outre, plus de Grecs qu'il ne lui en restoit pour protéger ses foyers; ayant à se défendre d'une noblesse puissante qu'Athènes avoit opprimée, et qui, dans son désespoir, aimoit mieux dépendre d'un roi de Perse qu'être en butte aux humiliations du peuple : Aristide, dans cette conjoncture délicate, triomphe de tous les obstacles;

hommes, selon l'usage qu'ils font de leurs talents, perdent ou sauvent les empires.

il fait arrêter quelques nobles conspirateurs, leur rend sous mains la liberté, rallie tous les partis vers le bien public; regagne la noblesse par son indulgence, la ramène sur le champ de bataille, en le lui assignant pour se justifier, décide avec elle et les siens de la victoire de *Platée*.

Il fut obligé d'ôter de la constitution de Solon la pierre fondamentale qui fermoit au peuple l'entrée de l'Aréopage pour réunir les factions et pour sauver sa patrie et la Grèce. Le salut du peuple fut pour lui la loi suprême : mais il laissa les nobles en possession des magistratures, calma le peuple en lui permettant d'y aspirer, et trouva le secret par sa loi sur l'égalité qui auroit dû aliéner de lui la noblesse, de satisfaire à la fois et le peuple et les nobles, et de ramener sur sa patrie divisée la concorde et la force. C'est un chef-d'œuvre de politique, de sagesse, de connoissance du cœur humain, c'est le plus beau trait de la vie d'Aristide, et c'est aussi le seul que ne fassent point remarquer les historiens, prodigues, suivant leur usage, de réflexions inutiles ou déplacées, et silencieux sur tout ce qu'on desireroit de savoir. Ce trait a échappé à Plutarque, précieux par sa bonhomie, mais qui n'étoit pas philosophe, tant s'en faut. Quel homme qu'Aristide ! quelle habileté ! que d'adresse et d'équité ! Ah pourquoi la France n'a-t-elle pas eu un Aristide en 1789 ?

Periclès établit l'égalité sur les ruines de l'aristocratie, et depuis cette époque, on sait assez que les Athéniens, emportés par leur légéreté, livrés à leur effervescence, ne firent que des fautes, ne firent que décheoir; et que l'anarchie populaire les conduisit rapidement à leur ruine totale.

Observons ici deux circonstances successives qui accompagnent l'introduction de l'égalité. Avec l'égalité, on commence à mettre le peuple de son côté; on l'enflamme de cette idée; on lui en fascine l'esprit? Par le peuple ensuite, on lève les obstacles; on abat ce qui domine; on établit l'égalité; et enfin par l'égalité, on soumet le peuple; on le subjugue après l'avoir séduit. L'égalité est toujours un filet que le peuple tend lui-même, et dans lequel il se laisse ensuite envelopper et prendre. A la vérité, ce filet sous Periclès, n'étoit qu'un rezeau tissu de fleurs, mais ce rezeau ne préparoit que mieux les chaînes qui devoient lui succéder.

Periclès, sur la fin de sa carrière, fit une expérience cuisante de l'instabilité et de l'ingratitude d'un peuple qui n'est plus contenu, qui a été flatté, et que l'égalité a enivré d'orgueil et de présomption. Periclès étoit ambitieux, mais non avide d'or; son intégrité dans le maniement des deniers publics étoit en lui une vertu connue. Il fut néanmoins accusé de concussion et de rapine, condamné à une forte amende. Il vit le peuple s'élever contre lui, l'outrager, lui ôter le commandement des armées. Et cet homme qui avoit gouverné despotiquement pendant plus de vingt ans, n'eut plus même assez de crédit pour empêcher les Athéniens de persécuter le mérite et de se souiller d'une injustice. Il fut obligé de prendre la posture d'un suppliant, d'avoir recours aux larmes et aux prières pour arracher au supplice son ami, sa maîtresse et sa femme. Leur crime étoit celui de Socrate : ils étoient des impies parce qu'ils pensoient : et ce peuple frivole, superstitieux et cruel qui avoit envoyé au supplice des généraux vainqueurs, parce qu'ils avoient négligé de couvrir d'un peu de terre ceux qui étoient restés sur le champ de bataille, vouloit punir de mort le philosophe Anaxagore et la belle Aspasie, parce qu'ils étoient au-dessus des préjugés. De nos jours comme alors, ce mal est bien ancien; tout homme qui pense aux yeux du sot vulgaire fut toujours un impie.

Cependant, comment Periclès, ami d'un sage, amant d'une philosophe, philosophe lui-même, put-il se résoudre à faire bannir *Thucydide* et *Cimon*, chefs de la noblesse? à priver sa patrie de deux grands hommes qui avoient rendu de rares services? à soulever le peuple contre l'aristocratie sous laquelle il avoit prospéré et fleuri? C'est qu'alors apparemment, comme aujourd'hui, on savoit voiler son ambition du nom de la philosophie, de cette philosophie qu'on met toujours en avant pour éblouir, et qui dans le fait reste honteusement derrière, subordonnée aux passions qu'elle devroit gouverner.

Periclès prépara la ruine d'Athènes par les mêmes moyens qui ont servi à MM. de la Fayette et Lameth pour perdre de nos jours et bouleverser la France. Tous trois ont flatté le peuple, en sont devenus les idoles. J'ai vu le peuple enivré de M. de la Fayette, comme les Athéniens l'étoient de Periclès. Tous trois ont été déserteurs de leur ordre, ont persécuté la noblesse et en ont été détestés. Tous trois ont pris l'éga-

lité (10) pour point d'appui de leur élévation.
Et c'est ainsi que les mêmes passions ramènent toujours sur la scène les mêmes
évènements.

Periclès essuya des revers; et aujour-
d'hui, que sont devenus tous ces nobles
Français qui avoient fondé des espérances
sur la faveur du peuple? qui avoient cru
peut-être qu'en se comprimant pour se
mettre à son niveau, une force de ressort
placée dans sa reconnoissance les porteroit
aux nues? Le corps de l'un d'entr'eux est
déterré, ses images brisées. Leurs lauriers
sont flétris; ils sont errants, fugitifs et pros-
crits; ils gémissent dans des prisons ou lan-
guissent dans l'exil. Ah! combien ils doivent
déplorer des fautes ou des erreurs qui enveloppent dans une même ruine, et eux et le
malheureux peuple François (11)! Quelques-

---

(10) MM. de Lameth et de la Fayette se disputèrent
la tribune à Paris pour porter le décret d'égalité absolue, le 19 juin 1790.

(11) Ils les ont sentis; ils ont bien cherché à les
réparer. Je n'ose dire que la onzième lettre de la
Correspondance, &c. y ait un peu contribué, et
qu'elle a ouvert les yeux à un grand nombre de démo-
crates sur les dangers de l'égalité : mais il étoit trop
tard; le peuple étoit lancé, et la *révision* n'étoit qu'une

uns

uns ont acheté ce fantôme de popularité,
qui n'a fait que passer, par le sacrifice de
leur fortune entière, de leur repos et de
leur liberté. Que recueillent-ils maintenant
de tant de sacrifices, et quel en est le prix?

demi-mesure et qu'un palliatif impuissant, puisqu'en
renforçant l'autorité royale, elle ne la fortifioit pas
assez pour l'empêcher de succomber sous les coups
de la démocratie. Peut-être, cependant, que sans la
guerre le trône eût pu se maintenir, et rassembler autour de lui, avec le tems, une aristocratie mixte, composée de nobles et de propriétaires, qui eût fait contré-
poids à la force populaire. M. de la Fayette a eu de
beaux moments, des moments décisifs, de ces moments qui ne reviennent plus, et qu'il est si dangereux de laisser échapper. Il pouvoit devenir le modé-
rateur de la révolution, et lui tracer les limites qu'elle
n'eût jamais dû passer. S'il les eût saisis habilement,
il eût sauvé la France. S'il eût déployé un plus grand
caractère, et que la force de son génie eût égalé son
intrépidité et sa bravoure personnelle, il pouvoit jouer
le rôle superbe de médiateur entre le peuple, les nobles
et le roi, et jetter ainsi les fondements d'une république assise sur la base inébranlable des trois pouvoirs, sans laquelle il ne peut y avoir dans un grand
Empire ni liberté, ni bonheur, ni harmonie; mais au
contraire troubles sans cesse renaissants, division,
confusion, anarchie, licence, et le gouffre du despotisme au bout.

Tome I. M

Rongés par le chagrin, consumés de regrets, ruinés, abandonnés, désavoués par les partisans du roi, comme par ceux de la république; également odieux au peuple, à la noblesse, ils n'ont pas même la consolation d'être plaints de l'un des deux partis; ils n'ont pas même pour eux la gloire, la gloire qui console de tout! Cette chimère put verser du moins son baume sur les plaies de Periclès; et s'il dut pressentir en mourant les calamités de sa patrie, après l'avoir frappée des deux fléaux de l'égalité et de la guerre du Péloponèse dont il fut l'unique cause, il put charmer ses peines avec sa gloire personnelle. Son administration avoit été longue et brillante. Le génie, les arts et la valeur l'avoient semée de chefs-d'œuvres et de victoires. Elle a rempli l'univers du nom de Periclès. (12)

_____

(12) Il étoit mourant, et ses amis, autour de son lit, ne croyant point en être entendus, s'entretenoient de toutes les grandes choses qui avoient signalé son gouvernement. Il se réveille, et tenant encore plus à la vanité qu'à la vie prête à lui échapper : *Vous oubliez*, leur dit-il, *le plus beau de mes triomphes : je n'ai jamais fait prendre le deuil à aucun citoyen.* Il

Après avoir fait le rapprochement des deux révolutions Grecque et Françoise en faveur de l'égalité, indiquons-en maintenant les différences.

Par la révolution de Periclès, le peuple qui étoit déja beaucoup devint encore d'avantage ; la démocratie prit le dessus et fut la forme dominante. Dans la révolution Françoise, le peuple au contraire, de rien qu'il étoit, est devenu tout. La révolution de Periclès a dû être plus douce, plus exempte de secousses et de convulsions, parce qu'elle n'étoit que le passage de la république à l'égalité. La révolution Françoise, qui présente la transition subite de la monarchie absolue au régime populaire, n'a pu se faire sans heurter tous les préjugés, sans choquer toutes les opinions reçues, toutes les habitudes, et sans produire les plus affreux déchirements. Enfin, la première n'a fait que préparer la ruine d'Athènes, pendant

---

y avoit, sans doute, de l'élévation et de l'humanité dans ce ressouvenir. Néanmoins, si j'eusse été du nombre de ces amis, je n'aurois pu m'empêcher de lui dire : *Periclès, il est vrai, tu n'as jamais fait périr un citoyen, mais tu as tué la république.*

que la seconde a opéré et consommé celle
de la France. (13)

On ne trouve dans l'histoire qu'obscurité, et dans les historiens que contradictions. Il ne faut point s'en étonner. La plupart n'ont pas été des philosophes; et ayant
à peindre un être tel que l'homme, perpétuellement en contradiction avec lui-même,
ils ont dû se contredire souvent, et ils n'y
ont pas manqué. Cependant, au milieu de
ces obscurités et de ces contradictions, il
reste deux choses bien avérées et incontestables. La première, c'est qu'Athènes étoit
une république où l'on avoit cherché à mê-
langer les trois formes radicales de toute
société, et à les mettre en équilibre. Le Démagogue y étoit le monarque, et jouissoit,
par la confiance du peuple, d'une autorité
peut-être plus étendue que celle du roi
d'Angleterre. C'étoit lui qui gouvernoit; il
dirigeoit le peuple dans ses délibérations :
il lui rendoit compte de l'emploi des deniers publics, mais il en disposoit : il étoit à
la tête des finances, souvent à celle des

_____

(13) Si je parlois ainsi en 1792, que ne dirois-je
point en 1794?

armées ; et le sceau de la république , ce
type visible de la souveraineté nationale ,
étoit entre ses mains. Venoit ensuite un corps
d'aristocratie formidable ; il étoit composé
des nobles ou *Eupatrides* , des riches ou *Eu-
pores* , et des célèbres écoles de philosophie ,
qui , par leurs lumières et le respect qu'un
peuple éclairé portoit à des philosophes
illustres , influoient beaucoup sur l'opinion
publique.

Solon n'avoit , par sa constitution , admis
dans l'Archontat et dans l'Aréopage que les
nobles seuls. Or , qu'étoit l'Aréopage? Une
assemblée de sénateurs à vie , dépositaires
des loix , chargés de les faire observer. Ils
étoient comme les surintendants de la république : leur inspection étoit générale et
s'étendoit à tout. L'Aréopage étoit en même-
tems un tribunal suprême , une haute-cour
nationale , une véritable cour souveraine ;
et ses membres étoient honorés comme des
Dieux. C'étoit une chambre bien plus haute
et plus puissante que celle d'Angleterre ,
et qui , au lieu d'avoir le grand défaut ,
comme celle-ci , d'être circonscrite à un
beaucoup trop petit nombre de membres
héréditaires , embrassoit toute la noblesse

de la république. L'Archontat en étoit le passage, et entre plusieurs candidats recommandables par leur mérite personnel, le sort nommoit l'Archonte, qui devenoit ensuite Aréopagite. Telles étoient les deux contre-forces morales que Solon, ce législateur immortel, avoit opposées à la force physique d'une multitude impétueuse et délibérant sur la place publique.

Les Romains qui ont tout pris des Grecs, arts, sciences, loix, philosophie, littérature, en ont emprunté aussi la forme de leur gouvernement. Ils vinrent à Athènes étudier sur-tout l'Aréopage, et c'est sur ce modèle qu'ils organisèrent le sénat : ainsi tout ce que je viens de dire de l'Aréopage s'applique au sénat de Rome.

Le second point qui encore est au-dessus de toute contradiction, c'est que ce fut sous ce gouvernement mixte, fondé sur l'inégalité des conditions et la distinction des rangs, que les hommes et les choses en tout genre, comme nous l'avons déja observé, acquièrent dans Athènes et Rome, cet éclat, ce degré d'énergie, de perfection et de beauté qui excite notre enthousiasme et nous transporte d'admiration. Et si nous voulons véri-

fier les faits par les principes, et les principes par les faits, nous trouverons toujours
que l'égalité n'a été si funeste aux États,
que parce qu'elle est en contradiction avec
la maxime fondamentale et anti-naturelle
de toute société, savoir que la partie doit
commander au tout, et qu'entre des êtres
égaux, n'y ayant aucun motif d'en mettre
quelques-uns à la tête de tous les autres,
les rapports de l'obéissance à l'ordre, et des
parties à un centre commun, deviennent
impossibles à établir. Telle est la raison
première et philosophique du danger de
l'égalité : elle est tirée de la nature même
du corps politique.

Mais ensuite tout se répare, s'applanit,
se corrige au-devant des siècles qui s'écoulent. Rois, princes et grands ont été peuple
originairement, et le redeviendront. L'agent
merveilleux de ces métamorphoses, c'est
le tems, ce lent et patient opérateur de toutes choses; il égalise tout. Il favorise le jeu
d'un immense balancier qui, sous la main
de la fortune, et par des oscillations tantôt
lentes et tantôt rapides, fait mouvoir tous
les rouages de la mécanique sociale. Les
hommes se déplacent; l'un descend, l'autre

M 4

s'élève; et c'est par toutes les inégalités alternatives et successives que se font les grandes compensations; d'où résulte, pour dernier terme, une égalité générale.

Fin du livre second.

DE L'ÉGALITÉ.
LIVRE TROISIEME.

MAINTENANT, si mes forces me le permettoient, j'essaierois d'élever un monument pour l'instruction de la postérité la plus reculée. J'y graverois un fait unique sur la terre ; j'y parlerois d'une nation célèbre entre toutes les autres, au milieu de laquelle s'est opérée une révolution qui, par ses caractères et la nouveauté des circonstances qui l'ont accompagnée, n'a rien eu de commun avec tous les évènements antérieurs qui ont porté le même nom. Cette révolution s'est annoncée d'abord sous les plus heureux auspices ; elle a réuni tous les vœux ; elle a ressuscité en un instant le doux nom de patrie : elle en a fait passer l'émotion dans tous les cœurs ; elle a fait jaillir de toutes les ames des sentiments nobles et généreux (a) : elle a été applaudie par

_____

(a) Voyez les premières lettres de la *Correspondance*, &c.

l'Europe entière. Tous les ordres de l'Etat en sentoient la nécessité, la desiroient, excepté une poignée de vampires, dont la chûte et les regrets n'auroient touché personne. Je dirois que dans l'espace de quelques jours et sans effusion de sang, cette nation a vu toutes les chaînes dont elle étoit chargée depuis douze cents ans, tomber comme par enchantement à ses pieds. Les grands avoient perdu leur morgue; les nobles, leur dédain; le bourgeois, son air timide et emprunté; et le peuple, sa posture inclinée. Une noble assurance et une joie commune les rapprochoient les uns des autres : tous les François sans distinction paroissoient des frères dont les cadets conservoient pour leurs aînés de justes déférences : c'est le plus beau moment de la révolution. (1)

A cette époque la France a pu devenir une véritable république, fonder son gouvernement sur les mêmes principes qui ont rendu Athènes et Rome si florissantes, jouir comme elles du plus haut degré de liberté

_____

(1) Je parle de ce que j'ai vu; j'en ai présenté les tableaux.

civile et politique. Elle a pu mieux encore;
elle a pu le rendre plus parfait, en mettant
à profit les fautes de ces deux peuples, et
l'expérience et les lumières acquises en
politique depuis deux mille ans. Elle a pu
lui donner plus de solidité et de stabilité,
en calculant avec plus de justesse l'équilibre des pouvoirs. La représentation en eût
écarté les orages; et lorsqu'enfin le vaisseau
de l'Etat se seroit vu battu par la tempête,
il auroit trouvé dans le pouvoir royal une
amarre plus forte qu'un démagogue ou un
consul, et moins dangereuse que celle d'un
dictateur. Rien ne s'opposoit à cette heureuse combinaison : tous y gagnoient, y
trouvoient leur avantage. La nombreuse
noblesse du royaume, opprimée par celle
de cour, auroit fait cause commune avec
le peuple; et c'est avec transport qu'elle
auroit troqué, échangé l'obligation de ramper pour parvenir contre l'indépendance,
contre la gloire d'être l'appui d'un peuple
libre, et l'honneur de devenir une portion
de la souveraineté dans le sénat de la république.

Le roi, menacé d'une banqueroute, et
opprimé lui-même par les parlements et par

les grands qui l'entouroient, auroit cru, comme le peuple, avoir conquis sa liberté, et auroit préféré un tiers de souveraineté à la totalité d'un pouvoir illusoire. Qu'on ne s'y trompe pas; dans un gouvernement despotique personne n'y est libre; tous les rapports sont des rapports de servitude et d'iniquités; et le despote, le plus souvent jouet des intrigues de cour, des cabales des grands; exposé à l'explosion des complots, ou aux poignards de la superstition, à la merci d'une soldatesque arrogante ou d'un peuple irrité, n'est lui-même, tout à la fois, que le plus malheureux et le premier esclave de son Empire.

Les François ont donc pu, en 1789, présenter aux hommes le modèle du plus beau et du plus parfait gouvernement qui eût encore paru sur la terre; d'un gouvernement qui auroit réuni tous les avantages des républiques Athéniene et Romaine, sans aucun de leurs défauts. Voici quels en auroient été les résultats inévitables. La France est depuis long-tems en possession de donner aux Européens ses mœurs, ses modes et ses usages et d'en être imitée : elle leur auroit donné de plus le spectacle d'un peuple aussi heureux et aussi libre que puissant. Les arts, les lettres y auroient pris un essor prodigieux. Sa langue est devenue la langue universelle. La philosophie, débarrassée de toute entrave par la liberté de la presse, auroit perfectionné la raison humaine, et développé sans gêne toutes les vérités tutélaires du bonheur des nations, toutes ces vérités qui seules peuvent les garantir des excès de la tyrannie et des fureurs du fanatisme. Avant vingt ans, les traces de la servitude eussent été par-tout effacées. Le pouvoir arbitraire eût fait place aux autorités légitimes. Les rois eussent été fiers de commander à des peuples libres et soumis aux loix. Et l'Europe entière, sans secousse et sans trouble, fut devenue Françoise par ses gouvernements. Et la France, couverte d'une gloire immortelle, auroit régénéré l'univers en l'éclairant par ses écrits et par son exemple. Telles étoient les hautes destinées auxquelles elle étoit appellée en 1789. Il étoit même vraisemblable alors que la révolution suivroit cette route. Le vœu de la majorité des cahiers ne s'en écartoit pas beaucoup. Pourquoi en a-t-elle pris une toute opposée. Ce sont des causes à

rechercher ou plutôt à deviner. Je me suis
fait quelquefois cette question. Qu'est ce que
les Anglois auroient le mieux aimé, perdre
leur Bengale, ou voir la France acquérir
cette supériorité politique ? Je n'ai pas encore trouvé la réponse.

Il est pour l'observateur impartial, mais
sensible, un spectacle à la fois intéressant
et déchirant ; c'est celui des efforts de chaque parti pour faire valoir la cause qu'il
soutient, pour en masquer les endroits foibles : c'est celui du sacrifice perpétuel de
tout ce qu'il y a de plus grand à ce qu'il
y de plus vil ; de la félicité des nations à
de misérables petites passions, à des futi-
les jouissances de vanité et d'amour-propre. Des sophismes, de l'obstination, de
la mauvaise foi des deux côtés, quand il
s'agit des intérêts sacrés de l'humanité. Personne qui vienne stipuler pour elle, embrasser sa défense. Point de grandeur d'ame;
point d'élévation dans les caractères. Personne ne parle pour tous, chacun ne parle
que pour soi. Ecoutez comment la plus
grande question qui se soit jamais élevée
parmi les hommes ; celle d'où dépend la
régénération de la société civile ou sa dis-

solution , la perte, ou le salut du genre-
humain, a été débattue , agitée par les écrivains des deux partis (2). Ils répondent
fidèlement à tout ce qu'on ne leur objecte
pas ; mais aussi , ils ne manquent jamais de
laisser sans réponse les plus fortes objections. Celui-ci , attaque-t-il les défauts d'une
constitution faite par douze cents hommes
qui ne s'entendoient pas ; on lui répond
par la nécessité d'une révolution. Celui-là,
dirige-t-il ses coups vers les vices de l'ancien régime ; on le réfute par les opérations
injustes et désastreuses du nouveau. L'un ,
veut-il dévoiler les turpitudes du despotisme ; on lui oppose le tableau des malheurs de l'anarchie. Ainsi, pour découvrir
la vérité, il y auroit ici une règle infaillible ; ce seroit de suivre les sinuosités des
arguments réciproques ; on verroit que
l'aristocrate et le démocrate en possédent
à-peu-près chacun une moitié. Joignez
ensemble ces deux moitiés, et vous aurez
la vérité toute entière. L'un est invincible
lorsqu'il défend la révolution, la liberté ,
et toutes ces loix favorables à l'agriculture

---

(2) Je parle ici des écrits pour et contre qui ont paru
en 1789 et 1790 sous l'assemblée dite constituante.

et au commerce qui en ont été la suite.
L'autre est foible lorsqu'il plaide pour l'ancien gouvernement et la scandaleuse opulence du clergé : mais il devient fort à son
tour lorsqu'il attaque les moyens violents
de l'assemblée nationale , sa marche dévorante, et ses irruptions dans les droits
sacrés de la propriété. Leurs raisonnements
respectifs pénètrent et fléchissent alternativement ; et semblables à cette correspondance d'angles rentrants et saillants , qu'on
remarque dans les montagnes et les terres
divisées par la révolution du globe , et qui
formeroient un tout uni si on les rapprochoit : de même, il ne manque aux partis
divisés par la révolution de France que de
vouloir s'entendre et rapprocher leurs droits
et leurs torts réciproques pour se trouver
d'accord.

Soyons justes; si la noblesse Françoise
avoit eu au - dessus d'elle une caste qui
l'eût opprimée, humiliée , et qu'elle eût
trouvé une occasion favorable pour l'abaisser et s'élever à son niveau , elle n'eût pas
manqué de la saisir. Le Tiers-Etat, dans ce
même rapport avec la noblesse, a fait à son
égard ce que la noblesse eût fait à l'égard

de

de cette caste supérieure. C'est la révolution qui lui en a fourni l'occasion, mais
ses victoires sont le produit de sa propre
habileté combinée avec les fautes innombrables de la noblesse. Qu'arrive-t-il ensuite ? D'un côté, on s'instruit par ses revers, et de l'autre, on s'enivre de ses succès, et l'on s'égare. La chance tourne et
passe d'un parti à l'autre. On ne reconnoît plus cette marche profonde, et ces
manœuvres hardies qui avoient signalé les
premières opérations du Tiers-Etat. On ne
voit plus en lui qu'une tactique vague et
incertaine ; faisant trop ou trop peu, timide
ou audacieux, passant le but ou restant
en deçà.

Pour apprécier ses fautes, il faut remonter à celle qui est l'origine de toutes les
autres ; à une faute qui équivaut elle seule
à toutes celles de la noblesse : c'est de
n'avoir point fait à la patrie le sacrifice de
son ressentiment, de n'avoir pas usé de
générosité, et réparé les erreurs de la noblesse par sa sagesse et sa modération. Ne
pouvoit-il l'abaisser sans l'annihiler ? Comment a-t-il pu s'aveugler au point de ne
pas voir qu'en déchaînant le peuple, en le

lachant sur la noblesse, elle invoqueroit à son aide toute l'Europe? Que la destruction de la noblesse seroit le signal de tous les fléaux pour la malheureuse France; que cette destruction lui créeroit un peuple innombrable d'ennemis au-dedans et au-dehors? En transigeant avec la noblesse, le Tiers-Etat mettoit fin à la révolution. En préférant le parti qu'il a pris, celui de la force et de la violence, il lui falloit absolument à sa tête un de ces hommes rares, en qui la nature a réuni le grand caractère au génie; cet homme ne s'est pas trouvé. Il a donc manqué aux François jusqu'à présent, ou un grand homme qui les dispensât d'être généreux, ou assez de générosité pour être dispensés du besoin d'un grand homme. J'ai cru quelque tems qu'il avoit paru dans la personne du général Dumourier; mais sa défection les prive d'un homme qui s'étoit élevé à la hauteur des circonstances, qui pouvoit légitimer la force par ses talents et ses succès, sauver la France enfin, et la soustraire à ses propres fureurs et à celles de ses ennemis.

Les républiques, Hollandoise, Angloise, Américaine n'eussent point été fondées, sans les Nassau, Cromwel et Wasington. On ne termine pas plus une révolution avec sept ou huit cents députés révolutionnaires, qu'on ne fait une bonne législation avec douze cents législateurs. Il faut pluralité pour le conseil, mais unité pour l'exécution. Jamais aucune de ces grandes entreprises qui demandent du génie n'a été conduite à bien par une multitude ; il faut un centre unique de mouvement. Les trop nombreuses assemblées renferment tous les vices de la démocratie ; elles ne sont que des luttes d'amour-propre, des rivalités de gloire, des jalousies de pouvoir, ou des factions qui se déchirent. Le mérite et les talents y sont le plus souvent en pure perte , parce que les gens de bien et de génie y usent leurs forces contre les efforts des méchants et des sots. Ce sont alors des quantités positives et négatives qui se détruisent et qui ne donnent que zéro pour résultat. Le peuple se divise comme l'assemblée , il prend parti pour l'une ou l'autre des factions : ici, il hue, et là, il applaudit; et la démocratie pure, soit qu'elle exerce ces pouvoirs, soit qu'elle les délègue, n'est

jamais qu'une guerre civile plus ou moins
active, plus ou moins déclarée.

Les grandes assemblées ont cet avantage, que lorsqu'elles sont composées d'habiles gens, les vices que j'y ai remarqués,
tournent quelquefois au profit des discussions, et que les sujets qu'on y traite sont
envisagés sous toutes leurs faces : c'est alors
qu'on a besoin d'un corps supérieur et moins
nombreux, et d'un ou plusieurs chefs respectés et puissants, qui fassent fonction,
si j'ose parler ainsi, de filières ou d'éta-
mines pour ne laisser passer que ce que
les délibérations ont de bon, et pour arrêter les décrets imprégnés du poison des
haines et des intérêts particuliers. Il est sorti
d'excellentes loix de l'assemblée constituante. Pourquoi? C'est que les écrits des
philosophes les avoient indiquées ; l'opinion
publique les avoient consacrées (car il y
avoit alors une opinion) et les deux côtés
qui se choquoient, pour se montrer populaires et patriotes, s'empressoient à l'envi
de les adopter. Une chambre supérieure,
par exemple, n'eût-elle eu que des hommes droits, justes et sensés, et pas un seul
noble au nombre de ses membres, n'eût

pas laissé passer ce décret désastreux de
l'abolition de la noblesse. Le roi en le sanc-
tionnant, signa sa sentence de mort. Sans
ce décret les nobles seroient restés dans
leur patrie; l'Europe seroit en paix; la
France ne l'auroit pas pour ennemie, elle
ne se verroit pas à la veille d'être dévorée
par les feux de la guerre étrangère et civile,
et le roi n'eut pas péri sur l'échafaud.

Que les passions rendent les hommes
inconséquents !. C'est au moment où l'assemblée constituante scrute les sciences
exactes, interroge et les cieux et la terre
pour procurer aux François et à l'univers
le bienfait d'une mesure fixe et invariable,
à laquelle toutes les valeurs matérielles
puissent être rapportées; c'est lorsqu'elle
s'occupe de cette recherche, qu'elle proscrit dans la noblesse la mesure précieuse,
déja trouvée et bien plus importante, des
valeurs morales. Il falloit la rappeller à
son institution primitive, celle d'évaluer
comme de récompenser le mérite personnel et les talents, et non pas la proscrire.
Il n'étoit pas difficile de prévoir que cette
proscription pouvoit ébranler l'Europe par

N 3

ses fondements et amener toutes les catastrophes (*a*).

Maintenant si j'examine les causes qui par
degré, ont mis la France dans l'état déplorable où elle est aujourd'hui, j'en vois une
puissante et générale qui me dispense de
rechercher toutes celles de détail et qui lui
sont subordonnées. Elle rend même assez
indifférente la réponse à la demande que
je me suis faite tantôt sur les Anglois. Cette
cause, la voici. Dans les grands orages
politiques, et lorsque tout un peuple est
en fermentation, il est deux voix qui constamment se font entendre, celle de la raison, qui n'est écoutée que du petit nombre,
et celle des passions, qui remue et transporte la multitude : il est donc presqu'impossible que ce ne soit toujours le plus
mauvais parti que l'on embrasse. Le même
phénomène s'observe bien dans chaque
homme en particulier, mais avec cette
différence que l'individu calcule mieux ses
intérêts, et s'approche plus ou moins du
but qu'il se propose ; au lieu que les réu-

(*a*) L'expression de ce pressentiment se trouve à
la page 340 de la *Correspondance*, etc.

nions d'hommes font précisément tout le
contraire de ce qu'elles devroient faire,
et agissent d'une manière toute opposée à
leurs propres intentions. Si vous ajoutez à
cette cause, que les circonstances propres
aux grandes révolutions ne se présentent
qu'à de très-longs intervalles; qu'un bon
gouvernement est difficile à fonder, plus
difficile encore à faire adopter; que les dangers le menacent de toutes parts avant qu'il
soit affermi; que pendant la crise, il s'établit une lutte furieuse entre les protecteurs
de l'ordre ancien et les partisans du nouveau;
qu'alors, les foibles pour devenir forts invoquent l'anarchie, et les forts pour maintenir leur force invoquent le despotisme;
ensorte que les tempêtes excitées de ces
deux pôles politiques enveloppent de leurs
tourbillons le berceau d'une institution nais-
sante, et vous verrez en grande partie pourquoi rien n'est si rare sur la terre que la
liberté civile et politique, ces deux premiers biens des hommes réunis en société.

Tant que la révolution a couru dans le
sens de la liberté je l'ai idolatrée (3). Lors-

(3) J'ose croire que personne ne l'a chantée avec

N 4

que je l'ai vue s'arrêter tout-à-coup, et au signal anarchique de l'égalité (a) s'élancer en arrière, se défaire elle-même et courir dans un sens opposé : lorsque je l'ai vue entraîner vers l'esclavage à travers des flots de sang, un peuple abusé, digne d'un meilleur sort ; alors mon amour pour la révolution et la liberté m'a fait prendre en horreur des doctrines fatales qui ruinoient l'une et l'autre, et renversoient ces objets sacrés de mon culte et de ma vénération.

Il a paru des hommes partisans ardents de l'égalité, mais qui veulent aussi la liberté, l'ordre et la paix, et sont surpris de ne pouvoir y parvenir. Tels sont les *Roland*, les *Pethion*, les *Brissot*, les *Kersaint*, les *Manuel*, etc. etc. Pour des gens d'esprit, leur aveuglement me paroît inconcevable. Ils veulent l'ordre avec la cause la plus active du désordre ; la paix sous l'étendard de la discorde, et la liberté, au milieu des éléments de l'anarchie. Quels sont donc les marins qui, au milieu des flots de l'Océan soulevé par des vents furieux, s'attendent à

---

plus d'enthousiasme que moi, dans les premières lettres de la *Correspondance d'un habitant de Paris,* etc.

(*a*) Donné le 19 juin 1790.

une navigation tranquille, et s'étonnent des secousses terribles qu'éprouve le vaisseau ?

Les François ont détourné la vue des beaux jours de la Grèce et de Rome, ou plutôt ne se sont guères enquis de la situation politique à laquelle ces deux Etats les devoient. L'ambition adroite, prenant les hommes par leur foible, a fait briller à leurs yeux fascinés, l'égalité : ce qui flattoit l'orgueil a été jugé le bien public ; et par un de ces prestiges ordinaires à l'amour-propre et aux passions, l'amour de la patrie et de la liberté a été confondu avec celui de l'égalité. Les François ont donc aspiré à *l'égalité politique*. Je ne sais si beaucoup de gens en France en ont des idées justes. *Elle est le droit dont jouissent tous les citoyens d'une république de parvenir sans distinction de rang ni de naissance, à tous les emplois, toutes les dignités.* Ce droit s'établit avec ou sans violence. Dans ce dernier cas, il ne mine que lentement le corps politique, parce qu'il existe long - tems comme n'existant point. Il n'est qu'une simple condescendance pour le peuple, une satisfaction qui lui est accordée et dont il se contente ; et d'ailleurs les hommes et les choses restent à leur place comme aupa-

ravant. C'est ainsi que l'égalité politique fut
introduite à Rome, et en Grèce sous Aristide. Le peuple n'usa point d'abord de son
droit dans Athènes, et la république n'en
continua pas moins de prospérer jusqu'au
tems de Periclès. Le peuple, à Rome, fut de
même appaisé par la concession de ce droit,
et maître de tirer de son sein ses magistrats et ses consuls, il choisit le plus souvent, et préféra long-tems des patriciens.
Nous ne voyons pas que les Romains aient
jamais cherché à opprimer ou dépouiller
les sénateurs, l'ordre équestre ni la noblesse.
Toutes ces violences eurent lieu dans Athènes sous Periclès, et l'égalité politique ne
lui fut si funeste que parce qu'elle s'y établit de fait et par la force. Ce qui sauva la
noblesse Romaine sauva aussi la république. Deux choses la maintinrent quelques
siècles, quoique frappée du vice énorme
dans un grand Empire d'une démocratie
délibérante. La première, furent les contre-
poids moraux de deux consuls et d'un
sénat; et la seconde, la sagesse avec laquelle
les Romains continrent les assemblées du
peuple, par les savantes *classifications* et dis-
tributions qu'ils y introduisirent. Ces moyens

de répression étoient si habilement combinés que le peuple, malgré sa force, fut obligé d'avoir recours à des tribuns? pour défendre ses droits.

Dès que la noblesse cessa de faire un ordre en France, (ce fut sur la fin de 1789), et que tous les citoyens furent déclarés capables de toutes les fonctions publiques, l'égalité politique y eut lieu. La majorité des nobles aux États - Généraux protesta, il est vrai, mais une minorité nombreuse consentit, et la noblesse de province ne réclama point. Le peuple, quoiqu'irrité contre les nobles, en vouloit encore plus au clergé. Il se commit bien des excès de part et d'autre; néanmoins les premières charges de l'État restèrent entre les mains de la noblesse, et l'on ne peut pas dire que l'établissement de l'égalité politique en France ait été accompagnée de beaucoup de violence et de persécution, et qu'elle ait fait verser beaucoup de sang. Lorsque l'égalité politique régnoit à Rome et dans Athènes, et de droit et de fait, la noblesse, les chevaliers, les sénateurs, les patriciens n'en existoient pas moins. Ainsi l'égalité politique a des bornes : elle ne s'étend pas au - delà de l'abolition des privilèges exclusifs et de l'indistincte admission des nobles et des plébeïens à toutes les magistratures. Les ordres supérieurs cessent simplement d'en exclure le peuple et les partagent avec lui.

Les peuples d'Athènes et de Rome, libres depuis long‑tems, et en possession d'une grande part dans la souveraineté, pouvoient passer à l'égalité politique, et la supporter bien mieux que les François, à peine échappés au pouvoir arbitraire. Il faut préparer un peuple à la liberté, lui apprendre à être libre, et ce n'est pas l'ouvrage d'un jour. Les François avoient donc été déja beaucoup trop loin en prétendant à l'égalité politique. Quel nom donnerons‑nous à ce courant qui les a emportés bien au-delà de toutes les limites, et leur a fait briser toutes les digues sociales? Ce courant, créé et dirigé par l'erreur, l'imposture, l'ambition ou le fanatisme, et grossi par un concours de circonstances extraordinaires, les a conduits à l'*égalité absolue* par l'extinction de la noblesse (4).

_____

(4) Lorsque, le 19 juin 1790, l'assemblée constituante rendit ce fatal décret qui a fait tant de

. Distinguons donc trois époques dans la révolution Françoise.

_____

malheureux, et produit tant de désastres; je ne sais quel député ignorant, s'applaudissant de ce décret, s'avisa de dire qu'il assimiloit la France à l'Angleterre où n'existe point de noblesse. Il n'est peut-être pas de pays au monde où la différence des conditions soit non-seulement plus marquée, mais plus exactement observée dans les usages et dans les mœurs. L'Angleterre a un roi et des princes de sa famille. Viennent ensuite les Pairs du royaume et les Lords qui jouissent exclusivement de la qualité de *nobles :* les *Lords par courtoisie*, qui, sans être Lords, appartiennent à des familles décorées de la Pairie : les *chevaliers Baronets :* tous ceux à qui sont affectés les titres de *Sir*, de *Gentleman*, d'*Ecuyer :* différents ordres de chevalerie qui forment des distinctions à part : les gentilshommes du royaume reconnus par l'opinion publique sans l'être par la loi : et enfin les familles qui ont possédé long-tems les magistratures populaires, comme celles d'Alderman, de Lord-Maire, &c. Il n'en est pas de Londres comme de Paris, où l'urbanité, la politesse et l'esprit de société avoient introduit une espèce d'égalité; où l'on voyoit à table et dans les cercles les états confondus, le Président, l'artiste distingué, le Duc et Pair, l'homme de lettres, assis indifféremment au-dessus ou au-dessous les uns des autres. A Londres, aux assemblées, dans les festins, les places sont fixées : chaque convive y est placé selon son rang; et ce seroit manquer aux

L'établissement de la liberté, première
époque.

L'établissement de l'égalité politique, seconde époque.

L'établissement de l'égalité absolue, troisième époque.

Les François, dans la première époque,
ont dédaigné de n'être libres qu'à la manière
des Athéniens et des Romains : ils ont voulu
être libres comme ces peuples l'étoient dans
leurs jours de décadence, et ils ont passé
à l'*égalité politique.*

A cette seconde époque, la noblesse
Françoise conservoit ses privilèges hono-
rifiques, ses titres, et les principales places
dans l'ordre civil et militaire : tous les
citoyens seulement avoient le droit d'y prétendre comme elle. Les nobles se seroient
contentés encore de cet état de choses,
quoique bien inférieur au premier ; aucun
n'eût émigré, et ceux qui l'étoient seroient
rentrés : les puissances de l'Europe ne se
fussent nullement mêlées des affaires domestiques de la France et de son gouver-

personnes invitées que de ne pas se conformer à l'étiquette.

nement intérieur. Mais bientôt les François
n'ont voulu être libres ni à la manière des
peuples qui prospèrent, ni à la manière
des peuples qui déclinent ; ils ont voulu être
libres d'une liberté nouvelle, d'une liberté
absolue, par l'*égalité absolue*, dans une démocratie absolue. Ils ont détruit, extirpé la
noblesse, et par une loi fondamentale, ils
ont effacé les qualités distinctives qu'elle
tenoit de son origine : acte violent et tyrannique, auquel aucun peuple sur la terre ne
s'étoit encore porté : car c'est là ce qui fait
le caractère de l'égalité absolue : et lorsque
la noblesse fut persécutée sous Periclès,
Cimon et Thucidide, qui en étoient les
chefs, furent bannis, mais non désanoblis.

Ainsi, les François n'ont pas voulu de
l'égalité politique qui mène les Empires
lentement à leur dissolution, mais de l'égalité absolue qui les frappe d'une mort sou-
daine. Ce n'est donc pas l'égalité politique
qui a suscité aux François tant d'ennemis,
qui a chassé les nobles de leur patrie ; c'est
l'égalité absolue qui a contraint ces derniers
de recourir aux puissances Européennes
pour repousser la force par la force ; c'est
l'égalité absolue qui au-dedans environne

la liberté de conspirations, et au - dehors
arme l'Europe entière contre la France.

L'égalité politique a déja bien de la peine
à se défendre de l'anarchie : que sera - ce
de l'égalité absolue qui, ainsi que la démocratie absolue, n'est qu'une seule et même
chose avec l'anarchie ?

Pourquoi donc la France aujourd'hui
arme-t-elle six cents mille combattants (*a*) ?
Pourquoi prodigue - t - elle, le sang, les
finances et la substance du peuple et de l'E-
tat ? S'expose-t-elle aux horreurs d'une banqueroute ? Qu'est-ce qu'une guerre où l'on
espère battre l'or et l'argent de l'Europe
avec du papier ? Une guerre où l'on dépense plus en un mois qu'il n'en coûtoit par
an à Louis XIV pour vaincre le même
nombre d'ennemis ? Où chaque cent millions dépensés coûte à l'Etat un milliard,
par la perte du papier, et le vil prix auquel
se vendent les domaines et les biens du
clergé ? Qu'est - ce qu'une guerre où vont
s'engloutir toutes les richesses nationales,
et qui en suspend la régénération par la
perte des hommes, la ruine du commerce

_____

(*a*) Février 1793.

et

et de l'agriculture? Pour soutenir un systême qui place la France entre deux abîmes,
celui où les efforts de l'Europe liguée peuvent la précipiter, et celui où les divisions
intérieures et l'anarchie doivent infaillible-
ment la conduire, rapidement pendant la
paix, plus lentement pendant la guerre qui
réunit et qui exalte. Et tout cela se fait au
nom de la philosophie! Ah! quand les patriotes de France auroient formé le plan
de rendre à jamais la philosophie exécrable
aux nations, ils ne pouvoient pas mieux s'y
prendre!

Qu'est-ce que des décrets qui promettent
fraternité, assistance et secours à tous les
peuples qui voudront changer la forme de
leurs gouvernemens, ou secouer le joûg de
leurs tyrans? N'est-ce pas inviter tous les
peuples à la révolte? N'est-ce pas les engager à se soustraire aux administrations
même les plus douces et les plus modé-
rées? les engager à ne voir dans chaque
prince qu'un tyran, et dans tout magistrat,
ou pouvoir établi pour réprimer la licence,
qu'un surveillant fâcheux et incommode?
Ne connoît-on pas l'esprit remuant des peuples, l'amour des nouveautés si naturel à

l'homme? le dégoût et la satiété qui accompagnent la possession des plus précieux avantages, et la folle espérance d'être mieux quand on est bien? et la pente qui entraîne aux révolutions cette foule d'hommes qui, n'ayant rien à perdre, ne peuvent qu'y gagner? Ne sait-on pas que dans le meilleur état de choses, il y a toujours des mécontents, et de ces gens inquiets, à qui les troubles du lendemain sont plus chers que la quiétude de la veille? N'est-ce pas enfin déclarer la guerre à tous les gouvernemens de l'univers? N'est-ce pas se montrer plus terrible, plus redoutable que ne l'ont jamais été les Attila, les Tamerlan, les Gengis-Kan? La guerre, que ces héros barbares portoient chez les nations, étoit une guerre matérielle et visible; on pouvoit s'en défendre; le fer pouvoit parer le fer; et, vainqueurs ou vaincus, les hommes enfin restoient réunis sous une autorité quelconque.

Ici, c'est une guerre sourde et cachée, qui sappe d'une manière invisible les fondemens même de la société civile, et qui tend à en dissoudre tous les liens d'un bout de l'Europe à l'autre. Et les François sont tout étonnés qu'on leur en veuille! Ils appellent les précautions qu'on prend contre leurs décrets, des *systèmes de haine* (*a*). Ils feignent de croire que c'est ici une ligue des tyrans contre la liberté; et ils ne cessent de se récrier sur l'immoralité des cours, sur leurs noires conspirations, contre un peuple paisible, innocent, vertueux, qui a renoncé à toute conquête, qui n'en veut à personne, et qui ne demande qu'à vivre libre et tranquille au sein de ses foyers. On diroit, à les entendre, que c'est une persécution, et qu'ils sont des martyrs de la loi naturelle; lorsque, d'un autre côté, ils semblent dire aux autres peuples : « Nous voulons tous mou-« rir jusqu'au dernier, plutôt que de ne « pas réussir à porter chez vous l'anar-« chie qui nous dévore. Nous nous battons « pour soutenir l'égalité absolue qui nous « perd; et nous ne cesserons de nous battre « et de nous dévouer jusqu'à ce que nous « jouissions pleinement du droit de nous « détruire nous-mêmes, après vous avoir « anéantis et détruits.»

Passant maintenant de la démocratie ab-

―――――――――――――   ―――――――――――――

(*a*) Plainte formée et souvent répétée par les François; voyez les Moniteurs du 9, 10 et 11 mars 1793.

solue aux Etats gouvernés par des rois, si
l'on veut connoître la tendance plus ou
moins marquée de ces Etats vers le despotisme, il suffit de consulter les rapports
des sujets entr'eux et avec le monarque. Les
divers degrés d'égalité donnent dans ces
gouvernements la mesure de leur despotisme. Il y suit exactement la loi inverse des
distances entre les hommes. Plus ces distances sont rapprochées, plus l'autorité y
est arbitraire; et réciproquement, plus on
y diffère de l'égalité, et moins le despotisme s'y fait sentir. Et lorsque les rois, qui,
pour augmenter leur autorité, paroissent
tendre comme par instinct à l'égalité, rencontrent des obstacles, c'est toujours dans
des ordres puissants et privilégiés. Jamais
les empereurs de la maison d'Autriche n'ont
pu assimiler la Hongrie à leurs Etats héréditaires. Ils ont toujours trouvé dans les
Hongrois un peuple fier, aussi indomptable
par la force qu'accessible à la raison; aussi
jaloux de ses franchises, aussi ennemi des
tyrans que généreux et fidèle, et que docile
au joug des loix. C'est à la résistance de la
noblesse que les Hongrois doivent de n'avoir
jamais été subjugués. Mais ensuite l'inégalité

des conditions n'y est-elle point trop fortement prononcée? Les nobles en corps arrê-
tent, il est vrai, les entreprises du roi; mais
ce n'est peut-être qu'un despotisme qui en
repousse un autre; et ce pays renferme
d'autres vices qui tiennent à l'ancienne barbarie de l'Europe, et qui font que la condition du peuple n'en est guères meilleure.
Qu'est-ce qu'un pays qui se pique de liberté, qui a des Etats, une Diète, et où la
prépondérance d'un seul homme équivaut
à celle d'une ville entière? Un noble a une
voix à la Diète, et une ville peuplée n'a
qu'une voix! (5)

_____

(5) Ainsi, de quelque côté qu'on regarde, on voit
sans cesse que la maxime la plus importante à la félicité publique, *il faut en tout garder un juste milieu,*
est en même-temps celle qui est la plus négligée. Elle
devroit être chaque jour publiée à son de trompe,
écrite, imprimée, affichée, gravée et reproduite aux
yeux et à la mémoire des hommes sous toutes les
formes. Cependant, je l'ai vu, et je dois le dire à l'honneur de la noblesse Hongroise; c'est qu'elle est pleine
de bonne volonté, qu'elle seroit très-disposée à se-
conder les intentions du roi qui seroient favorables au
peuple; qu'elle ne demande que des lumières, et des
moyens de faire fleurir les arts et le commerce, et de

Sous les dehors séduisants de la politesse
et de l'urbanité, Joseph II marchoit visiblement au pouvoir arbitraire par la route
battue de l'égalité. Sous prétexte de réfor-
mer les loix, de soulager les peuples, on
l'a vu, pendant tout le cours de son règne,
occupé du soin d'abaisser la noblesse, de
détruire les privilèges, et de relever les
conditions inférieures par des annoblisse-
ments fréquents. Le mécontentement étoit
extrême à sa mort, et sur-tout en Hongrie.

Les rois de France étoient parvenus, par
la même route, au même but. La noblesse
y étoit à l'enchère et s'y vendoit publiquement. Les plus importantes magistratures y
avoient leur prix et leur tarif. Tout en France
étoit devenu vénal. L'or avoit comblé les
intervalles, mis les rangs de niveau et tout
égalisé. Les nobles trafiquoient de leur
alliance avec le tiers-état. Leurs sangs per-

---

combler l'intervalle qui la sépare de ses paysans. Mais
sa position géographique, le défaut de rivières, de
canaux navigables, de débouchés aux productions de
son fertile sol, et le voisinage des Turcs, de cette
nation superstitieuse et abrutie, sont des circonstances
qui retarderont long-tems l'entière civilisation de la
Hongrie.

pétuellement mêlés ne laissoient plus appercevoir aucune différence ; et le despote pa-
roissant d'autant plus élevé que les ordres
supérieurs fléchissoient et se rapprochoient
davantage des inférieurs ; il étoit reçu à la
cour, que la présence du monarque effa-
çoit toutes les distinctions, et que de son
élévation suprême', il ne devoit voir autour
de lui que des êtres égaux : comme du som-
met d'une haute montagne, le chêne et
l'arbrisseau se confondent à l'œil. Maxime
empreinte, d'un côté, du délire de l'orgueil ;
de l'autre, de la plus vile bassesse, et qui
ne pouvoit avoir cours que parmi les esclaves : car il n'appartient qu'à un Dieu de
ne voir dans les mortels que des vermis-
seaux uniformes.

Tout portoit en France le caractère du
despotisme oriental , sous lequel un coup-
d'œil du Sultan et son choix tirent un homme
du néant, et le rendent aussitôt propre aux
premiers emplois. Les nominations de Versailles ressembloient tout-à-fait à celles du
Grand-Seigneur. Tout s'y accordoit à la
faveur et à l'intrigue. Pour réussir, il ne
falloit que ramper et attendre. Le bon plaisir du maître faisoit d'un courtisan un gé-

O 4

néral, d'une bûche un ministre, et d'un sot un homme en place. Les pensions s'y accordoient à des *cantates* ou à des *balonés*, et un Lindor à voix flûtée y obtenoit des ambassades.

Le despotisme et l'égalité s'entr'aident réciproquement, et il y a toujours action et réaction de l'un à l'autre. Ainsi l'égalité, en France, a favorisé le despotisme. Le despotisme est le pouvoir de faire tout impunément. Ce pouvoir a multiplié les impôts et les emprunts. Les impôts ont irrité le peuple. Les emprunts ont augmenté la dette. L'énormité de la dette a créé le déficit. Le déficit a fait convoquer les Etats-Généraux, lesquels ont produit les assemblées nationales ; et ces assemblées nationales se sont servies de la force du peuple pour renverser le trône. Il n'étoit réservé qu'à la France d'être successivement et coup sur coup battue en ruine par les deux égalités *despotique* et *démocratique*.

Nous avons fait observer que le despotisme dure, et que les démocraties ne font que passer, et nous avons indiqué les causes de ce phénomène. Les deux espèces d'égalité qui leur appartiennent ont aussi chacune leur caractère distinctif. Dans l'égalité du despotisme, on rampe il est vrai, mais c'est pour monter et parvenir. Tout y a donc de la grandeur et de l'éclat, parce que tout tend à s'élever. Dans l'égalité de la démocratie, tout est rude et mesquin, parce que tout tend à descendre. L'aventurier du despotisme chamarroit ses laquais, étaloit des écussons écartelés sur les panneaux de sa voiture, et décoroit son chapeau d'un plumet. L'aventurier de la démocratie se jette dans la foule, une canne à poignard dans la main, un bonnet rouge dans la poche, le chapeau rabattu sur des cheveux courts et plats, nivelés par le bas. Le premier disoit *mes gens, mes terres.* Le second dit *mes frères, ma section.* L'un laissoit percer sans le dire, et ne persuadoit que mieux, qu'il avoit du crédit à la cour, et qu'il chassoit avec le roi. L'autre a la parole prompte et brusque ; sa contenance est sombre et son regard farouche ; il vocifère contre les prêtres et les nobles, se répand dans les grouppes, et brille aux Jacobins. Pour dominer aujourd'hui, l'on s'abaisse ; pour maîtriser alors, on s'élevoit. Tout intrigant étoit marquis ; tout ambitieux est maintenant un *sans-culotte.* L'intrigant du tems présent tonne à la commune ou dans son club contre la dureté des riches, indique des moyens d'étouffer l'agiotage, passe en revue la Convention, fait la satyre des députés, prouve aux tribunes que l'anarchie cessera, que l'abondance renaîtra, quand l'argent ne se vendra plus et que le pain sera taxé. Il insinue qu'on n'a fait que changer de tyran, propose d'écraser les factieux. Et pour produire plus d'effet, souvent il s'interrompt au milieu de son discours. Tout-à-coup son visage s'éclaircit; il regarde le ciel, il radoucit sa voix, et d'un ton bien hypocrite, il prononce les mots de *liberté,* d'*égalité,* de *souveraineté du peuple.* Mais bientôt agité par la vapeur républicaine, transporté d'une fureur *civique,* on le voit roulant des yeux hagards, entrer en convulsion quand il parle des rois.

Les ambitieux du tems passé prenoient l'essor de l'aigle et fixoient le soleil. La foudre en frappoit quelques-uns pour les punir de leur témérité. Ceux d'aujourd'hui recherchent les ténèbres. Ils s'agitent pour et contre la révolution, usent des mêmes manœuvres pour arriver à deux fins opposées. Ce sont des taupes qui remuent, bouleversent, et qui, pour soulever, se cachent et s'enfoncent sous terre. On mettoit autrefois par-tout de la noblesse ; on la cherchoit en tout, jusques dans le choix des peines et dans la qualité de la geole. L'on visoit aux honneurs de la Bastille et de la lettre-de-cachet qui en ouvroit l'entrée. Personne ne se rendant justice ne vouloit de la sentence de police qui conduit à Bicêtre. Cependant, tout étoit assez égal entre la Bastille et Bicêtre. La fortune changeante décidoit seule de celui des chemins que prenoit le captif. Les coups du sort remplissoient l'une ou l'autre geole. Tel finissoit ses jours à la Bastille, dont l'ayeul avoit tourné la roue de Bicêtre.

Les mandats d'amener et les mandats d'arrêt ont remplacé les lettres-de-cachet. Le mouvement des hommes et des choses est toujours le même. Le courant de l'égalité n'a fait que changer de direction. Il partoit ci-devant des lieux bas pour atteindre à des hauteurs. Il descend maintenant des sommets dans le fond des vallées. Dans la première direction, on abordoit souvent, ou

l'on trouvoit du moins à se sauver. Il n'en
est pas de même dans la seconde ; elle est
remplie d'écueils et de dangers, et les pro-
fits ou la gloire y sont à peu-près nuls.

Il n'y avoit qu'une vaste et noble trappe
appellée *la Bastille.* Quelques imprudents
de tems en tems s'y laissoient prendre, et
alloient quelques mois y expier leurs erreurs
ou leurs étourderies. A cette trappe énorme
qui frappoit tous les yeux, qu'on pouvoit
éviter, dont on sortoit presque toujours
vivant, ont succédé de petites et humbles
souricières où l'on ne languit guères, et
dont l'entrée est plus aisée que la sortie.
Un *mandat d'arrêt* va surprendre les taupes
à face humaine, les déterrer ; car elles sont
aveugles ; on en remplit les souricières. A
un signal donné, comme le tocsin ou le
canon d'alarme, des chats sauvages de
l'espèce du tigre, gardés pour cet usage,
accourent par milliers sous les ordres de
quelques chefs. Les souricières s'ouvrent,
les malheureuses taupes sont déchirées,
mises en pièces. Elles ont beau crier, attes-
ter leur civisme : *tuez, tuez toujours*, répond-
on à leurs plaintes ; *la république reconnoîtra les*

siens (6). Dieu nous préserve des souricières du 2 septembre !

Songeons néanmoins que la mort peut être merveilleuse pour fonder une république, vu qu'elle porte une faux qui égalise tout. Aussi un politique profond, ardent républicain, dont le sourire dédaigneux plane sur la Convention du haut de la tribune, s'est montré si pénétré des vertus républicaines de la mort, qu'il opinoit pour que sa faulx se promenât encore sur deux ou trois cents mille têtes. On voit bien qu'il n'a été arrêté dans une si belle carrière que par la sensibilité de son ame : et c'est ainsi que certaines qualités dans l'ame se détruisent réciproquement, quand elles existent en même tems. Ici l'humanité a tué le génie, ou du moins en a comprimé l'essor ; autrement ce grand politique auroit vu que vingt-quatre millions de têtes en France, de volontés et d'opinions diverses, s'opposeront toujours à la formation de la république.

_____

(6) Les soldats, à Béziers pris d'assaut, ne devoient tuer que les hérétiques : l'embarras étoit de les reconnoître. On s'adresse au légat du pape, qui répond : *tuez, tuez-les tous ; le Seigneur saura bien reconnoître les siens.*

Pour moi qui suis féroce quand il s'agit du bien public, je proposerois de les abattre toutes, de n'en conserver qu'une, qui seule soit chargée de faire mouvoir les quarante-huit millions de bras. Ce n'est qu'au prix d'un pareil sacrifice qu'on atteindra dans la république à l'unité, à l'harmonie et à l'ensemble.

Toute personne bien pénétrée de l'esprit de la révolution Françoise sentira qu'elle peut finir par-là. Les maximes qui lui sont propres, et qu'elle a fidèlement suivies jusqu'à présent, mènent tout droit à cette fin, ou à toute autre aussi extraordinaire. J'ai peur que la France n'ait guéri l'Europe pour long-tems de l'envie de faire des révolutions.

De toutes les institutions humaines s'écoulent, par une multitude de canaux, beaucoup de biens, beaucoup de maux; dans les unes plus, dans les autres moins, selon leur degré de perfection, et la nature des circonstances qui ont concouru à les former. Si l'on se bornoit, lorsque les occasions si rares de le pouvoir se présentent, à fermer et obstruer tous les canaux par où le mal s'échappe, et à laisser subsister

tous les autres : que dans un pays comme
la France, par exemple, et dans les divers
rapports du peuple avec son chef, de la
noblesse avec la bourgeoisie, des tribunaux
avec les justiciables, des seigneurs avec
leurs vassaux, des corporations avec le progrès des arts, on se fut étudié à supprimer
pour jamais tous les droits abusifs, toutes
les servitudes, toutes les causes de vexa-
tion, tout ce qui peut tendre à la tyrannie, à l'oppression, à l'injustice, à l'arbitraire; qu'auroit-on fait? Des révolutions
utiles, dignes du respect des sages, de la
reconnoissance des générations futures, et
de l'admiration de tous les siècles.

Lorsqu'un jour, on voudra se former
une idée juste de l'ancien gouvernement et
du nouveau, de leurs procédés politiques
respectifs, et des révolutions mémorables
qui ont servi de passage de l'un à l'autre;
on la trouvera dans les trois mots suivants.
Inconvénients des droits féodaux. C'est le titre
d'une brochure qui parut il y a quelques
années : elle fut brûlée par arrêt du parlement. La révolution en a fait renaître le
titre de ses cendres. Les inconvénients des
droits féodaux se sont de rechef offerts à la

discussion des François. Il semble que rien
n'étoit plus raisonnable que de prendre ce
titre et de le couper en deux; brûler de
nouveau les *inconvénients* et conserver les
droits. C'eût été là une réponse digne de la
liberté aux erreurs du parlement et aux
suppôts du despotisme. Le sort qui se joue
des livres comme des hommes en a disposé
autrement. Cet ouvrage proscrit autrefois,
resuscité ensuite, n'a vécu qu'un moment.
Il fut proscrit parce que l'ancien système
étoit de ne toucher à rien, et de tout conserver ; *Inconvénients et Droits*. Il est oublié
maintenant, parce que le nouveau est de
ne laisser rien sur pied et de tout renverser ; *Droits et Inconvénients*.

Ce seul titre, comme on le voit, semblable
à ces formules générales que fournit la langue algébrique et qui renferment en substance dans une seule ligne de quoi remplir
par les développements des volumes entiers :
ce seul titre contient en germe toute l'histoire de la révolution, et des évènements qui
l'ont précédée et suivie. Il peut dispenser
de l'ennui de lire l'énorme fatras de livres,
journaux et brochures qui ont paru depuis
quatre ans sur ces matières. Tous les faits
                                    viennent

viennent s'y réduire ; tous les raisonnements
de part et d'autre viennent y aboutir. La
ormule dit tout, et jusqu'au caractère des
deux régimes y est parfaitement exprimé.
Sous l'ancien, tout tendoit à maintenir religieusement l'abus à côté de la chose : la
révolution s'est faite pour séparer la chose
de l'abus, et le nouveau gouvernement qui
a succédé à la révolution a été la destruction totale de l'abus et de la chose. On pourroit en conclure que tout conserver et tout
détruire sont deux excès également vicieux,
et qu'au milieu du chaos où la France est
plongée, il est difficile de répondre à ceux
qui abhorroient l'ancien régime il y a quatre ans et qui le regrettent aujourd'hui.

Mais il est des questions sur lesquelles, il
ne faut pas se hâter de prononcer. La philosophie a changé les anciennes maximes.
Elle est venue nous découvrir un nouvel
horizon. Elle invite les peuples à effacer
la rouille de leurs gouvernements gothi-
ques, et à les purifier de leurs souillures.
Elle évoque du ciel pour cet effet un procédé merveilleux auquel nos imbécilles
ayeux n'auroient jamais songé. Je vois ce
procédé déjà environné d'un cadre aux trois

couleurs et suspendu à la voûte de nos temples. L'univers pourra venir apprendre à s'y régénérer. On y lira écrit, en caractères ou de feu ou de sang, ces paroles immortelles. *Pour enlever la tache, il faut emporter la pièce* (7).

Si les assemblées nationales de France avoient été appellées à prononcer sur le gouvernement physique de l'univers; des orateurs seroient montés à la tribune: ils auroient prouvé avec facilité que les quatre principes fondamentaux de la constitution de notre globe sont essentiellement mauvais; qu'ils accusent d'ineptie la nature son antique souveraine, et que c'est une constitution à refaire en entier. Ils auroient tracé des peintures effrayantes. Ils auroient parlé des catastrophes que roulent devant eux les quatre éléments et de la désolation qui les suit. *Le Feu* promenant ses flammes dévorantes le long des incendies. *L'Air* déchaînant ses fureurs et ses agitations sur des

---

(7) Cette expression est triviale et de mauvais goût, j'en conviens. Je la laisse subsister néanmoins, parce que le défaut me paroit ici amplement racheté par la justesse et la vérité de la pensée.

vaisseaux battus de la tempête ; et les pré-
cipitant dans les abîmes de la mer. *L'Eau*
ravageant les campagnes par ses inonda-
tions, poussant ses flots destructeurs sur les
espérances du laboureur, et changeant en
désert les plus florissantes contrées. Et *la
Terre* tremblante et entr'ouverte, déchirant son sein d'une main meurtrière pour
recevoir et engloutir des cités entières et
tous leurs habitants.

Après un *considérant* bien motivé sur les
vices effroyables d'un pareil gouvernement,
il auroit été décrété à l'unanimité, qu'on
éteindroit le *feu*, qu'on aboliroit l'*air*, qu'on
tariroit les *eaux*, et qu'on supprimeroit la
terre. C'est d'après les règles de cette logique révolutionnaire que les assemblées
nationales ont toujours raisonné. Elles ont
dit : les corporations, les jurandes gênent
la liberté, étouffent l'industrie. Les cours
de judicature renferment moins des juges
que des hommes superbes qui veulent gouverner l'Etat. La noblesse est altière, tyrannique ; elle est un ordre qui pèse sur les
classes inférieures; et d'ailleurs rien n'est
si dangereux que l'esprit de corps. La féodalité est un fléau pour les campagnes. Un

roi est une plante parasite qui se nourrit
de la substance de l'Etat, elle est pour le
moins inutile, si elle n'est funeste. Détrui-
sons donc jurandes, corporations, parlements et noblesse; fiefs, châteaux et royauté.
Mais la société civile elle - même est de
toutes les corporations la plus féconde en
abus détestables : pour être conséquent il
faut donc la dissoudre; et que les hommes
se dispersent de nouveau dans les forêts.
Que dis-je? Ce n'est point assez. Coupez
le mal par la racine; épuisez-en la source
vivante; étouffez l'homme enfin; purgez la
terre du seul monstre qui la déshonore
par ses vices, la dévaste par ses fureurs,
la souille de ses turpitudes, et la consterne
par ses crimes.

On a blâmé beaucoup les rois absolus de
leurs profusions, de leurs créations coû-
teuses, des sommes immenses qu'ils ont
prodiguées en bâtiments fastueux, en tableaux, statues. Que de reproches amers
on a fait dans ce genre à Louis XIV ! Mais
ces chefs-d'œuvres d'architecture, ces col-
lections, ces galeries attiroient des étrangers en foule qui, par l'or qu'ils répan-
doient, payoient au peuple bien au - delà

de l'intérêt des capitaux qu'ils avoient pu fournir. Que les tems sont changés! On parle aujourd'hui d'un milliard comme on parloit alors d'un million. Et les dépenses de Louis XIV, si énormes qu'il soit possible de les supposer, que sont-elles? Des dépenses d'écolier en comparaison de celles qui se font en France depuis quatre ans pour payer ou acheter, quoi? *Des Ruines* (8).

J'ai déja fait assez entendre ce qu'il eût fallu faire pour les éviter : je vais indiquer, d'une manière encore plus précise et en peu de mots, le chemin qu'il me semble qu'on auroit dû prendre, et la marche bien simple, et en même tems franche et loyale que tout invitoit à suivre.

Les cahiers présentés aux Etats-Généraux s'accordoient sur les points essentiels. Ils demandoient tous une constitution, la jouissance de la liberté civile et politique, un

(8) C'est encore là le titre d'un ouvrage bien sombre, bien pathétique à faire, et sous lequel se concentre en un plus petit volume encore, l'histoire de la révolution. Lorsque le livre des *Ruines* de M. de Volney fut annoncé, je crus qu'il avoit travaillé sur ce plan, je me le procurai bien vite, et je vis à regret mon attente trompée.

P. 3

gouvernement représentatif avec la forme
monarchique. Je suis intimément persuadé
qu'on ne seroit point parvenu à ce but
salutaire sans une révolution. Elle étoit
nécessaire pour que les lumières pussent
déployer leur influence, et la raison générale faire entendre sa voix ; et d'ailleurs,
sans une révolution, le vœu des François
seroit devenu illusoire et vain ; on l'auroit
éludé. Il falloit même que le Tiers - Etat
s'élevât à un degré de puissance tel qu'il
pût parler en maître au roi, à la noblesse
et leur dicter des loix ; et c'est jusqu'à ce
point que la révolution devoit être poussée,
mais pas plus loin.

Un peuple qui entre en révolution retourne
sous la loi naturelle : tous les droits, tous les
pouvoirs sont confondus : ils font place au
droit de la force qui accorde au nombre la
victoire et règne sans partage. C'est là un état
violent qui ne sauroit être de trop courte
durée. L'assemblée nationale se trouvoit à
la tête de la révolution : elle pouvoit lui
tracer ses limites, se rendre maîtresse des
mouvements du peuple dont elle avoit la
confiance, les diriger, modérer leur impé-
tuosité. Elle pouvoit réunir tous les esprits,

éteindre le germe de toutes les factions par une grande impartialité, en se montrant embrasée de l'amour du bien public, en déclarant qu'elle alloit s'aider de toutes les lumières pour fonder la liberté sur une base solide, et parvenir à des loix propres à faire le bonheur de tous avec le moindre dommage de chacun en particulier, et surtout par l'engagement solemnel de prendre l'opinion publique pour juge, et la justice pour guide de toutes ses opérations.

Déja cette opinion avoit été consultée : on avoit invoqué le secours des lettres et des gens éclairés. On pouvoit étendre cet appel à toute l'Europe savante, pour multiplier les ressources, et s'écarter d'autant plus du foyer des passions et des intérêts particuliers. Et comme la révolution s'étoit faite sous les auspices de la philosophie ; rien, ce semble, ne paroissoit plus naturel, avant d'entrer dans une carrière aussi nouvelle, que de procéder à la manière des philosophes, qui est de passer du connu à l'inconnu, et d'assurer chacun de ses pas avant d'entreprendre le suivant.

Ainsi, on n'auroit d'abord soumis à l'examen les gouvernements connus, tant anciens

que modernes : on auroit cherché, par la
reconnoissance de leurs défauts, à les éviter dans le nouveau système. On n'auroit
pas tardé de s'appercevoir qu'avant d'élever l'édifice, il faut que les matériaux soient
préparés et taillés. Or, les véritables matériaux d'une bonne législation sont des idées
précises, des définitions bien faites, et le
sens des termes principaux exactement déterminé; chose à laquelle on n'a le moins
songé en France : car des mots dépendent
les idées, et des idées justes ou erronées,
les actions utiles ou nuisibles à la société.
On a pris une route toute opposée. On a
fait de belles phrases, on s'est perdu dans
le vague des périodes oratoires et des dé-
clamations, dans lesquelles le même mot
est pris dans tant de sens différents qu'il
signifie tout ce qu'on veut. On a moins
cherché à dire des choses utiles que des
choses brillantes ; à éclairer les questions
qu'à éblouir ses auditeurs, qu'à surprendre
leur admiration, et à forcer leurs applau-
dissements. La législation qui devoit être
l'enfant du silence et de la méditation, est
devenu celui du *partage.* Qu'on n'oublie
point que je prends le mot législation dans

son sens abstrait. Je distingue toujours les
loix de leurs fondements ; les loix, de ce
qui assure leur exécution. Ce sont ces fondements, ces garants de l'observation des
loix que j'appelle ici *législation*. Rien n'est
sans cause : les hommes n'agissent point
sans motifs : c'est ce système des motifs
qui les porte à agir conformément aux
loix, à s'y soumettre religieusement : c'est
ce système des motifs qui doit servir de
base aux loix. Il ne peut être élevé que sur
une profonde connoissance de la nature
humaine. Il n'a jamais été développé ni embrassé dans son ensemble. Une série d'idées
distinctes, fondées sur des définitions exactes, seroit un des grands moyens de parvenir à ce développement. On s'y trouveroit ramené aux principes conventionnels,
à la source de leur division d'avec les principes naturels et au point de leur séparation.

Il n'est pas difficile dans un siècle éclairé
d'amonceler pêle-mêle une foule de bonnes
loix. Mais que m'importe à moi qu'on
publie les plus belles loix du monde sur
le respect des propriétés et de la sûreté
individuelle, si la licence qui résulte de

l'idée confuse de liberté menace sans cesse et ma sûreté et mes propriétés. Telle tête ardente; tel homme exalté par le fanatisme de l'égalité va se faire tuer pour la soutenir, qui prodigueroit ses jours pour défendre l'inégalité, si ces deux mots bien définis lui faisoient voir la liaison intime de sa félicité sociale avec l'inégalité, et si des idées justes lui montroient l'égalité comme une chimère funeste dirigée vers sa ruine.

On auroit donc fondé des prix, mis au concours, et proposé aux philosophes et aux savants de tous les pays, les mots suivants, en forme de questions et de problêmes à résoudre. *Liberté.* Qu'est-ce que la *liberté?* Comment peut-on la concilier avec les sacrifices qu'on est sans cesse obligé de lui faire dans l'état social? Quelle modification reçoit-elle du plus ou moins d'étendue de la république? et quelles sont les compensations à recevoir, lorsqu'on est obligé d'en diminuer la jouissance et de lui assigner des bornes. *Liberté civile, liberté politique, égalité, égalité politique, absolue. Volonté générale, volonté du plus grand nombre.* Dans quel cas cette dernière volonté doit-elle l'emporter? et dans quel autre doit-elle

céder et se soumettre ? Qu'ont de commun
les institutions naturelles et politiques? et
en quoi diffèrent-elles ? Qu'est-ce qu'une
nation ? qu'est-ce qu'un *peuple ?* qu'est-ce que
la *souveraineté ?* et où réside-t-elle ? Chacun
de ces mots seroit devenu la matière de
plusieurs dissertations savantes, où les objets
eussent été considérés sous toutes leurs faces, et sous tous leurs rapports. Ces mots auroient fait naître d'excellentes idées, et par
leur rapprochement et leur comparaison,
on seroit arrivé à des définitions lumineuses qui auroient empêché de s'égarer dans
les routes ténébreuses d'une nouvelle législation. Que dis-je ? Ces définitions en auroient été les éléments, et en les rassem-
blant dans leur ordre naturel, on eût vu
avec étonnement la législation elle-même
sortir toute formée du sein de ces définitions.

Avec de pareils matériaux, un système
complet des loix les plus convenables à la
nation Françoise n'eût pas été difficile à
faire. On l'auroit fait précéder encore des
questions suivantes. Qu'est-ce que ce systême peut emprunter des institutions d'A-
thènes, de Sparte et de Rome? Et en quoi

doit-il s'en écarter ? Quels sont les vices et
les dangers de la démocratie ? Quelle est la
meilleure des institutions pour les nations
modernes, lorsqu'elles occupent un vaste
territoire ? Quelle espèce de préjugés doit-
on y faire entrer, et dans quel degré doi-
vent-ils y être fondus ? Quels sont ceux à
détruire et ceux à conserver ? Quelle est la
portion de l'ordre social qui appartient à
la nature ? Quelle est celle qui appartient
à l'art ? Quel est le fort et le foible d'une
république représentative avec un monarque pour chef ? Ne seroit-ce point dans cette
forme qu'est placé le dernier terme de perfection auquel puisse atteindre la foiblesse
humaine en matière de gouvernement ? De
quel côté se trouveroient le plus d'avantage, dans un ou deux chefs électifs ou
dans un roi héréditaire ? Et enfin on auroit
mis au concours cette dernière question :
quelle est d'après la position géographique
de la France, la nature de son sol, et le caractère de ses habitants, la constitution propre à lui procurer le plus haut degré de
prospérité et de félicité dont elle soit susceptible ? Et afin d'exciter d'autant plus toutes les têtes pensantes à concourir, chaque

question , et sur-tout cette dernière , auroit
été le sujet de trois prix considérables , inégaux en valeur : l'ouvrage réputé le meilleur auroit remporté le premier prix , et
les deux autres le second et le troisième.
On auroit tû le nom des étrangers qui craignant la persécution eussent demandé à
n'être pas connus : mais leurs ouvrages
imprimés en France n'en auroient pas
moins été répandus. Quand les premiers
prix auroient été portés de 20 à 50 mille
livres selon l'importance du sujet , jamais
magnificence eût - elle été mieux placée ?
Je suppose qu'on eût destiné deux ou trois
millions à cette série de questions , il eût
mieux valu , j'imagine , dépenser cette mo-
dique somme pour s'instruire , que des
milliards pour se détruire (9).

Ces matières si délicates à traiter l'eussent été sans inconvénient , parce que le
peuple lit peu , encore moins des ouvrages

---

(9) M. Cambon observe que l'un des derniers
mois , s'est monté à 270 millions de dépense , met-
tons-les tous à 250 ; c'est trois milliards par an que
coûte la guerre actuelle aux François. *Voyez le Moniteur du 21 mai 1793.*

philosophiques ; et que d'ailleurs on ne le remue pas avec des livres, mais avec de petites feuilles à deux sols, des Père Duchesne, ou encore mieux, avec le geste et la parole, et que c'est sur-tout à ces périodes ampoulées qui roulent avec fracas dans des poitrines tonnantes qu'il se laisse surprendre et transporter.

Toute l'Europe eût lu avec avidité les ouvrages couronnés : tous les esprits eussent été subjugués par ce torrent de lumières : la plus grande des révolutions se fut faite sans secousse et sans trouble ; on eût vu clairement qu'un bon gouvernement ne peut nuire à personne, et qu'il profite à tous. Les princes eux-mêmes n'eussent pu résister ; ils auroient courbé la tête sous la raison générale ; on les eût vu se soumettre, en les dirigeant, à ces révolutions dignes d'être avouées par la philosophie, dont le saint nom eût été béni dans tout l'univers. C'eût été là une sublime propagande, une grande et belle manifestation des droits de l'homme, un signe touchant de fraternité universelle. Où donc est aujourd'hui ce triomphe de la philosophie, et à quoi servent les lumières ? Si de toutes parts la

France en deuil voit la haine, le fanatisme et les vengeances promener leurs fureurs au milieu du carnage et de la mort ? Qu'est-ce qu'un triomphe arrosé de plus de sang que n'en firent jamais répandre les guerres de religion dans les tems de barbarie et de superstition ?

Pendant que ces grandes questions auroient été agitées, discutées, l'assemblée eût concentré en elle tous les pouvoirs ; et un comité tiré de son sein eût gouverné l'Etat provisoirement. On n'auroit laissé aucune autorité à tous ceux qui pouvoient avoir intérêt à rétablir l'ancien ordre de choses, et à perpétuer le despotisme. On auroit suspendu le roi et les ministres : ils seroient rentrés dans la condition de simples particuliers, jusqu'à ce que leur place dans la nouvelle constitution eût été fixée. Les séances de l'assemblée auroient été consacrées, en attendant, à faire observer les anciennes loix et maintenir la paix, l'union et le bon ordre d'un bout de l'Empire à l'autre. Un second comité composé des hommes les plus sages, les plus intègres et les plus éclairés, pris dans tous les ordres de l'Etat, eût été chargé de l'exa-

men des pièces envoyées au concours, et
de la distribution des prix. Les trois plans
de constitution couronnés par ce comité
eussent subi deux nouvelles épreuves; celle
des suffrages de l'assemblée, au milieu de
laquelle ils auroient été mis aux voix, et
celle des suffrages de la nation elle-même
dont la volonté eût été consultée! Et comme
on n'auroit point eu de doute sur ce qu'on
doit entendre par peuple et par nation, on
auroit su parfaitement à quelles volontés
on devoit s'adresser pour connoître la volonté générale.

Voici, je pense, le sens qu'on auroit
attaché au mot proposé de nation en le dé-
composant. Il n'y a point de nation sans
un sol qui la supporte; ce sol est ce qu'on
appelle un pays: un pays est une superficie de terre plus ou moins fertile en toute
espèce de production; cette superficie couvre des richesses minérales, et au-dessus
s'élèvent les produits de l'art et de l'industrie
humaine. Toutes ces valeurs se divisent en
meubles et immeubles; et le pays lui-même,
considéré dans son rapport avec ses habitants, n'est qu'une masse de richesses mo-
bilières et immobilières; ces richesses ont
des

des maîtres ; c'est la réunion de ces maîtres qui constitue l'idée claire et distincte d'une nation : ce sont ces maîtres seuls qui eussent été consultés. Et si l'on veut examiner qui sont ces maîtres, on verra qu'on peut les diviser en trois classes générales ; les posseseurs de biens meubles et fonciers, les nobles qui le sont en plus grande partie, et les gens instruits. On verra de plus qu'ils sont tous des propriétaires, soit de valeurs matérielles, soit de prérogatives morales, et que ces deux espèces de propriété sont presque toujours réunies.

Veut-on vérifier l'exactitude de cette analyse et en faire en quelque façon la preuve ? Prenons un autre chemin, nous arriverons toujours à la même idée de nation. Trois ordres d'hommes doivent concourir à l'établissement d'un bon gouvernement ; 1°. ceux qui ont intérêt à l'ordre, et c'est le cas des propriétaires proprement dits ; 2°. ceux qui servent à conserver l'ordre par le respect qu'on leur porte, et c'est le cas des nobles ; et 3°. enfin, ceux qui tracent la route de l'ordre, et qui enseignent à ne pas s'en écarter, et c'est le cas des penseurs et des gens de lettres qu'il faut apprendre à respec-

ter (10). L'influence dans la formation et
le maintien d'un gouvernement doit se
mesurer sur l'étendue des propriétés, des
lumières et de la considération que donnent
la naissance et le rang qu'on tient dans la
société. Car il ne faut pas oublier qu'une
nation suppose un gouvernement, et que
les bases de tout gouvernement sont une
dérogation aux loix naturelles, et une adop-
tion salutaire des principes conventionnels
sur lesquels seuls peut s'élever la construction toute artificielle de la société civile.

Les voix doivent donc être comptées en
raison composée des propriétés, de la naissance et des lumières, ou des trois classes
qui constituent une nation. Il suit de-là que
tout ce qui dans un pays pense, possède et
se distingue est la nation ; et comme il faut
du loisir pour exercer son entendement et
pour cultiver sa raison, et que les gens qui
possèdent jouissent seuls de ce loisir ; il
se trouve, en dernière analyse, qu'une
nation est la réunion des hommes à qui

---

(10) C'est ici la cause des gens de lettres et des
hommes de talent que je plaide, mais non pas celle
des charlatans et des déclamateurs que l'ignorance et
les erreurs du peuple érigent en grands personnages.

appartiennent les biens-fonds et les biens
meubles du pays qu'habite cette nation, ou,
en d'autres termes, qu'une nation n'est et
ne peut être composée que de propriétaires
proprement dits. Le plus grand nombre n'a
que de très - petites propriétés, ou n'en a
point du tout, et ne peut subsister que du
travail de ses mains et de l'emploi de ses
forces physiques : c'est ce plus grand nombre que j'appelle *peuple*, portion infiniment
respectable de la nation, puisqu'elle en fait
la force et le soutien, l'alimente, la sert et
la nourrit, mais à laquelle il est aussi absurde que dangereux et nuisible, et pour elle
et pour tous, d'attribuer la souveraineté.
Le peuple est la pépinière d'où se tirent les
propriétaires, et où vont se recruter les
ordres supérieurs d'une nation. Il se *natio-
nalise*, si j'ose m'exprimer ainsi, à mesure
qu'il augmente la masse de ses propriétés
par ses talents et par son industrie.

Recueillir le vœu national au milieu du
vaste scrutin des presses et des imprime-
ries qui couvre le territoire de la France,
seroit une opération fort simple et de facile
exécution. Ce vœu doit être celui des propriétaires. Il s'agiroit d'abord de déterminer

Q 2

la valeur d'une voix, en la rapportant à
une quotité du revenu. On prendroit pour
l'unité une somme quelconque, mille liv.
par exemple. Ainsi, tout homme qui auroit
mille livres de revenu jouiroit d'une voix
nationale; et dix possesseurs de cent liv. de
rente se réuniroient pour former une voix.
Mais nous avons vu que dans toute grande
nation, il y a deux grandes prérogatives
morales, la noblesse et le savoir, dont les
possesseurs ne doivent pas être oubliés dans
le dénombrement des voix. Le chef-d'œuvre
de la politique sera toujours de les assimiler et de les faire rouler ensemble sur une
même ligne. Et comme ces prérogatives
ne peuvent pas être possédées dans la même
mesure: que les talents et la naissance ont
des degrés; on eût jugé peut-être très-con-
venable de les diviser en plusieurs classes,
et de les faire correspondre l'une à l'autre;
d'établir, par exemple, trois degrés de
noblesse, l'ancienne, la moyenne et la nouvelle; et trois degrés de mérite personnel,
correspondant à chaque degré de noblesse;
chaque degré portant une marque distinc-
tive. On eût attribué le droit d'un triple suffrage à la première classe; celui d'un double

à la seconde, et celui d'un simple à la troisième. Ces droits eussent été attachés à la
naissance et au savoir, et indépendants des
fortunes effectives de chaque individu. L'un
on eût été gratifié pour le mérite de ses ancêtres, l'autre pour son mérite personnel.(11)

---

(11) Si l'on me disoit, comment peut-on placer le
hasard qui fait naître d'un homme plutôt que d'un
autre, à côté des vertus et du savoir ? Comment un
philosophe peut-il mettre sur la même ligne cette
chance de vie extérieure au fait de l'embrion qui la
reçoit, et le mérite personnel qui appartient tout entier à celui qui le possède ? Je répondrois que la question des *prérogatives morales* ne doit être considérée
que du côté politique, et que si sous cette face la
rivalité de la noblesse et du mérite est un des grands
moyens d'ordre et de prospérité dans l'état social,
l'objection tombe d'elle-même.

Je répondrois bien plus, c'est que même sous le
point de vue philosophique, l'objection est encore
plus superficielle qu'elle n'est spécieuse : car ces prérogatives sont toutes les deux de même nature, et
très faites pour être assimilées. Avoir des ancêtres,
avoir du génie sont des choses indépendantes de nous,
et auxquelles on ne sauroit attacher aucune espèce de
mérite ; on naît avec l'un comme avec l'autre de ces
avantages : ils sont également le produit du hasard.
Il faut donc uniquement considérer le parti que peut
tirer la société civile de ces deux prérogatives.

Q 3

Les emplois civils et militaires, les magistratures, toutes les places, selon leur
importance, eussent été occupées par des
hommes tirés de l'une ou de l'autre de ces
trois classes ; bien entendu que le mérite
sans naissance eût toujours été préféré à
la naissance sans mérite. Les nobles et les
hommes de talent, confondus dans chacune
de ces classes, eussent fait des efforts in-
croyables pour s'élever de la classe infé-
rieure à la classe supérieure. L'opinion
publique, qui au milieu d'une nation éclairée ne se trompe jamais, eût préparé la
voie de ces avancements.

Peut-être auroit-on vu que c'étoit là une
espèce d'égalité inconnue des anciens, merveilleusement adaptée à l'esprit de nos gouvernements modernes : que cette égalité
n'est ni l'égalité politique, ni l'égalité absolue toujours plus ou moins dangereuse,
mais une égalité qui, née dans un siècle
de lumière, et digne d'appartenir à la philosophie qui lui auroit donné l'être, auroit
pu être appellée *égalité philosophique* : parce
que si la confusion des rangs et l'égalité
absolue menacent la société civile de dissolution, l'attribution exclusive des principales

fonctions publiques à la seule noblesse est à la fois une injustice, un principe d'inertie pour les ordres supérieurs, de découragement pour les inférieurs, et un vol fait à l'Etat qui a des droits sur tous les citoyens, et à qui il importe que chacun d'eux fasse de ses facultés et de son génie l'usage qui lui est le plus profitable.

Les deux prérogatives se prêteroient ainsi un mutuel appui. La science et la naissance se réfléchiroient réciproquement l'éclat qui leur est propre, et brilleroient alors d'une lumière qui leur seroit commune, et qui deviendroit également visible à l'ignorant et au vulgaire, dont les foibles yeux ont peine à distinguer le mérite isolé de la grandeur, qui ne savent estimer la toile peinte par Raphael sans le cadre brillant qui l'environne; et au connoisseur, à l'homme instruit, pour qui le cadre sans le tableau est peu de chose.

Si le vœu national eût été interrogé comme je l'ai expliqué plus haut, je doute que le scrutin eût donné pour résultat l'état actuel de la France.

Je ne suis point entré dans les détails; je n'ai énoncé que des idées générales ;

l'application s'en feroit aisément au dénombrement des voix, et aux tables qu'on pourroit en dresser. Je dirai seulement que je
n'entends par revenu que celui dont les
capitaux sont faciles à reconnoître et à
vérifier, et par conséquent je n'entends
parler que du produit net des biens-fonds,
comme terres, maisons, bâtiments, édi-
fices de toute espèce; et de certains biens
meubles qui, par leur masse et leur volume, se rapprochent des immeubles,
comme atteliers, instruments et ustenciles
des diverses manufactures, fabriques et
usines, vaisseaux du commerçant, et tout
ce qui sert à exploiter des établissements
utiles. Ainsi, j'exclus du revenu auquel
seroit attaché le droit de suffrages, toutes
les natures de biens qu'on ne peut pas évaluer, qui changent tous les jours de maîtres,
qu'on peut transporter facilement et sans
être apperçu : parce que leurs possesseurs
peuvent à chaque instant en convertir une
partie, en immeubles, et que jaloux d'influer dans la république et d'y tenir un
rang, ils ne manqueront point de le faire.

Je n'y comprends donc point les pensions,
les rentes qu'on se procure par l'exercice

d'un état ou profession quelconque; les béné-
fices de l'ouvrier, de l'artiste, du négociant,
et ceux qui résultent des travaux de toute
espèce. L'argent comptant, les marchan-
dises, les richesses de porte - feuilles, les
meubles de luxe doivent être comptés pour
rien. On verroit découler de ces dispositions
les plus précieux avantages : elles ne donneroient aux richesses qu'une juste influence; elles réprimeroient le luxe corrupteur;
elles imprimeroient un mouvement prodigieux à la société. Chacun consultant son
talent, ses forces, et son génie, viseroit à
l'acquisition de la voix honorifique ou territoriale ou de l'une et de l'autre à la fois.
Le travail par-tout seroit encouragé, ho-
noré : les bonnes mœurs y gagneroient : le
prix des terres s'élèveroit, le taux de l'argent baisseroit : l'agriculture et le commerce
en recevroient un essor qui les porteroit
l'une et l'autre à l'état le plus florissant :
l'émulation et l'industrie seroient puissamment excitées : et de tous côtés, on ne verroit que des hommes cherchant à parvenir
aux prérogatives de la voix simple, double
et triple, et aux signes extérieurs de ces
prérogatives, par des traits d'héroïsme,

des services éclatants et des chefs-d'œuvres
en tout genre. On a dit de Dieu, que s'il
n'existoit pas, il faudroit l'inventer : je dirai
aussi que dans un vaste pays comme la
France, s'il n'y avoit point de noblesse, il
faudroit en créer une pour bien le gouverner. Il n'y auroit point à craindre une trop
grande multiplication de la noblesse, puisqu'il n'y auroit d'admis dans la première
classe que les grands hommes, et que le
nombre en est toujours fort petit, comme
que l'on s'y prenne pour les multiplier. (12)

Si le tiers-état de France eût continué la
révolution comme il l'avoit commencée ;

_____

(12) Si par débauche, dépravation de mœurs,
ivresse et abus de pouvoir, ou par quelle cause que
ce puisse être, la noblesse dans un pays avoit dégé-
néré au point de n'être plus que la partie d'une nation
la plus corrompue, la plus vicieuse et la plus ignorante (et ce triste phénomène s'est observé plus d'une
fois), alors l'*égalité philosophique* seroit le vrai remède de cette dégradation. Les grands hommes du
tiers-état, admis dans l'ordre de la noblesse, et con-
tractant avec elle des alliances : le mélange des plébéiens illustres avec ces races abâtardies les renou-
velleroit, et les remonteroit ainsi par degrés à leur
première dignité.

qu'il se fût soutenu à cette même hauteur
de prudence et de sagesse ; qu'après avoir
terrassé la noblesse, il se fût ligué avec
elle, comme les Romains qui s'unissoient
aux nations qu'ils avoient vaincues, pour
s'en aider à étendre leur empire ; que ces
deux ordres contenus l'un par l'autre, et
renouvellant en grand les beaux tems dé
la chevalerie qui se dévouoit à la répara-
tion des torts et au soûtien de l'innocence
opprimée ; ils eussent réuni leurs phalanges,
la philosophie à la tête et le bonheur enchaîné à leur suite ; qu'ils eussent déclaré
la guerre à la superstition et non à la religion, au pouvoir arbitraire et non aux rois,
à la tyrannie sacerdotale et non à l'église,
et qu'ils eussent poursuivi de concert le
sublime projet de la libération du genre-
humain, la révolution eût immanquable-
ment fait le tour du globe.

C'est ainsi qu'il eût été beau de subjuguer les peuples ; et comme la politique,
inséparable de la morale, cherchera toujours à concilier tous les intérêts, à présenter
dans ses plans et ses projets des avantages
certains à tous ceux qui doivent y entrer
et y coopérer ; c'eût été une guerre où l'on

eût moins employé la force que l'exemple
et la persuasion, et où la plume eût eu plus
à combattre que l'épée. Or, tous gagnoient
dans le plan que je n'ai cessé de reproduire,
aristocrates, peuples, nobles et monarques.
Mais s'attaquer à tous les rois, les proscrire ouvertement, déclarer qu'on ne vise
à rien moins qu'à fouler aux pieds leurs
têtes et leurs couronnes sur les débris des
trônes renversés, n'est-ce pas leur fournir
les ressources fécondes de la nécessité, et
placer dans leur ame le ressort terrible du
désespoir ? Mais aliéner par des pillages et
des profanations l'esprit de leurs sujets dont
on vouloit contr'eux se ménager l'appui.
Mais faire trembler les riches et les propriétaires ; vouer à tous les nobles une haine
implacable, et menacer leur fortune et
leur vie. Mais environner la liberté de l'appareil de la force pour la prostituer à des
peuples qui la repoussent ; heurter de front
leurs préjugés, alarmer les consciences par
des professions publiques d'irréligion. Mais
se faire des nuées d'ennemis par une foule
d'actes arbitraires. Mais ne rencontrer que
des adversaires dans ceux-là mêmes qu'on
vouloit délivrer, et pour qui on a pris les

armes! quelle chûte depuis le superbe début
de 1789! quelle dérive immense! Il est
impossible de tomber plus bas, après s'être
élevé si haut. On avoit bien employé la
contrainte et la force pour établir des religions, pour éteindre le règne de la foi: on
ne s'étoit pas encore avisé de propager les
droits de l'homme par la violence. Et la
philosophie n'avoit point encore imaginé
d'emprunter la bouche du canon pour proférer les harangues qui doivent convertir
les peuples à la liberté.

Les gens de lettres, la bourgeoisie et le
peuple de Paris ont fait la révolution, c'est-
à-dire, la portion de la nation qui souffroit
le moins de l'ancien gouvernement, et qui
en étoit la mieux traitée. Je doute encore
que si elle étoit à refaire, Paris, instruit
par son expérience, voulût en courir de
nouveau la chance. Le commerce y étoit
florissant, le luxe enrichissoit les artisans
et les artistes, et le peuple gagnoit beaucoup. Les ouvriers trouvoient un emploi
tellement lucratif de leurs journées, que
ceux qui avoient de la conduite et un peu
d'industrie faisoient de petites fortunes.
Quant aux gens de lettres, ils étoient hono-

rés, recherchés, pensionnés, récompensés :
plusieurs d'entr'eux jouissoient même d'une
réputation fort supérieure à leur mérite
réel. Ils n'occupoient pas les premiers emplois, mais ils partageoient avec la noblesse
et les grands les fauteuils d'académies,
et participoient ainsi à leur considération.
L'homme en place, assis à côté de l'écrivain, s'honoroit de passer pour instruit ; et
l'écrivain jouissoit de la double illustration
du génie et du rang. Que sont-ils aujour-
d'hui ? Ils sont perdus dans la foule, éclipsés par le parlage de la tribune : leurs écrits
sont noyés et entraînés par ce torrent de
mots que grossissent chaque jour, depuis
quatre ans, huit cents bouches nationales,
seuls mots, seules paroles qu'on recueille,
qu'on imprime et qu'on lise ; confondus avec
les écrivailleurs, les petits faiseurs de politique à tant la feuille, que la révolution a
fait sortir de terre par légions innombrables,
qu'elle a inspirés tout-à-coup, et à qui elle
tient lieu de savoir, d'instruction et de Mi-
nerve, et qui se croient des oracles.

La liberté de penser, il est vrai, éprou-
voit des obstacles. Etoit-ce un si grand mal ?
On ne réussissoit pas moins à se faire en-

tendre et à tout dire. De cette légère contrainte résultoient bien des avantages qu'on
n'appercevoit point alors, et qu'on peut
aujourd'hui bien mieux apprécier. La pensée savoit se dégager de ses entraves et par-
venoit à se montrer, non au vulgaire ignorant qui peut en abuser, mais aux seuls
initiés et sous des formes qui n'étoient re-
connues que par eux. Gênée dans son essor,
elle n'en étoit que plus profonde; et le discours qui l'exprimoit, en la voilant, avoit
bien plus de précision, de goût, de grace et
de piquant. Elle n'osoit, il est vrai, rendre à
la liberté qu'un culte clandestin; mais cette
gêne la lui rendoit plus chère. Elle s'enveloppoit, se déguisoit pour en jouir, comme
l'amant persécuté se travestit pour voir celle
qu'il aime, et ne l'en trouve que plus belle.
La liberté maintenant, sous les dehors hideux de la licence, nous repousse, nous
dégoûte, et n'est plus pour nous que comme
ces courtisannes effrontées qui se jettent à la
tête des passants.

Je citerai un exemple du déguisement
auquel on étoit alors quelquefois obligé d'a-
voir recours. Les philosophes promenant

leur regard d'un bout de l'Europe à l'autre ;
appercevoient sans peine que le sort des
peuples qui l'habitent pourroit être beaucoup meilleur, et qu'en général ils sont assez
mal gouvernés. Guidés d'abord par le sentiment de l'humanité, ils ont crié aux rois :
*Ecartez de vos Etats le fléau de la guerre ; la gloire
ne consiste pas à faire des conquêtes, à ravager des
provinces ; occupez-vous de vos peuples et rendez-les
heureux.* Mais ensuite n'osant pas leur ajouter
ouvertement : *les peuples ne sont pas faits pour
vous ; vous êtes faits pour eux :* ils se cachoient
derrière une figure ; ils disoient : *le gouvernail
est fait pour le vaisseau, et non le vaisseau pour
le gouvernail.*

Au premier coup-d'œil cette allégorie
paroît renfermer une vérité incontestable.
En y regardant de plus près, le doute succède à la certitude, et c'est ainsi souvent
qu'une vérité partielle ou incomplette équivaut à une erreur. En effet, on ne voit pas
trop que le gouvernail soit plus fait pour le
vaisseau que le vaisseau pour le gouvernail.
L'un sans l'autre n'est d'aucun usage. Il pa-
roîtroit plus juste de dire qu'ils sont faits
l'un pour l'autre ; qu'ils forment un tout
indivisible,

indivisible, tendant à un même et unique but (13). Entre le gouvernail et le vaisseau, il y a encore l'intermédiaire des agrêts, sans lequel le gouvernail ne peut conduire, ni le vaisseau être conduit. Et cette image me conduit à une histoire fort courte de la révolution depuis son origine jusqu'au moment actuel.

Un vaisseau mal construit, surchargé de mâts trop gros et inutiles, avoit failli plu-

---

(13) Si l'on dit au peuple, les rois sont faits pour vous, n'est-il pas à craindre que ne considérant dans un roi que son premier valet, il ne lui prenne trop souvent fantaisie de le casser aux gages? Si l'on consacroit la maxime contraire, on ouvre la carrière à tous les excès de la tyrannie et de la férocité. Les rois pourroient sans remords se jouer de la vie de leurs semblables; comme ce despote des contrées australes qui, venant de donner à un navigateur Européen, auquel il avoit voulu faire honneur, une fête où six cents de ses sujets avoient péri, le pressoit vivement de différer son départ d'un jour, lui annonçant pour le lendemain des jeux bien plus dignes de lui. " Pour " vous prouver mon estime et la joie que je ressens " de vous posséder dans mes Etats, je vous promets, " lui dit-il, en lui serrant la main, de vous donner " le superbe spectacle d'un massacre de dix mille " hommes ".

sieurs fois d'être submergé par les eaux. Le
vaisseau, au lieu de les réduire à un juste
volume et d'en diminuer le nombre, s'avisa
un jour de se plaindre que ces mâts orgueilleux, surmontés d'antennes et décorés de
voiles, s'élevoient au-dessus de sa surface,
pesoient sur lui et l'opprimoient. Il prit le
parti, pour s'alléger et *simplifier* en même
tems, disoit-il, sa manœuvre, de les dé-
monter, de les coucher tous horizontalement
sur son pont, de les ajuster à son niveau,
et de s'en tenir à un seul gouvernail. Il
étoit en pleine navigation; la mer étoit orageuse; il marchoit au hasard et menaçoit
à chaque instant de s'abîmer. Les malheureux mâts que rien ne retenoit, à la merci
de toutes les secousses, rouloient du vaisseau dans la mer; et le vaisseau, prêt à
faire naufrage, contemploit leur chûte avec
plaisir. Les mâts qui échappèrent à la tempête et au roulis, profitèrent de la première
occasion pour abandonner, eux, leurs ver-
gues et leurs voiles, un vaisseau où ils étoient
si mal traités. La navigation devenoit de jour
en jour plus périlleuse, et la manœuvre étoit
bien pis qu'auparavant. Le gouvernail ne
pouvoit rien sans sa mâture; il le sentoit,

mais il n'osoit proposer son retour au vaisseau qui ne vouloit pas en entendre parler ;
et qui trouvoit que son pont rasé et nivelé
étoit la plus belle chose du monde. Bientôt
un grand procès s'engage entre le vaisseau
et le gouvernail. Celui-ci est accusé de
trahison et de conspiration ; parce qu'il
entretenoit des intelligences avec la mâture,
regardée par le vaisseau comme son ennemie ; et pourtant si indispensable à la manœuvre. Il s'entendoit en effet avec des bâtiments étrangers qui lui rapportoient ses mâts
et ses agrêts , et il en favorisoit l'approche.
On en avoit des preuves. Il n'avoit qu'un
mot à dire au vaisseau pour se justifier.
« Je ne nie aucune de tes accusations. Je
« conviens de tout, et j'en fais gloire. Je
« ne pouvois être sincère avec toi sans
« manquer mon but et lui tourner le dos.
« J'ai dû dissimuler et te tromper pour
« te servir. Tu cours à ta perte ; j'ai voulu
« te sauver ; voilà mon crime. Punis-m'en,
« si tu l'oses. »

Au lieu de cette apologie simple , franche
et loyale, le gouvernail et ses défenseurs (14)

(14) Je n'ai jamais compris comment ni pourquoi
MM. de Malesherbes et de Sèze n'ont pas défendu le

R 2

ont préféré de tout nier. La postérité aura
peine à le croire. Le vaisseau furieux a fini
par mettre son gouvernail en pièces. Ensuite proscrivant mâts, agrêts et gouver-
nails, même ceux de rechange, il a pris
le parti de devenir *galère*, de se convertir
en une chiourme qui a reçu le nom d'*Egalité*, où chaque forçat, armé de sa chaîne
de fer, doit commander à son tour, et
dont la moitié sera toujours en guerre avec
l'autre (15). Alors la galère a juré de rendre
semblables à elle tous les vaisseaux qu'elle
rencontreroit en mer. (16)

Dans ce renversement des choses, des

---

roi par la seule considération qui militoit pleinement
en sa faveur. Ils ont préféré de tout nier, ou l'ont
presque avoué coupable, et se sont bornés, en ce
cas, à dire que la Convention ne pouvoit être juge et
partie.

(15) Depuis la mort du roi, les deux côtés de l'assemblée se sont choqués avec encore plus de fureur.

(16) Si le roi avoit attenté à la liberté publique ; s'il
avoit conspiré contre la souveraineté nationale, sans
doute il méritoit la mort, et pis encore ; il méritoit de
survivre à sa royauté, d'être oublié, confondu dans la
foule ; ce qui pour un roi est bien plus que de mourir.
Mais s'il ne fut coupable que d'attentat contre la licence

hommes et des principes, où sont les honneurs? Où est la gloire en France en ce
moment? On ne sait plus où les chercher.
On manque d'un point fixe auquel on
puisse en rallier les idées. Il n'y a plus de
rangs, tout est confondu. L'opinion publique n'existe plus, ou prend successivement
les formes monstrueuses que lui impriment
les factions. Les chardons arrosés par la
fange des invectives et des injures, croissent
sur la tribune à côté des lauriers. Le même
discours excite à la fois l'indignation, le
mépris ou l'admiration. Le héros d'un parti
est scélérat dans l'autre. Selon qu'un parti
a le dessus ou le dessous, il exclut ou est
exclus de la représentation souveraine. Les
vaincus sont des traîtres, la proscription
les suit; et tous ensemble n'offrent aux yeux
des étrangers que des rebelles et des usur-
pateurs.

Les hommes, dans la distribution de la
gloire et des réputations, comme dans l'es-

publique, et de conspiration contre la souveraineté du
peuple, c'est-à-dire, coupable du crime de lèse-anar-
chie; puisque souveraineté du peuple, droit du plus
fort, licence et anarchie sont une seule et même chose;
alors, au lieu d'échafaud, il méritoit des autels.

R 3

time des nombres et des grandeurs, ont
besoin d'une échelle à laquelle ils en rap-
portent les différents degrés, pour en fixer
les grandeurs respectives : or, l'échelle est
brisée. Les idoles du peuple de l'an quatre-
vingt-neuf sont abattues. Les patriotes modérés de la seconde assemblée ont été rejettés.
C'est ainsi que les talents de plusieurs membres distingués des deux premières assemblée sont perdus pour la France. Pour peu
que les factions continuent à se tamiser de la
sorte, que restera-t-il pour composer les
futures assemblées ? Les artisans et les forts
de la Halle viendront-ils peut-être y gouverner la France au nom de l'*égalité ?* Au reste,
de quoi dans l'avenir pourra-t-on s'étonner ?
depuis que cette divinité, qui a remplacé
toutes les autres en France, qu'on invoque
de toutes parts sous le nom d'*égalité*, et avec
tant de ferveur, fait des miracles, a ses
mystères, et compte au nombre de ceux-ci
une nouvelle incarnation. Nous la voyons
en effet, sous la figure du premier prince
du sang, siéger dans l'assemblée à côté de
Marat (17).

_____

(17) Il m'est survenu des doutes sur la justesse de
l'expression *à côté de Marat*. Peut-être faut-il lire *au*

C'est le caractère de l'universalité qui fait la gloire et la célébrité d'un nom. S'il

---

dessous de Marat. J'ai appris, depuis que j'écrivois cet article, que Marat protégeoit le duc d'Orléans : or le protégé doit être fort au-dessous du protecteur. Cependant j'hésite encore si je dois faire descendre l'un au-dessous de l'autre, parce que j'apprends aussi, (et je cite mon auteur, c'est *Boyer-Fonfrède*) que Marat et le duc d'Orléans sont les mortels les plus vils qui existent (*voyez* le Moniteur du 16 avril 1793). En ce cas, on ne sait à qui des deux attribuer la prééminence. Je laisse donc subsister le texte tel qu'il est. Lisez donc *à côté de Marat.* . . . . . Mais Boyer-Fonfrède ne se seroit-il point trompé sur le compte de Marat? On reproche à celui-ci d'avoir vendu sa protection au duc d'Orléans pour le prix de quinze mille livres. Ce peuvent être de pures calomnies. Marat doit être un excellent citoyen. Ce qui me le persuaderoit, c'est que le peuple de Paris qui, au jugement de *Leclerc*, ne se trompe jamais (*voyez* le Moniteur du 19 mai 1793); et comment pourroit-il se tromper, puisqu'il est un Dieu au dire de *Chaumette?* (*voyez* le Moniteur du 11 juin 1793) C'est que le peuple, dis-je, a reconnu le civisme de Marat, la fausseté des accusations dirigées contre lui dans un décret injuste; et qu'il l'a reporté en triomphe à la Convention.

Quant à l'incarnation, on ne peut la révoquer en doute. Les aristocrates même en conviennent : mais ils prétendent que la *Déesse Egalité* n'est autre chose

R 4

y avoit même une opinion en France, elle
ne seroit que locale, puisque la grande
majorité de l'Europe la méconnoît et la
repousse. Mais la gloire et les honneurs sont
contestés au-dedans de la France comme
au-dehors. On y erre au hasard à travers
les ruines de l'édifice social ; et l'opinion,
divisée, déchirée, tourmentée, n'y jette
que des faux jours dans un labyrinthe de
décombres où l'on s'égare. Les anciennes
routes qui conduisoient au temple de mémoire, sont coupées, leurs vestiges effacés.
Des catacombes en occupent la place. Dans
ce grand schisme qui divise la France du
reste de l'Europe : dans ce schisme où des
deux côtés on s'anathématise, où est la
vérité? Où est la voie du salut politique?
De quel côté sont les persécuteurs et les
martyrs? Sur quelles têtes iront se poser les
couronnes? Qui sera cher ou exécrable à la
postérité?

Les gens de lettres en France se sont trou-

---

qu'une des *Euménides*, et que c'est à cause des hor-
ribles plaies dont elle a frappé la France, qu'elle a
donné son nom au duc d'Orléans, et emprunté ses
traits.

vés à la tête de la révolution : ils pouvoient
la diriger à leur gré par leurs écrits , par les
journaux , et par leur grande influence sur
l'opinion publique. Quel moment! s'ils eussent
voulu se réunir , s'entendre , se tenir en
garde contre les excès qui de tout tems ont
tout perdu ! être sages , en un mot ! ce qu'on
avoit quelque droit d'attendre d'un assemblage d'hommes éclairés. Qu'ils ont été imprudents et aveugles ! Ils pouvoient jetter
les fondements de la liberté du globe , et
devenir ainsi les bienfaiteurs du genre-
humain. Ils pouvoient en même tems se
procurer à eux - mêmes une grande con-
sistance. Ils ont fait un bien faux calcul.
Ils ont laissé échapper une occasion unique,
de forcer l'orgueil des grands à reconnoître
que le premier des dons est celui de penser,
de partager avec eux les emplois , les honneurs , et de donner à l'Europe le spectacle
de l'alliance auguste entre le génie, le savoir
et le rang.

Peut-être eussent-ils calculé avec plus de
justesse, s'ils eussent apperçu cette grande
vérité , que l'ordre moral est en opposition
constante avec l'ordre physique : que chacun de ces ordres a de même une optique

opposée à l'autre et qui lui est particulière : et que si dans l'une des deux optiques les grands objets nous paroissent petits, dans l'autre les petits doivent nous paroître grands. En effet, dans l'univers physique, des corps immenses, tels que le soleil, se rapetissent à nos yeux en raison de leur distance. A mesure que l'objet fuit, il diminue de volume : telle est la loi de la perspective physique. Par une loi toute contraire, il faut que dans le système social, des êtres tels que l'homme, toujours bien petits, puisqu'ils ne sont que des hommes, nous paroissent grands dans certaines circonstances, et selon l'élévation des places et du rang qu'ils occupent au-dessus de nous. (18)

Les gens de lettres ont cru qu'en abattant les grands et se mettant à leur place, ils seroient grands eux-mêmes : ils se sont trompés. Ils ont cru étendre leur existence ;

(18) Dans l'ordre physique, nous voyons les objets en raison directe de leur grosseur, et en raison inverse du quarré de leur distance. Dans l'ordre moral, les objets doivent être vus en raison directe de leur distance, et quelquefois en raison inverse de leur grandeur réelle.

ils l'ont diminuée. Ils n'ont pas senti qu'un emploi peut conserver le même nom et n'être plus le même : que l'éclat qui l'environne dépend du prestige de la perspective sociale, dont il est fort dangereux de déranger les proportions : qu'il dépend de la disposition des pièces du système d'où résulte le phénomène de la grandeur. Ils n'ont pas vu qu'en troublant l'ordre intérieur des pièces, et bouleversant tout le système, le phénomène n'avoit plus lieu. Ils n'ont pas vu qu'il y a dans les honneurs une certaine magie qui tient à la structure artificielle du corps social ; et qu'il valoit mieux pour eux se placer sous le reflet de cette magie que de l'éteindre. (19)

Guidés par le sentiment confus de ces

---

(19) Ils font bien plus : ils se dépriment eux-mêmes. Le député St.-Just, homme d'esprit cependant, va jusqu'à dire : *celui qui n'est rien est plus qu'un ministre*, &c. (*voyez* le Moniteur du 13 février 1793); ce qui autorise un journaliste, à ce que rapporte lui-même le ministre de l'intérieur, à parler en ces termes peu décents d'un de ses commis : *le petit commis du très-petit ministre Garat*, &c. Que des journalistes gouvernent la France, à la bonne-heure; mais ils devroient du moins avoir le bon esprit de ne pas s'avilir publiquement, en s'insultant les uns les autres.

vérités, un député à l'ouverture de la Convention, tout ennemi des rois qu'il se fut déclaré, proposa de loger le président dans le palais des rois ; de lui rendre des honneurs extraordinaires, et de l'environner de tout ce qui pouvoit lui concilier les hommages et le respect de la multitude. Un autre membre se lève et combat ce projet. » Quoi ! s'écrie-t-il ! Que parle-t-on ici « de distinctions, d'honneurs ? Veut-on « ressusciter les privilèges ? Le peuple est « souverain ; c'est vers lui que doivent se « tourner le respect, les hommages. *Etre* « *l'égal d'un sans-culotte.* (20) Voilà la plus

---

(20) C'est avec peine que je me sers de cette expression si basse et de si mauvais goût, mais elle est consacrée. Elle sera l'époque un jour d'une marche rétrograde et rapide vers la barbarie en plus d'un genre, et consacrera peut-être à son tour, dans les annales de la France, des tems de délire et de bouleversement.

Jusqu'à la langue qui se dénature et s'appauvrit de ses acquisitions. Une foule de mots scabreux et forgés au hasard s'y introduisent; et je doute que l'élégant Racine, s'il revenoit au monde, pût les entendre de ses oreilles délicates sans frissonner et sans grincer les dents.

« grande des distinctions, le faîte des hon-
« neurs pour le premier magistrat de la
« nation ; je n'en connois p.. d'autres «.

Veut-on réduire à des termes bien simples la différence de ma doctrine avec celle
qui prévaut en France d'une manière si
funeste ? Elle est contenue toute entière dans

Il en est deux sur-tout dont l'emploi est général
à la tribune, et qui gâtent les meilleurs discours. Ce
sont les mots *conséquent* et *fortuné.* Il est honteux
que les représentants du peuple François blessent à
ce point le bon goût et la pureté de la langue Françoise. Il n'y a que le bas peuple qui puisse se servir
du mot *conséquent* dans le sens d'important et de
considérable. *Conséquent* ne peut jamais s'entendre
que de l'accord des actions d'un homme avec son
caractère, ou de la justesse d'une idée ou d'une proposition ; en tant qu'on les considère comme légiti-
mément déduites d'une idée et d'une proposition
antérieures.

J'en dirai autant de *fortuné*, pris dans l'acception
de *riche.* Il offre de plus un contre-sens, vu que le
bonheur n'habite pas sous les toits de l'opulence, et
qu'en général les riches sont encore plus *infortunés*
que le reste des *hommes.* (a) Voici quelques-uns de
ces mots scabreux dont je viens de parler.

(a) Voyez d'ailleurs à ce sujet la page 272 de la
Correspondance, etc.

la différence d'opinion de ces deux députés. Le premier (*a*) cherchoit, quoiqu'un
peu tard, à soutenir l'édifice chancelant
de la société civile. Le second (*b*) annonçoit le dessein d'en consommer la ruine. (*c*)

Les philosophes vulgaires pourront bien

Apothéoser.	Invisibiliser.
Assumer.	Préciser.
Anarchiser.	Victimer.
Aristocratiser.	Récalcitrer.
Baser,	Curer (de *curare.*)
Se costumer.	Activer.
Commissionner.	Vigiler.
Démocratiser.	Utilis.
Despotiser.	Sans-culottiser.
Élémenter.	Uniformer.
Fanatiser.	Opprobrer.
Incapaciter.	Obstacliser.
Influencer.	Guillotiner.

J'additionne, et je trouve pour somme
BARBARISER la plus belle des langues.

Je ne ferai qu'une remarque sur *guillotiner*, dont
le mot et la chose sont si fort de vogue en ce moment, c'est que M. Guillot, médecin de Paris, ne s'attendoit sûrement pas à se voir transformé par la révolution en *verbe actif* régissant les monarques, et
dont l'accusatif seroit la tête de son roi.

(*a*) M. Manuel.   (*b*) M. Chabot.

(*c*) Voyez le Moniteur du 22 semptembre 1792.

déclamer tout à leur aise , se déchaîner contre toute espèce de magies , de préjugés ;
de prestiges et d'illusions : une plus haute
philosophie distinguera toujours entre les
préjugés nuisibles et les préjugés salutaires.
Elle appréciera les avantages de la *perspective morale* , où les images s'agrandissent
à nos yeux, à mesure qu'elles fuyent , s'é-
loignent ou s'élèvent au-dessus de nous. Elle
maintiendra avec soin les diverses dimensions et proportions qui la produisent , et
saura transiger et composer avec des illusions d'où dépendent le jeu et l'harmonie
des fonctions sociales. A tout ce que j'ai dit
sur ce sujet dans la Correspondance, j'ajouterai quelques idées que je crois aussi utiles que superflues peut-être , pour les hommes éclairés qui seront chargés de donner
un jour une constitution républicaine à la
nation Françoise.

Fin du Livre troisième.

DE L'ÉGALITÉ
LIVRE QUATRIÈME.

MALGRÉ tout ce fracas de connoissances humaines qui fait retentir les voûtes de nos bibliothèques, il faut avouer que ce que nous appellons des vérités se réduit à bien peu de chose. Nous y suppléons par la quantité, c'est le luxe de l'indigence, et ne pouvant parvenir à une lumière vive, nous nous contentons de beaucoup de lueurs et de bluettes.

La multitude des livres atteste la foiblesse de notre intelligence, et nos vérités prétendues se multiplient en raison inverse de nos connoissances réelles. Le nombre de nos principes s'accroît à mesure que l'évidence de chacun d'eux diminue. Nous serions bien plus savants si nous savions un peu moins. Et, lorsqu'un Musulman dévot, considérant la bibliothèque d'Alexandrie comme une archive d'erreur, d'ignorance et de mensonge, ordonna de la brûler, pour ne conserver dans l'Alcoran que

que le seul livre qui contient *vérité*, il ne manquoit à ce barbare, pour être un homme sublime, que d'avoir réellement fait, ce qu'il croyoit de bonne foi avoir exécuté.

Il n'y a peut - être qu'une seule vérité dont toutes les autres ne sont que des dépendances et des ramifications; comme un premier germe contient en petit tous les germes d'où doivent s'échapper et se développer à l'infini les générations futures. Quelle est cette vérité? Dans le sein de qui réside-t-elle? Est-il un être qui la possède? Quel est cet être, et où est-il? Voilà ce que vraisemblablement nous sommes condamnés à ignorer toujours.

Toutes nos idées qui sont les éléments de nos connoissances prétendues nous viennent originairement des sens; mais leurs organes pressent l'ame et l'enveloppent de toutes parts. Ils sont autant de géoliers et de tyrans qui l'asservissent, et l'empêchent de s'échapper pour aller s'informer de la vérité des rapports qu'ils lui font. Qu'est cette ame? Est-elle quelque chose de séparé du corps? Un être à part, un fluide subtil? Ou n'est - elle que le résultat du

mouvement, de la vie et du jeu des organes? Dans tous les cas, dépendante des
sens, elle est à la merci de leurs organes.
Elle ne voit, ne vit, ne conçoit que par
eux. Et s'ils la nourrissent d'erreurs et de
mensonges, ce sont apparemment là, les
seules substances qu'ils puissent élaborer.
Ils les transmettent à leur captif comme ils
les reçoivent eux-mêmes.

L'ame est en rapport avec les êtres qui
l'environnent, mais ces êtres ne sont pour
elle que des apparences. C'est du fond de
sa prison qu'elle va extraire de chacune de
ces apparences ce qu'elles ont de commun,
et c'est sur ces extraits qu'elle raisonne. Elle
se traîne péniblement de l'un à l'autre de ces
extraits, et les appelle des idées. Il faut convenir que l'abeille, dans ses opérations, a un
grand avantage sur nous. Elle compose bien
mieux son miel que nous ne composons
nos idées. Elle fait ses abstractions elle-
même. Elle se transporte en personne sur
les objets. Elle pénètre dans la substance
de la fleur, entre dans son calice, extrait
de chacune son suc. L'ame, pour toutes ces
opérations, n'a pas bougé de sa place. Quand
elle est parvenue à se faire des idées, elle

distingue celles qui lui paroissent plus ou
moins vraies, et sur ces nouvelles apparences, elle établit différents ordres de vérités : comme si la vérité avoit des nuances : comme s'il y avoit dans la vérité du
plus ou du moins. Elle est tout, ou elle
n'est rien.

Il n'y a qu'une vérité pour l'homme qui
soit plus qu'une apparence ; c'est la certitude qu'il a de sa propre existence, vérité
individuelle, isolée et bornée à lui-même.
On pourroit lui donner le nom de *vérité
absolue*, si elle étoit autre chose qu'un sentiment. Pour qu'elle fût une vérité, il faudroit que nous sussions de plus comment
et pourquoi nous existons. J'appellerois
ensuite *vérités hypothétiques*, celles qui ont
pour objet les nombres et les grandeurs,
et je les mettrois au second rang. Ce sont
des vérités aussi certaines que la vérité
absolue, mais sans aucune réalité. Vien-
droient enfin les vérités relatives qui n'ont
ni certitude ni réalité. Ce sont les seules
qui nous dirigent dans le cours ordinaire
de la vie et nous servent de guides. Ainsi
apparences sur apparences ; voilà ce qu'est
pour l'homme la vérité. Illusions sur illu-

sions ; voilà nos fanaux , nos flambeaux ;
nous n'en avons pas d'autres.

Mais ensuite , nous prenons les différentes opinions , et sans calculer rigoureuse-
ment leur degré de vraisemblance , nous
ne nous attachons qu'à leur degré d'utilité ,
et nous élevons celles qui nous paroissent
jouir de ce rapport précieux au rang des
vérités relatives. Car , au milieu des incer-
titudes et des ténèbres qui nous environnent , rien n'est plus raisonnable que de
déclarer vrai ce qui est évidemment utile
aux hommes.

Les meilleures définitions ne nous font
nullement connoître la nature des choses.
A la demande , qu'est une telle chose ? Le
philosophe répond , *voilà ce qu'elle paroît.*
Ce n'est que dans la classe des vérités que
j'ai appellées hypothétiques que nous par-
venons à des définitions réelles. C'est qu'alors
nous opérons sur des objets que nous avons
créés nous-mêmes , et dont nous pouvons
suivre la génération depuis leur première
origine. Telles sont les abstractions mathématiques, et les différentes figures de la géométrie, qui d'ailleurs n'ont aucune réalité
hors de nous. Toutes nos autres définitions

sont purement nominales. Ce sont des noms que nous attachons à certaines qualités à nous inconnues. Nous attribuons ces qualités à des objets que nous ne connoissons pas mieux : ou bien, nous cherchons, toujours, avec des mots, avec ces instruments grossiers de la faculté à laquelle nous avons donné le nom superbe de penser ; nous cherchons, dis-je, des ressemblances entre certains sujets, ou des rapports entre nos conceptions ; et nous établissons sur leur point de rencontre des définitions auxquelles nous donnons le nom d'idées générales ou de *principes*.

On voit bien que tout ce méchanisme intérieur, toutes ces combinaisons de la tête, ne sont que des prestiges circonscrits dans les étroites limites du cerveau humain, et qui ne peuvent avoir rien de commun avec la réalité de ce qui se passe et de ce qui existe hors de nous.

Où seroit donc la vérité ? Une multitude innombrable d'opinions, ou différentes, ou opposées, jusqu'aux plus ridicules et aux plus extravagantes, ont cours dans le monde et y circulent ; et chacune d'elles trouve des sectateurs qui les révèrent comme des

vérités. Les yeux de l'ame sont aussi variés
que les yeux du corps et que les physio-
nomies. Chaque homme pense et voit pour
soi, et se fait son petit système qui ne ressemble à aucun autre. Ce qui est vérité
pour l'un est une erreur monstrueuse pour
l'autre. Autant de têtes, autant de fantômes divers de vérités. Et les hommes osent
parler de vérités! Et ils osent proclamer
des principes auxquels ils veulent que l'univers se soumette! Et ils leur donnent le
titre fastueux de *principes de la nature*, de
vérités éternelles! Un insecte d'un jour, ren-
fermé dans son étui! L'orgueil dispute ici
avec la démence. Il n'est pas de terme dans
la langue plus vuide de sens que celui de
vérité.

Si on vouloit absolument lui en trouver
un, et tenter de la définir; il faudroit dire
qu'elle est tout ce que l'homme ne sait point
et tout ce qu'il seroit à desirer qu'il sût.
Car ce qu'il sait est si peu de chose, qu'il
ne vaut pas la peine de lui en donner le
nom.

Ce n'est pas sans un mouvement d'im-
patience et de dépit, qu'on entend des
hommes estimables, des philosophes même

du premier ordre , dire , et leurs échos en
foule le répéter d'après eux sur parole ; que
l'homme possède toutes les vérités qui peuvent l'intéresser le plus. Quoi ! il ne connoît ni sa propre nature , ni son origine ,
ni sa fin, ni sa destination , ni l'être dont
il dépend , ni s'il dépend de quelqu'autre
être que de lui-même. (1) Il a reçu la vie ,
il ne sait ce qu'elle est ; s'il doit s'en réjouir,
s'en affliger ; si elle est un don de la clé-
mence ou du courroux céleste : elle n'est
pour lui qu'un phénomène inexplicable. Il
ne sait quelle compensation il recevra pour
avoir été retiré du profond repos dont il
jouissoit dans le néant, et jetté dans une
carrière orageuse , semée de troubles, d'a-
mertumes et de tribulations.

Ah! disons au contraire, que l'homme
savant dans beaucoup de choses inutiles ou
nuisibles , ne connoît rien de ce qu'il lui
importeroit le plus de connoître. Il ignore
ce qui ôte la santé ; ce qui la rend. Il ne
sait remédier ni aux maux du corps, ni à
ceux de l'ame. Il parle avec emphase de

_____

(1) Je réduis l'homme ici à sa foiblesse naturelle,
et je le considère privé des lumières d'en-haut.

S 4

quelques petits phénomènes isolés qu'il a
observés , et qui sont propres tout au
plus à nourrir une curiosité enfantine. Il
a fait quelques découvertes qui servent ses
fureurs et que lui ont fournies la physique
et le calcul. Il a par leur moyen réduit en
art la destruction , et ce qu'il ignore le
moins est ce que pour son bonheur et celui
de ses semblables il devroit le plus ignorer.

Non, la vérité dans aucun genre n'est
pas faite pour nous chétifs mortels , et de
tous les prestiges le plus extraordinaire est
celui qui nous persuade qu'il peut y avoir
des rapports entre la vérité et nous. Insen-
sés! Nous croyons la connoître , et nous ne
savons rien d'elle que ce que nous en dit
un petit être ignoré, captif et invisible que
nous appellons *ame*, qui n'a rien vérifié,
rien vu par lui-même ; qui s'en rapporte
à ses sens , interprêtes grossiers qu'il ne
connoît pas plus qu'il ne se connoît lui-
même, et de la fidélité desquels rien ne
peut lui répondre. Nous voilà sans doute
merveilleusement éclairés.

Qu'est pour nous le plus beau concert
de voix et d'instruments ? Qu'est pour nous
la verdure des campagnes , le murmure des

ruisseaux, la fraîcheur de leurs eaux, les vives couleurs dont brillent sous toutes les nuances les fleurs qui couvrent la prairie? Des mouvements produits dans nos organes, des modifications de notre ame. Mais que peuvent avoir de commun ces modifications d'un être que nous ne comprenons point, dont nous n'avons aucune idée, avec toutes ces choses que nous supposons exister hors de nous? Rien, absolument rien. Et lorsque nous dissertons sur les couleurs, sur la fraîcheur ou la chaleur, sur les sons; que nous allons jusqu'à rechercher les influences de la musique sur l'ame, et les effets moraux qu'elle y produit par la puissance de la mélodie et de l'harmonie; nous raisonnons sur de pures illusions.

On regarde communément l'ame comme la cause, et l'idée comme l'effet : ou encore, l'ame comme le sujet dans lequel se produisent les idées. Ce qui est vrai ici, c'est la certitude de notre ignorance. Nous ne savons pas plus ce que c'est qu'une idée, que nous ne savons ce que c'est que l'ame à laquelle nous les attribuons. Il sembleroit même que l'ame n'est autre chose

qu'une idée , et qu'elle se transforme successivement en chacune de celles qui nous
occupent fortement. *Idée* n'est donc pour
nous que le mot représentatif d'un phénomène confus et incompréhensible ; et
comme les choses qui nous déterminent
n'ont ce pouvoir que par les idées que nous
nous en formons ; il est clair que toutes
nos actions n'ont pour principe que ce phénomène , et que, par conséquent, nous
n'agissons et ne pouvons agir que d'après
une double illusion, celle des sens et celle
de l'ame : et la chose seroit ainsi lors même
que les objets extérieurs auroient une véritable existence et seroient ce qu'ils nous
paroissent, à cause de l'impossibilité de
nous en assurer ; et parce qu'il n'y a aucune
communication immédiate entr'eux et nous.
Faut-il s'étonner après cela que la vie de
la plupart des hommes ne soit qu'un tissu
d'extravagances ? Faut- il s'étonner de les
voir transformer en questions sérieuses des
puérilités ; et se hair, se disputer, se persécuter et s'égorger pour les suppositions
les plus ridicules ?

Pourquoi le philosophe regarde-t-il d'un
œil de pitié tout ce qui se passe sur la scène

du monde? Pourquoi tout ce qui sait mouvoir les hommes, les agite, les passionne;
tous les objets auxquels ils attachent une
si grande importance; pourquoi tout cela
n'excite-t-il en lui que le rire ou l'indignation et la douleur, selon la disposition de
son ame? C'est qu'il ne voit en eux qu'une
troupe de fous et de maniaques. Pourquoi un roi célèbre par sa sagesse, en faisant la revue des mêmes objets, arrive-t-il
au même résultat? Pourquoi s'écrie-t-il,
tout est vanité sur la terre, c'est-à-dire, *tout*
est ombre, prestige et illusion. La seule chose
qui ne paroisse point à *Salomon* vaine et
illusoire, c'est le sentiment que chaque
homme a de sa propre existence; sentiment que j'ai reconnu plus haut être d'une
vérité absolue. Il veut qu'on se complaise
dans ce sentiment; qu'on s'attache à le rendre aussi agréable et doux qu'il soit possible. Désabusé de tout, il se replie sur cette
unique vérité, et ne cesse d'y rappeller
ses semblables, en les exhortant à se réjouir, à flatter leurs sens, à semer de fleurs
la courte durée de l'existence, et à l'em-
baumer de voluptés et de plaisirs, leur

disant qu'il n'y a que cela de réel, et que tout le reste n'est que folie. (2)

Si ce que les hommes appellent des vérités avoit le degré de certitude du sentiment que chacun d'eux a de sa propre existence : ou si encore l'on pouvoit obtenir de leurs prétendues vérités, des démonstrations égales en évidence à celles qui constatent la certitude d'un théorême de géométrie : qu'arriveroit-il ? Ils suivroient dans leur conduite toutes les conséquences de ces vérités ; ils y enchaîneroient toutes les

_____

(2) Tout ce qui dans ce genre pourroit nuire à soi-même et aux autres ne seroit plus plaisirs. La volupté sans l'innocence ne seroit qu'amertume et poison ; et le sage Salomon n'entend toutes ces choses que dans le sens développé depuis par Epicure, qui, considérant dans l'homme un être mixte, composé de sensations et de pensées, plaçoit le bonheur dans le juste mélange des jouissances du cœur, de l'esprit et des sens. Ses disciples vécurent dans une sainte et touchante union, et furent les plus raisonnables, les plus justes, les plus honnêtes et les plus heureux philosophes de l'antiquité. C'est une remarque générale et constante que les hommes orgueilleux qui ont voulu faire violence à la nature, en s'élevant au-dessus de leurs sens, ont tous été farouches, cruels, impitoyables.

actions de leur vie ; comme on voit le géomètre ne pouvoir s'écarter, dans ses opérations, de la ligne invariable que lui trace
le théorême dont il a reconnu la vérité : ou
tout ainsi que pour l'homme en général,
la recherche de son plus grand bien-être
est une conséquence immédiate de la vérité de son existence individuelle, dont il
lui est impossible de se détourner un seul
instant.

Tel est donc le caractère distinctif de
la vérité : elle commande impérieusement ;
elle maîtrise, entraîne, subjugue ; on ne
peut lui résister. Pour le faire d'autant
mieux sentir, prenons les propositions suivantes :

1°. La nature de l'homme est d'exister
toujours.

2°. Le séjour qu'il habitera après sa mort
sera un lieu de délices, s'il s'est montré
constamment bon, juste et humain : et un
lieu d'effroyables tourments, si au contraire
il s'est livré à la fraude, à la violence et à
l'iniquité.

3°. Quand il arrivera dans sa dernière
demeure, on lui présentera un regître de
toutes ses actions : il y verra que les bonnes,

jusqu'aux plus petites, lui ont produit un
intérêt immense, et ont été employées à
grossir le trésor de ses félicités : et que l'inverse a été exactement observée dans l'état
des crimes du méchant.

Supposons maintenant que la démonstration de ces trois propositions soit aussi évidente pour tous les individus de l'espèce
humaine, que celle qu'on acquiert sur
l'égalité du quarré de l'hypothenuse aux
quarrés des deux autres côtés. Ou bien,
supposons-leur un degré de certitude égal
à celui que tout homme a de sa propre
existence. Quel est dans ce cas le mortel
qui ne trouveroit pas une souveraine volupté à pratiquer les maximes de la vertu?
à consacrer tous les instants de sa vie au
bonheur de ses semblables? Quel est le
mortel qui voudroit s'écarter le moins du
monde de la plus petite des conséquences
de ces théorêmes moraux? ou qui assez
dépravé pour le vouloir, l'oseroit? Il deviendroit aussi-tôt l'objet de l'exécration
publique, ou, pour mieux dire, on le ren-
fermeroit comme une tête aliénée, un esprit
en démence.

C'est alors que les hommes seroient véri-

tablement frères. Aucune inégalité ne pourroit s'introduire parmi eux, puisqu'aucun
d'eux ne pourroit l'emporter sur les autres
en vertu. Ils jouiroient de bien mieux que
de la liberté; ils jouiroient de la douce nécessité de faire leur bonheur dans ce monde
et dans l'éternité. Réunis en société, ils
n'auroient besoin ni de loix ni de gouvernements. Mais ce système-là même est une
pure chimère : car il n'y a aucun mérite à faire une belle action par intérêt;
ou plutôt l'action n'est plus belle, dès qu'elle
est produite par ce motif. Et que deviendroit
la vertu sous le despotisme de trois théorêmes qui ne nous laisseroient pas la liberté
de l'embrasser par choix, et de l'aimer
pour elle-même? La vertu et l'intérêt sont
deux idées inassociables. Cependant, comment concevoir une société humaine dont
toute idée de vertu seroit bannie?

Que conclure de là? quelle est la conséquence nécessaire de ce système chimérique? C'est, si l'on y réfléchit bien, que
la vérité implique contradiction avec la
nature de l'homme. Tout est pour lui l'objet
du doute; et il n'est pas une seule question
morale et politique qui ne devienne le

champ où se choquent des opinions contradictoires, et qui ne soit livrée à la dispute et à la controverse. Plus la question
est intéressante, plus elle est problématique. Ainsi le veut peut-être la vertu
même, ce lustre principal de la nature
humaine, qui disparoîtroit et s'éteindroit
sous les ordres de la vérité, et l'espèce de
violence faite à l'homme de se soumettre
à son empire. Sous ce point de vue la vérité et la vertu ne peuvent sympathiser ni
exister ensemble.

Entre toutes les illusions qui gouvernent
l'espèce humaine, il en est deux que les
philosophes se sont accordés à nommer plus
particulièrement des préjugés : ce sont les
différences admises entre les hommes à
raison de leur naissance et du sang dont ils
sortent; et les rapports qu'on suppose exister
entr'eux et des êtres supérieurs à eux. On
peut les réduire sous les deux mots _noblesse_
et _religion._ Si en tous lieux, et dans tous
les temps, on retrouve chez les nations ces
deux institutions, on ne peut se dissimuler
que ce consentement universel ne soit un
très-grand préjugé en faveur de ces préjugés. Si ce consentement n'est pas une
preuve

preuve de leur vérité, il l'est du moins in-
contestablement de leur utilité : or, ce qui
est utile aux hommes est vrai par rapport
à eux, non d'une vérité absolue, mais d'une
de ces vérités que j'ai appellées relatives.

L'un des deux préjugés est dépendant de
l'autre ; et nous avons assez fait voir, en
recherchant comment les castes et la noblesse se sont formées, que la superstition
du sang va se rattacher dans l'origine à
la superstition des Dieux. Mais ce n'est
point encore assez pour nous. Remontons
plus haut, et recherchons, s'il nous est
possible, pourquoi ces deux opinions sont
universellement répandues, et sur quoi elles
sont fondées. Si nous trouvions par hasard
qu'elles ont des côtés assez favorables pour
que de bons esprits puissent s'en contenter ;
et de plus qu'elles sont inséparables de la nature de l'homme vivant en société ; nous aurions fourni de nouveaux sujets de réflexion
aux philosophes qui croient possible l'érection du corps politique sur les loix naturelles
de l'égalité et de la démocratie absolue.

Et d'abord, en réduisant les êtres supérieurs à l'homme à un seul, et le considérant comme la cause première de l'uni

vers; cette opinion n'a rien qui répugne
à la droite raison. Il est même plusieurs
philosophes qui la regardent comme une
vérité démontrée. Il en est de même des
castes. L'observation et l'expérience nous
apprennent que les parents transmettent
souvent à leurs enfants la physionomie de
l'ame ainsi que les formes corporelles. On
a vu des familles où la vertu, les talents
et le mérite étoient héréditaires ; et la saine
physique reconnoît des moyens de perfectionner les races, soit en les mêlant et
les croisant, soit en les isolant et alliant
entr'eux les plus parfaits produits. C'est
par cette dernière méthode que les Arabes, plus curieux de la noblesse de leurs
chevaux que de la leur, sont parvenus à
établir parmi ces animaux une caste supérieure qui se distingue éminemment, tant
par la figure que par les qualités internes
de la vitesse, de la souplesse, du courage
et de l'attachement.

Passons maintenant à notre seconde recherche, et pour qu'elle ne soit pas vaine,
partons d'un principe que personne ne
puisse contester. Disons donc que l'homme,
en qualité d'être sensible, desire le bien-être,

Il s'aime d'un amour qui le suit dans tous les instants de sa durée, et que la mort seule peut rompre et anéantir.

Il est pour lui deux enfances, celle de l'individu et celle de l'espèce. Dans ces deux états, son amour pour lui-même est purement machinal; il ne s'étend pas au-delà du soin de sa conservation. Les objets ne se présentent à lui que sous leur forme sensible et matérielle. Ses semblables ne peuvent lui paroître inégaux que par leur taille ou par leur force physique. Il n'est point pour lui d'êtres qui lui soient supérieurs; car il ne s'est point encore fait des idées de ce qu'il n'a ni touché ni apperçu. Il n'a rien encore imaginé ni créé. L'imagination, ainsi que ses autres facultés intellectuelles, sont au fond de sa tête, ensevelies dans un profond repos. Il ne voit que le présent; il ne s'élança point dans l'avenir : il ne s'occupe pas même du lendemain; et le sauvage stupide, qui vend son lit le matin, sans prévoir qu'il en aura besoin le soir, est bien éloigné de songer à des régions inconnues où une partie de lui-même existera quand l'autre ne sera plus. Il est loin de toutes ces illusions de renommée et de gloire dont l'homme

social se repaît, et qui agissent sur lui avec
tant de force.

Lorsqu'il se réunit en société régulière,
il s'établit une communication entre lui et
ses pareils, qui réveille les facultés de l'entendement, de la mémoire et de l'imagination, engourdies et sans action jusqu'à ce
moment. Il n'avoit vécu que d'une vie
animale; il sort de son sommeil, et il naît
à la vie morale.

A mesure qu'il avance dans la carrière
civile, ses facultés reçoivent un plus grand
développement. L'univers a déja doublé
pour lui. Les nouvelles puissances de sa
tête le transportent dans un monde intellectuel. Sa passion pour lui-même, circonscrite auparavant à ses premiers besoins, se
fortifie de ses nouveaux domaines. Son
existence s'agrandit, et ses vœux s'étendent
aussi loin que les mondes invisibles auxquels il vient de donner l'être. Il n'avoit vu
que des yeux du corps; il voit maintenant
des yeux de l'ame : un nouvel angle visuel
s'y forme : l'imagination en dirige les différentes ouvertures sur une foule d'objets
fantastiques : elle les distribue le long d'une
échelle qui unit la terre au ciel, et qui en

comble l'intervalle. Des hommes les uns au-dessus des autres, des demi-Dieux, des esprits, des anges, des génies et des saints en marquent les différents degrés.

Au desir pour l'homme naturel d'être bien, se joint pour l'homme social celui d'être mieux : à celui d'être mieux, celui d'être toujours. L'envie d'être mieux se transforme en celle d'être quelque chose et de se distinguer : elle est la mère des rangs, des castes et de l'inégalité des conditions. Celle d'être toujours enfante un monde merveilleux où règne le dominateur des globes. Ce nouveau monde devient pour l'homme social un foyer de crainte et d'espérance où se forgent les cultes divers, les opinions religieuses, les prodiges, les prêtres et les superstitions variées sous mille formes qui ont règné, qui règnent, et qui règneront toujours sur la terre.

Il est deux êtres pour qui les illusions et les prestiges moraux sont nuls : ces deux êtres sont le sauvage et l'athée; et ils se rencontrent en ce point que l'un est en deçà des illusions par excès d'ignorance, et l'autre au-delà par excès de réflexion. C'est entre ces deux excès que se trouve placé

T 3

le phénomène de la société civile. D'où l'on voit que les deux préjugés qui nous occupent sont des conséquences nécessaires de l'amour de l'homme pour lui-même, lorsqu'il passe de l'état naturel à l'état social.

Plus des trois quarts du globe sont habités par des hommes qui ne partagent point ces préjugés. Ils vivent sous la loi naturelle : l'ordre social et moral ne leur a jamais apparu. Il n'y a pour eux ni monde invisible, ni univers intellectuel. Ils n'ont ni culte, ni religion, ni aucune idée de la divinité. On ne peut point donner ces noms aux idoles grossières de quelques peuplades. Ces idoles et ces fétiches ne les détachent point de la terre ; ils espèrent y vivre même à leur dernière heure. On descend dans leurs fosses des aliments pour les nourrir ; des armes pour continuer d'en faire usage : ce qui prouve qu'ils ne savent ce que c'est que la mort, qui, comme la vie, est une idée abstraite à laquelle ils ne peuvent atteindre. Ces enfants de la nature ne connoissent point toutes les brillantes chimères qui font la gloire et le tourment des peuples policés. Sont-ils plus ou moins heureux que nous ? c'est là le sujet d'un grand doute.

En effet, quand on considère les désordres qui accompagnent les réunions politiques, et qui augmentent en proportion
de leurs progrès : quand on voit ces désordres diminuer à mesure qu'on revient en
arrière, et qu'on rencontre les peuples qui
errent à l'entrée de la carrière civile, ou à
des distances plus ou moins grandes ; et qui
presque tous sont ignorants, simples, bons,
sans artifice : quand on pense à l'état de
vertige où nous jettent le mouvement et
le jeu de nos facultés intellectuelles ; on
seroit quelquefois tenté de croire que nous
autres Européens, si fiers de nos lumières
et de nos connoissances, ne sommes peut-
être qu'une poignée de malheureux, affligés
de la *maladie sociale.* C'est à cette maladie
que nous devons la qualité d'êtres moraux,
qui nous donne le triste privilège de faire
briller çà et là quelques productions du
génie et de la vertu, au milieu des nombreux monuments du vice et de la corruption.

Surnaturel est un de ces mots qui ressem-
blent à tant d'autres ; il présente un sens si
vague, qu'il signifie tout ce qu'on veut. Sa
signification s'étend ou se resserre selon les

tems. Ce qui est surnaturel dans un siècle
est naturel dans un autre. L'idée la plus
générale qu'on pourra s'en former sera
toujours la plus juste. Surnaturel est donc,
ce me semble, un mot qui doit exprimer
l'assemblage de tous les systêmes religieux
qui ont existé sur la terre, qui s'y sont
succédés et se remplacent les uns par les
autres. La société civile est comme enchâssée
dans le surnaturel. Elle est le champ des
fictions, des prestiges. Les plus grossiers
sont à l'entrée : ils deviennent plus subtils
à mesure qu'on avance ; et on sent que cela
doit être ainsi. Les superstitions sont toujours plus épaisses à l'origine des institutions, et lorsqu'il s'agit de plier au joug des
loix un peuple agreste et ignorant.

Tous les anciens législateurs ont eu recours aux prodiges : Moïse, Numa, Mahomet s'en sont servis pour gouverner les
Juifs, les Romains et les Arabes ; et le
Christ qui a fondé sur cette terre un si
grand Empire, tout en disant que son règne
n'est pas de ce monde, a renchéri encore
dans l'emploi du surnaturel. De grands
miracles ont signalé la fondation de Rome,
l'établissement du judaïsme, du mahomé-

tisme et du christianisme. Les uns étoient
réels ; les autres n'en avoient que l'apparence : ils ont produit néanmoins les mêmes
effets, sont parvenus au même but. Les imposteurs ont copié l'Etre-Suprême ; et puisque Dieu lui-même emploie les miracles,
il faut bien qu'ils soient la seule manière
de prendre et de conduire l'espèce humaine.
A cet égard les imposteurs n'ont pas été si
maladroits : car, d'ailleurs, nous ne pouvons douter par nos livres saints qu'il n'y ait
de faux prodiges, de faux prophètes et
de faux Dieux. Il est à remarquer que trois
de ces religions qui embrassent aujourd'hui
tant de continents, sont sorties d'un coin
de l'Arabie ; ce qui sembleroit indiquer
que l'Arabie est un des vastes réservoirs
de la superstition.

Le christianisme, très-simple dans son
origine, et plutôt une secte de Juifs persé-
cutés qu'une nouvelle religion, auroit eu
peine à se répandre, s'il n'avoit eu en sa
faveur que des miracles et des prophéties,
chose si commune chez les peuples ignorants, et sur lesquels s'appuient d'ailleurs
également, sous le nom de prodiges et
d'oracles, les autres systèmes politiques et

religieux : car les hommes croient toujours
que les miracles auxquels ils croient sont
les seuls véritables. Il n'y a que Dieu et
ceux qu'il éclaire de son esprit, qui puissent
distinguer les faux des vrais.

Les Chrétiens furent donc obligés, pour
assurer le succès de leurs prédications, se
faire jour, et combattre dans un siècle
éclairé avec des armes égales, de recourir
à des moyens profanes. Ils étudièrent les
lettres Grecques et les ouvrages de ce peuple
spirituel, disputeur et subtil, pour qui rien
n'étoit absurde, pourvu qu'on fût élégant
et qu'on flattât l'oreille. Ses philosophes
avoient voulu deviner la nature et les
causes de l'univers. Ils écrivirent d'après
leur imagination. Les sophistes renchéri-
rent encore, et retranchés dans un monde
inaccessible aux sens, ils se jouèrent de toutes les opinions, embrouillant les questions
les plus claires, soutenant également sur
tout et le pour et le contre.

La langue Grecque, riche et flexible, se
prêtoit merveilleusement à exprimer les
abstractions, et les diverses conceptions
de l'entendement en délire. Toutes les chimères intellectuelles, et jusqu'à leurs nuan-

ces, trouvoient dans cette langue des couleurs pour les peindre. Ce sont les Grecs
qui ont créé cette métaphysique destituée
de l'expérience, et qui n'est qu'une collection d'idées sans modèles dans la nature.
C'est sur cette métaphysique que les sectateurs de Jésus déposèrent les foibles germes de leurs nouvelles opinions. Ils lui con-
fièrent la destinée de la seule religion du
monde qui soit vraie. Elle ne trompa point
leur espérance, car elle engendra des disputes; les disputes multiplièrent les opinions; la diversité des opinions obligea de
faire un choix; il s'établit un centre d'unité;
ce centre s'appella l'église; cette église eut
un chef; ce chef et son conseil décidèrent
des opinions qu'on devoit admettre et de
celles qu'on devoit rejetter; les premières
furent nommées orthodoxes; les secondes
hétérodoxes : les uns se soumirent à ces
décisions, ils furent des fidèles; les autres
les bravèrent, ils furent des hérétiques.

Les Grecs ne s'étoient pas compris; les
chrétiens ne se comprenoient pas mieux;
mais l'obscurité est toujours vénérable : les
hommes ne se passionnent guères que pour
ce qu'ils n'entendent pas, sur-tout lorsque

l'obscurité a quelque chose de mystérieux et de divin : toutes ces conditions se trouvoient ici réunies. Ce qui ne s'entend pas peut s'entendre dans tous les sens imaginables, et recevoir des interprétations à l'infini. On peut sur chaque idée partielle d'un tout incompréhensible élever un nouveau systême tout aussi obscur. On croit alors de rien avoir fait quelque chose. De-là cette multitude innombrable de novateurs et d'hérésiarques qui sont sortis du sein du christianisme. Autant d'idées, autant de sectes et d'hérésies : et comme les hommes idolâtrent leur propre ouvrage, et qu'ils ne sont touchés de rien autant que de la gloire d'être inventeurs, créateurs et de se faire suivre ; de-là encore, cette constance inébranlable des novateurs, et cette intensité de l'amour-propre qui a porté plusieurs d'entr'eux à préférer les tortures et la mort à ce qu'ils ont cru la honte d'une rétractation.

L'autorité que s'arrogeoit l'église de proscrire toutes les opinions qui n'étoient pas les siennes irritoit les esprits. Chaque jour en voyoit éclorre de nouvelles toutes aussi solides, aussi fondées que celles qui pré-

tendoient à régner seules. Car en fait de
mysticité, une idée en vaut une autre et il
y a parfaite égalité entr'elles. Il falloit donc
beaucoup d'art et de subtilité pour faire prévaloir un systême et lui donner des apparences supérieures de vérité. Les auteurs Grecs
étoient d'un grand secours. C'est ainsi qu'insensiblement se forma la métaphysique religieuse des chrétiens appellée *théologie*, et
qu'elle atteignit à sa perfection. Elle fut en
grande partie calquée sur la métaphysique
inintelligible des Grecs. Les Chrétiens y
façonnèrent les dogmes et les mystères. Le
juge de ces dogmes devint une puissance:
elle fut nommée spirituelle pour la distinguer des autres puissances; et comme les
intérêts du ciel sont d'une toute autre importance que les intérêts passagers de la
terre; la puissance spirituelle fut élevée
fort au-dessus de la puissance temporelle.
Les rois ne furent que des profanes, et le
chef de l'église qui ouvroit ou fermoit à
son gré les portes de l'éternité devint un
objet sacré et redoutable.

C'est à la lueur de cette métaphysique
que se préparèrent ces arguments subtils qui
devoient un jour environner de gloire le

front séraphique et angélique des docteurs
de l'école. Ce fut au feu des discussions et
des disputes, que se forgèrent les foudres
spirituelles ; armes nouvelles que ne connurent les prêtres d'aucun culte, et qui
étincelant autour des marches du St. Siège ,
en firent la terreur des trônes de l'Europe.

L'église et son chef, parlant au nom de
la Divinité , jouirent du beau privilège de
ne point se tromper : et d'ailleurs , quiconque enseigne des choses inintelligibles a
droit de se croire infaillible : il n'est aucun
moyen de lui prouver qu'il ne l'est pas. Les
mystères qui sont au-dessus de la raison ,
et la foi qu'ils exigent ferment toutes les
portes à l'erreur : ainsi l'infaillibilité est une
suite nécessaire de l'incompréhensibilité.
Dieu a donc permis que l'art des sophistes
de la Grèce fût l'instrument qui propageât
une religion sainte , et que les rêveries des
philosophes Grecs fussent par toute la terre
le véhicule de ses conceptions divines.

On s'est demandé souvent comment le
christianisme, si foible et si obscur dans son
origine, a pu parvenir à se former une domination aussi étendue : et pourquoi , de
tous les systèmes religieux, il est le seul

qui ait armé les hommes les uns contre les autres et ensanglanté la terre. Ces questions portent en effet sur deux choses fort extraordinaires et qui ont droit d'étonner : elles sont restées jusqu'à présent, ce me semble, sans solution satisfaisante.

Nous avons déja vu qu'on ne peut rien expliquer par les prestiges matériels communs à toutes les religions. C'est aux prestiges intellectuels empruntés des Grecs qu'il faut avoir recours. Ces prestiges, ont produit les hérésies, et les hérésies rendent parfaitement raison de ces deux phénomènes ; elles en sont là seule et unique cause. Ce sont les hérésies qui ont fait couler le sang; et c'est à elles qu'est dûe la fortune prodigieuse que le christianisme a faite dans le monde.

Hérésie est une dénomination injurieuse, donnée et jamais reçue ; prodiguée par un parti qui se croit vainqueur à des partis qui ne se croient pas vaincus, et que des hommes orgueilleux, divisés de sentiment sur certains points de doctrine, se renvoient réciproquement. Les hérésies supposent un objet mystérieux et divin, présenté à la foi et à l'adoration des mortels.

Elles supposent qu'il n'y a qu'une manière de le considérer qui soit la vraie, et que chacun de ceux qui s'en occupent est disposé à faire le procès à quiconque ne pense pas comme lui, ou s'écarte de son point de vue. Les divisions si funestes aux Etats politiques servent merveilleusement au contraire à la propagation des idées religieuses. Plus les divisions sont vives, nombreuses et animées; plus la racine commune de ces idées s'attire d'attention et de respect. Chaque rameau détaché du tronc fait connoître ce tronc et lui donne une nouvelle importance. Ce qui déchire l'église l'étend, l'accroît et l'affermit. Les hérésies ont dès-lors tous les caractères propres à produire les deux phénomènes dont nous venons de parler : prétentions égales à la vérité : combats d'orgueil et d'amour-propre : même ardeur à régner sur les consciences, à diriger la foi : même tendance vers le prosélytisme.

Les écrits se succèdent. Chaque volume étend au loin les nouvelles doctrines, et devient un nouveau foyer de dissensions et de haine. On prélude avec la plume ; on finira par le fer et le feu. L'hérésie par-

tagée

tagée en sectes diverses est un champ de
discorde. Les dissidents se détestent entr'eux ; sont en opposition avec l'église ; et
l'église à son tour les traite tous d'enfants
rebelles.

Des princes imprudents épousent ces
querelles, prennent parti pour l'hérésie ou
pour l'église. C'est le signal des violences.
C'est alors qu'éclatent les vengeances, et
que le fanatisme déploie ses fureurs. Les
passions humaines se mettent à leur aise
sous le manteau de la religion ; et couver-
tes d'une égide sacrée ne reconnoissent plus
de frein. La gloire de Dieu ; l'obéissance
qui lui est due plutôt qu'aux hommes légi-
timent tous les excès. La politique et l'ambition se mêlent au fanatisme pour combler la mesure. La superstition de ses mains
hideuses dresse de toutes parts des autels
à la douleur et à la mort. La guerre et la
persécution entassent les cadavres autour
de ces autels, et du sein de la terre arro-
sée par le sang des victimes croissent et
s'élevent les palmes du martyr que chaque
secte se dispute.

Le vice et la vertu ne se distinguent plus ;
tout dépend de la foi. L'orthodoxe ne peut

plus être un scélérat, ni l'hérétique un hon‑
nête homme. Les prêtres avoient témoigné
dans un tems du mépris pour les grandeurs
mondaines : ils les usurpent dans un autre
à la faveur de l'ignorance. D'abord on ne
vouloit disposer que des ames, les placer
dans le ciel : bientôt on dispose des empi‑
res, on distribue les couronnes. L'église
affiche l'horreur du sang ; et des princes
remplis de l'esprit de l'église exterminent
des nations entières pour les rendre chré‑
tiennes (3). Lorsqu'elle étoit foible, et l'ob‑
jet elle‑même de la persécution ; elle ne
vouloit employer que la persuasion, rien
obtenir que de la conviction. Mais les mé‑
thodes changent avec la fortune : on as‑
pire à des moyens plus sûrs et plus expé‑
ditifs. On remet à la force le soin des con‑
versions. Aux missionnaires succédent les
bourreaux ; et on éclaire les infidèles à la
lueur des buchers où on les précipite.

Le clergé, sans chercher le grand œuvre
le trouve dans sa politique. Il s'insinue dans
les affaires domestiques du citoyen. Il trans‑

_____

(3) Tout le monde sait que c'est ainsi que Char‑
lemagne convertit les Saxons.

forme avec art tous les actes de la vie civile
en pactes religieux. Bientôt il ne reste plus
rien de profane sur la terre : les prêtres, en
s'emparant de tout, ont tout sanctifié. Si
quelque prince s'avise de réclamer contre
des dispositions qui tendent à faire du globe
entier la glèbe de l'église ; et de ses habitants autant de serfs cloués à cette glèbe :
il est traité comme hérétique. On appesan-
tit sur lui la main vengeresse du Seigneur.
On lui retire le feu et l'eau : on l'interdit.
On soulève contre lui la masse entière de
ses sujets ; nouvelle source de querelles sanglantes, d'atrocités et de massacres.

Les institutions civiles et religieuses, toutes appuyées de prestiges, parce qu'ainsi
le veut la nature de l'esprit humain, ont
toujours été chez tous les peuples, fondues,
entrelassées les unes dans les autres : elles
ont formé un tout uni, tendant à une même
fin, l'ordre social. Il n'y a eu que la théo-
cratie chrétienne qui n'ait pu se mettre en
harmonie avec elle-même, ni s'amalgamer
à aucune aggrégation politique : nous venons d'en voir les causes. Si les anciens ,
les Arabes mahométans, les Juifs, les disciples de Zoroastre et de Confucius ne furent

pas frappés du fléau des guerres de religion, c'est qu'ils ne connurent pas *les hérésies.*

Les Hébreux ne cherchoient point à convertir. Bien au contraire, ils repoussoient de leurs mystères, les étrangers. Jaloux d'un Dieu dont ils étoient particulièrement chéris, ils en déroboient avec soin la connoissance aux autres peuples; et ne vouloient partager avec eux, ni le culte qu'ils lui rendoient, ni les faveurs qu'ils en recevoient. Ils eurent parmi eux des associations connues sous les noms de Saducéens, de Samaritains, d'Esseniens, de Pharisiens; mais elles étoient plutôt des factions politiques qui troublèrent l'Etat que des sectes religieuses.

Les Grecs et les Romains soutinrent bien des guerres tant intestines qu'étrangères. Ils se battirent pour la domination, parce que la domination est une : ils ne se querellèrent point pour leurs Dieux, parce qu'il y en avoit assez pour contenter tout le monde.

Il y eût schisme sans hérésie parmi les disciples de Mahomet. Ils furent des conquérants religieux. Ils ne connurent qu'une puissance, celle du glaive, qui tranchant toute dispute, faisoit de tout vaincu un sujet à la fois et un croyant. Le Kalife étoit prince temporel et spirituel. Dès qu'il fut dépo illé de la première qualité, la seconde ne lui servit de rien : elle n'étoit pas soutenue par tout ce qui a valu aux Papes une si grande et si vaste influence : et rien ne prouve mieux combien les hérésies qui ont donné lieu à la distinction des deux puissances ont servi la cause de l'église et des Papes ; et combien les efforts de l'hérésie à détruire l'église ont affermi l'église. Elle résista sans soldats aux puissances séculières, et fit même courber sous son joug la tête orgueilleuse des rois, parce que quand on a pour soi des dogmes, des arguments, des hypostases et des docteurs, on n'a pas besoin d'armées.

L'hérésie est un monstre que la métaphysique subtile et contentieuse des Grecs, mêlée à la cosmogonie des Hébreux, a vomi parmi nous ; et qui, toujours suivi du fanatisme, a désolé l'espèce humaine pendant dix-huit cents ans. Nous devons croire que c'est pour son plus grand bien, et que les choses ne pouvoient être autrement, tant les voies du Seigneur sont impénétrables.

Il sembleroit même que l'hérésie, qui dis‑
tingue le christianisme de toutes les autres
institutions religieuses, est le sceau que
l'Eternel a voulu lui imprimer en témoi‑
gnage de sa vérité.

C'est par les hérésies sur‑tout que le
christianisme a causé de si grands ébran‑
lements dans les esprits. Ainsi, c'est à l'hé‑
résie, vue sous un autre aspect, que les
Européens doivent leur prodigieuse supé‑
riorité sur tous les peuples de la terre. Les
guerres de religion, qui en sont la suite né‑
cessaire et qui ont fait répandre tant de sang,
ont été, et sont parmi les chrétiens de vérita‑
bles guerres civiles : elles en portent même
un double caractère ; d'abord, en considé‑
rant les chrétiens comme un grand peuple
de frères armés les uns contre les autres ;
puis en les considérant dans chaque nation
comme des familles particulières divisées
et aux prises avec elles-mêmes. Or, on sait
assez que le propre des guerres civiles est de
mettre toutes les passions en effervescence ;
d'imprimer à l'ame de vives secousses, et
de la placer par-là dans les dispositions les
plus favorables à produire. C'est toujours
du milieu des guerres civiles que l'esprit
humain a jetté le plus d'éclat.

Contemplez d'ici le sommeil des arts, des sciences et du génie chez les Orientaux; et voyez-le, entretenu par la quiétude et l'heureuse apathie de ces peuples, qui n'ont été travaillés ni par les hérésies, ni par les guerres de religion (4).

Et ce qu'on a peut-être moins remarqué, c'est que les quatre grands siècles ont été les résultats de la guerre civile. Celui

(4) L'Islamisme, sorti du Judaïsme comme le Christianisme, a eu des sectes. Le Coran, ainsi que la Bible, a eu ses interprètes et ses commentateurs. Cette nouvelle religion guerrière et conquérante, fondée sur la force, et non sur la persuasion, a fait sans doute verser beaucoup de sang. Mais les guerres qu'elle a produites ne peuvent pas plus recevoir le nom de *guerres de religion* que celles que le Pape Jules II a conduites et soutenues en personne. Les successeurs du Prophète et les premiers Kalifes étoient des ambitieux qui se disputoient l'Empire les armes à la main, sur-tout à l'origine du Mahométisme; et ces guerres ne se sont presque pas étendues en Asie au-delà des confins de l'Arabie et de la Syrie, contrées de tout tems imprégnées de fanatisme, et où cette terrible maladie de l'ame paroit véritablement endémique. Ces contrées furent la patrie de Moïse, Jésus et Mahomet, dont les institutions religieuses ont ravagé par le fer et le feu les quatre parties du monde.

V 4

d'Alexandre, après les longues et sanglantes guerres que se firent les Grecs entr'eux.
Celui d'Auguste touche aux proscriptions,
et au spectacle des citoyens de Rome s'entr'égorgeant sous les drapeaux opposés de
Sylla et de Marius, de César et de Pom-
pée, d'Antoine et d'Octave. Celui des Médicis succéda aux factions qui déchirèrent
si long-tems l'Italie ; et celui de Louis XIV
après les guerres civiles de la Ligue et de
la Fronde.

Il est douloureux de remarquer que ces
brillantes époques sont toutes quatre assi-
ses sur les ruines de la liberté. Elle étoit
expirante en Grèce et à Rome, sous Alexandre et sous Auguste. Les républiques, sous
les Médicis, venoient d'être effacées du sol
de l'Italie moderne; et tout rampoit sous
Louis XIV.

Si la vérité n'existe point et ne peut exister pour l'homme constitué tel qu'il est :
si elle n'est pour nous qu'un mot vuide de
sens; examinons ce qui nous en tient lieu,
ce qui la supplée, et les mots qui nous la
représentent. Immortalité de l'ame, récompenses de la vie à venir, vérités pour les
uns ; et pour les autres, chimères, supers-

titions, préjugés , *illusions.* Ce qui est miracle et prodige pour les premiers est prestige,
apparence, superstition, *illusions* pour les
seconds. *Révélations surnaturelles* admises par
une foule d'hommes ; rejetées par d'autres,
et traitées de superstitions , de préjugés, de
chimères , d'*illusions.* Égalité naturelle , em-
brassée avec transport, et qualifiée de
sainte par des enthousiastes qui la regardent comme le seul remède aux maux politiques des nations , présentée dans cet ouvrage comme une chimère dangereuse ,
comme une nouvelle superstition, et comme
la plus fatale des *illusions.* Destruction de
tous les préjugés, et régénération de l'espèce humaine qui doit en être la suite et
l'effet ; projet praticable et sublime pour
les uns , et le dernier terme de la philosophie ; et pour d'autres , entreprise funeste,
si elle étoit possible , chimérique et *illusoire,*
comme celle de donner à un système de
gouvernement l'égalité pour base.

D'où l'on voit que les mêmes choses réveillent dans la tête de l'homme des idées
bien différentes ; et que les mots qui expriment ces idées sont tantôt celui de vérité,
et tantôt ceux de chimère, superstition ,

préjugé prestige, apparence, tous aboutis-
sant au terme générique d'*illusion* qui les
comprend et les renferme tous.

L'illusion est extérieure ou intérieure.
L'extérieure devient intérieure par le jugement que l'ame en porte : ce jugement s'appelle opinion. Ainsi ce seul mot *opinion*
peut être le représentant de tout ce qui est
vérité pour les uns et illusion pour les
autres : et le premier qui a dit que l'opinion est la reine du monde et le gouverne,
étoit peut-être loin de soupçonner toute la
profondeur de sa pensée.

L'opinion des hommes s'exerce et se promène sur tous les objets imaginables. De-
là vient qu'il n'y a point de formes ridicules et monstrueuses, point de fantômes que
les hommes, dans des lieux et des tems
différents, n'aient vus et auxquels ils n'aient
cru : point de coutumes, ou bisarres ou
cruelles, auxquelles ils ne se soient soumis : point d'extravagances et d'absurdités
qu'ils n'aient imaginées, et qui ne leur
aient passé par la tête.

Leurs illusions profanes ou sacrées, matérielles ou intellectuelles, ont été plus ou
moins grossières, plus ou moins subtiles

et raffinées, selon qu'ils ont été plus ou
moins civilisés, et à des distances plus ou
moins rapprochées de l'état de barbarie :
car les hommes se peignent dans leurs superstitions ; et pour connoître ce qu'ils sont,
le caractère et le progrès de leur raison, il
n'y a qu'à consulter leurs Dieux.

Pour nous renfermer dans les seules illusions de notre Europe policée, que d'hommes
de tous les états ont crû autrefois aux sortilè-
ges, aux spectres, aux vampires, aux horoscopes, à l'astrologie judiciaire, aux possessions,
exorcismes, convulsions, liquéfactions, etc. !
De nos jours, n'avons-nous pas vu des hommes distingués dans la société, des gens
d'esprit, des philosophes même, donner
dans les rêveries des Cagliostro, des Mesmer
et des Bleton ; croire aux évocations, au
somnambulisme, au magnétisme animal,
à la baguette divinatoire ; être dupes des
plus grossiers prestiges ?

Observons néanmoins que la plupart des
illusions dont je viens de parler, sont consacrées dans les saintes écritures (5). Cette

---

(5) Plus l'on donne essor à une raison orgueilleuse
et téméraire, et plus l'on voit la nécessité absolue d'un

circonstance rend la route du Chrétien bien
scabreuse. Il marche toujours entre les deux
écueils de l'incrédulité et de la superstition.
Un Chrétien ne peut guères être conséquent
sans être très-superstitieux : car s'il y a eu
des ombres évoquées, des guérisons miracu-
leuses, des hommes remplis de l'esprit divin
ou possédés du Démon , pourquoi n'y auroit-il pas de tout cela aujourd'hui? Pourquoi ne seroit-il pas permis de croire que les
hommes qui ont bouleversé la France, et
qui menacent l'Europe du même sort , sont
farcis d'esprits immondes et possédés du
Diable?

S'il étoit possible qu'une tête humaine
pût s'élever au-dessus des préjugés , au point,
de ne plus appercevoir la ligne conventionnelle qui les sépare de ce qu'on appelle des
vérités; ligne mobile qui change et varie
d'un siècle à l'autre. S'il étoit posssible qu'à

---

autre guide. C'est le but que je me suis proposé dans
tout ce qui précède et ce qui suit sur les institutions religieuses. L'impuissance où est l'homme d'atteindre à la
vérité, doit lui faire sentir l'importance de la foi ; et
le vrai moyen d'établir son règne est de détruire celui
de la vérité. Au surplus , je raisonne en philosophe , et
me soumets en Chrétien.

cette hauteur tout fût tellement préjugés
à ses yeux, différant seulement entr'eux
par des nuances, qu'elle y vit soumis même
ceux qui prétendent les avoir tous abjurés,
elle jouiroit d'un spectacle assez piquant, et
les philosophes n'en seroient pas les acteurs
les moins réjouissants (6). Chacun d'eux,
placé au milieu de son système, et ne regardant que devant lui, pense toujours que
l'illusion qu'il vient de dissiper est la dernière. Tel homme s'estime philosophe,
parce qu'il ne croit plus aux sorciers, aux
horoscopes, à l'astrologie judiciaire. Il imagine ne laisser derrière lui que des vérités,
et peut-être ne sont-ce que des illusions
plus déliées dont il ne se doute pas. Les
idées de vérité, d'erreur, d'illusion et de
réalité, sont comme celles de petitesse et
de grandeur. Il n'y a rien de grand ni de
petit d'une manière absolue ; ce ne sont que
des rapports.

On verroit paroître sur la scène des phi-

---

(6) On voit ici clairement mon but, et combien la
vraie religion, une, fixe, invariable, doit regarder en
pitié toutes les rêveries, les contradictions, les jactances
et les faux calculs de la philosophie.

losophes Chrétiens (7), l'un s'applaudissant de l'essor qu'il a pris , en s'élevant jusqu'à penser qu'un hérétique, homme de bien, peut, à la rigueur, se soustraire aux flammes éternelles, et que Caton a pu être sauvé : l'autre, d'avoir secoué le joug de Rome, et de s'être permis de soumettre sa foi à sa raison : et tous deux se trouvant fort raisonnables. Ils seroient suivis du déiste qui riroit à leurs dépens, et ne verroit en eux que des esprits foibles, crédules et fascinés. Viendroit ensuite le philosophe athée qui rendroit au déiste tout le ridicule qu'il auroit prodigué au philosophe Chrétien. Et en effet, ces trois classes de penseurs se dénient réciproquement le titre de philosophe. L'athée n'apperçoit au-devant de lui que des superstitieux ; et le philosophe Chrétien ne voit derrière lui que des impies.

Puisque la vérité n'est pas faite pour nous, et qu'en aucun genre nous ne pouvons la saisir ; et que lors même que nous la trouverions, nous n'aurions aucun moyen

(7) S'il y avoit des incrédules qui ne voulussent pas convenir qu'un philosophe peut être Chrétien , je les renverrois au *Philosophe Chrétien* de M. Formey, ouvrage en plusieurs volumes.

de nous assurer que nous l'avons en effet rencontrée. Puisque tout est mystère au-dedans de nous, autour de nous, et que la nature est incomprésensible pour nous, tout peut être prestige ou effet naturel, illusion ou réalité, prodige ou phénomène rare, dépendant néanmoins des loix générales de la nature. Nous ne pouvons savoir où se terminent ses opérations, et où commencent celles qu'on appelle surnaturelles. Ce qui nous conduit à diviser les illusions en naturelles et surnaturelles. Les premières résultent de la constitution physique de l'homme. Les secondes, du travail de son imagination dans l'état social. C'est dans cette seconde classe que se trouvent comprises toutes les opinions religieuses.

Il est des hommes pour qui toutes les illusions sont surnaturelles : tel étoit Malle-branche, puisqu'il voyoit tout en Dieu, et que Dieu est au-dessus de la nature. Il en est d'autres pour qui toutes les illusions sont naturelles : tels étoient Epicure, Lucrèce, et l'auteur du Système de la Nature, puisqu'ils voient tout dans la nature et rien hors d'elle. Cependant, nous montrerons bientôt que le *naturalisme*, quoiqu'en oppo-

sition avec le surnaturel, n'est pour bien
des philosophes qu'une nouvelle illusion,
et même une illusion surnaturelle.

La société civile qui est fondée sur un
ordre anti-naturel, ou sur la soumission
du grand nombre au petit, ne peut se soutenir qu'avec des loix surnaturelles. L'ordre
anti-naturel appelle nécessairement après
lui l'ordre surnaturel. Toucher à l'un ou
à l'autre de ces ordres, c'est faire disparoître tout le merveilleux du méchanisme
social : c'est dissiper l'enchantement qui a
servi à le former : c'est retomber dans la
nuit profonde qui a précédé pour les hommes l'établissement de la société civile. Aussi
voyons-nous dans tous ces établissements
la distinction comme la réunion des loix
divines et humaines. Les législateurs de
France qui ont voulu ou qui veulent régir
les hommes avec des institutions naturelles,
et conserver dans ces institutions la religion
et le culte d'un Etre-Suprême, sont aussi
inconséquents que ceux qui ont voulu asso-
cier à la démocratie absolue un gouvernement royal. Les Feuillants, les aristocrates
mitigés, la plaine, et les fauteurs de la
démocratie royale, ont commis cette double
inconséquence :

inconséquence : et si les Jacobins et les Montagnards sont bien plus dangereux par leurs principes, ils sont du moins plus conséquents, en excluant du système naturel qu'ils ont adopté, les distinctions héréditaires, et les nobles et les Dieux et les rois; car il n'y a rien de tout cela dans la nature.

Le système de la nature que les Jacobins et les Montagnards ont traduit littéralement dans leur législation, ce système est le plus haut degré où puissent s'élever les conceptions philosophiques; car il est le tombeau de toutes les illusions. Mais comme dans l'organisation sociale viennent s'entrelasser avec art des illusions et des prestiges, pour balancer la force des passions et suppléer à la foiblesse de la raison, le tombeau des illusions (8) doit être en même tems celui du corps politique. L'anarchie et la guerre civile forment son convoi funèbre. Nous ne répéterons point ici ce que nous avons développé ailleurs (a) sur cet effet du natu-

(8) Pour peu qu'on réfléchisse on s'appercevra combien de préjugés utiles produisent ce double effet dans la société.

(a) Sur-tout dans la onzième Lettre de la Correspondance, &c.

Tome I. X

ralisme , employé dans une constitution comme doctrine politique. Nous avons assez fait voir que les inconvénients de l'anarchie, où les hommes se dévorent les uns les autres, sont beaucoup plus funestes que ceux qui peuvent résulter de la superstition et du despotisme, dont d'ailleurs cette même doctrine, considérée comme opinion philosophique, est le meilleur préservatif. C'est sous ce point de vue que les livres de philosophie, de quelque nature qu'ils soient, bien loin d'être dangereux, sont infiniment utiles. C'est avec leur secours que les principaux ou l'aristocratie d'une nation sont par degré rappellés à la raison. C'est sous la douce influence de la philosophie que s'opèrent peu à peu les réformes, et que les abus disparoissent insensiblement.

Les opinions philosophiques doivent être libres comme l'air qu'on respire; et tout gouvernement qui veut empêcher les hommes de penser, c'est-à-dire, de jouir de la plus noble de leurs facultés, est un gouvernement odieux et tyrannique. La liberté de penser et d'imprimer donne à l'esprit humain ce ressort et ce nerf dont il a tant besoin. Elle doit, comme celle du com-

merce ; être pleine et entière. Tout de part
et d'autre alors s'ajuste, se compense, se
corrige et atteint son niveau. Les opinions,
comme les effets commerçables, reçoivent
de cette liberté leur juste prix, et les uns
et les autres se classent d'après leurs valeurs
spécifiques (9). Les écrits dangereux sont
ceux qui versent sur les citoyens le poison
de la calomnie ; qui compromettent leur
sûreté, exposent à des dangers leur vie,
leur honneur ou leurs propriétés. Les écrits
dangereux sont ceux qui attaquent les
mœurs, corrompent la jeunesse par des
peintures lascives et des images licentieu-
ses. C'est contre ces écrits qu'on ne peut
sévir avec trop de sévérité.

La vraie philosophie n'a jamais approuvé
l'abus qu'on a fait en France des principes
du naturalisme et de l'égalité : elle en a senti
tout le danger. Elle n'a jamais applaudi ni
aux violences qu'on y a faites aux premiers
rangs de la société, ni aux outrages et à

(9) Avec la liberté de penser et d'imprimer, tout
ce qui est mauvais ou ridicule, en fait d'opinion, est
bientôt mis au rebut, et l'imposture et le charlata-
nisme sont vite démasqués.

l'opprobre dont on a couvert les rois et la
noblesse, ni la profession publique d'irréligion et d'athéisme. Non, ce n'est pas elle
qui a perdu la France, mais bien des ambitieux qui en ont pris le masque pour
exécuter leurs coupables projets. Je dirois
donc aux jacobins: Chassez, si vous voulez,
1.. Dieux de vos livres, mais ne les chassez
pas de vos institutions sociales; car le gros
des hommes ne sera jamais assez sage pour
se passer de Dieux (10). Les fictions, les
superstitions se succèdent les unes aux autres : les préjugés se détruisent et se remplacent les uns par les autres. Epicure
et Lucrèce n'en ont pas guéri le genre-
humain : le Système de la Nature et les
jacobins ne l'en guériront pas davantage.

---

(10) Lors même que les Dieux seroient une invention humaine.

Fin du Tome premier.

*9 7 8 2 0 1 3 5 2 6 8 7 6 *